Sonya Winterberg
Wir sind die Wolfskinder

PIPER

Zu diesem Buch

Hunderttausende Deutsche flohen Ende des Zweiten Weltkriegs vor der Roten Armee aus Ostpreußen und Königsberg. Immer wieder gingen Kinder auf der Flucht verloren oder erlebten die Ermordung der eigenen Familie. Andere mussten ohnmächtig mit ansehen, wie ihre Geschwister verhungerten, die Großeltern aus Schwäche starben oder die Mutter einer Epidemie erlag. Auf sich allein gestellt, überlebten diese Kinder in den Wäldern des Baltikums. Man nannte sie » Wolfskinder «. Die Journalistin Sonya Winterberg hat die letzten Zeitzeugen dieser dramatischen Jahre besucht. Sie dokumentiert die Jahre ihrer Kindheit und Jugend in der kleinen Sowjetrepublik Litauen, die Gefühle des Gefangenseins und der lebenslangen Einsamkeit. Und schließlich, nach dem Ende des Kommunismus, ihren Kampf gegen bundesrepublikanische Bürokratie und die Anerkennung ihrer deutschen Wurzeln.

» Solchen Journalismus haben wir bitter nötig ! «
Recklinghäuser Zeitung

Sonya Winterberg, geboren 1970. MA in European Media der University of Portsmouth/UK. Die finnland-schwedische Journalistin lebt und arbeitet in Dresden und Porvoo/Finnland. Schwerpunkte ihrer Arbeit sind Krieg und Trauma. Gemeinsam mit ihrem Mann Yury Winterberg schrieb sie » Kriegskinder – Erinnerungen einer Generation «.

Claudia Heinermann, geboren 1967 in Iserlohn, studierte Kunst in Enschede. Ab 2004 Studium der Dokumentarfotografie an der Fotoacademie Amsterdam. Heute lebt die freie Fotografin mit ihrer Familie in Delft. Sie widmet sich vorwiegend Langzeitdokumentationen zu zeitgeschichtlichen Themen sowie Kriegsfolgen.

Sonya Winterberg

Wir sind die Wolfskinder

Verlassen in Ostpreußen

Mit einem Vorwort von Rita Süssmuth und Fotografien von Claudia Heinermann

PIPER

Mehr über unsere Autorinnen, Autoren und Bücher:
www.piper.de

Von Sonya Winterberg liegen im Piper Verlag vor:
Gebrauchsanweisung für Kanada
Wir sind die Wolfskinder

Das Buchprojekt »Wir sind die Wolfskinder« wurde durch ein Stipendium der Kulturstiftung des Freistaates Sachsen ermöglicht.

Unser Versprechen für mehr Nachhaltigkeit
• Klimaneutrales Produkt
• FSC®-zertifiziertes Papier
• Hergestellt in Europa

FSC www.fsc.org MIX Papier | Fördert gute Waldnutzung FSC® C021394

Ungekürzte Taschenbuchausgabe
ISBN 978-3-492-30264-7
1. Auflage März 2014
9. Auflage Mai 2024

Umschlaggestaltung : www.buero-jorge-schmidt.de
Umschlagabbildung : Bundesarchiv, Koblenz
Satz : Kösel, Krugzell
Gesetzt aus der Minion Pro
Gedruckt bei ScandBook in Litauen
Printed in the EU

Für
Lea Clarice und Antonio Maurice
Jasper und Daniël

Inhalt

»Sofern es überhaupt ein ›Bewältigen‹ der Vergangenheit gibt, besteht es in dem Nacherzählen dessen, was sich ereignet hat; aber auch dies Nacherzählen, das Geschichte formt, löst keine Probleme und beschwichtigt kein Leiden, es bewältigt nichts endgültig, es hilft aber, ›die innere Wahrheit des Geschehens so transparent in die Erscheinung‹ zu bringen, daß man sagen kann: Ja, so ist es gewesen.«

Hannah Arendt

Vorwort

Sie sind die Kinder des Zweiten Weltkriegs, die Kinder der Flucht und der Vertreibung – und Kinder Ostpreußens. Niemand hatte sie vorbereitet auf den gewaltvollen Verlust der Mutter und der Angehörigen, den Hunger, die Kälte und schließlich das jahrzehntelange Verlassensein; auf die Traumata ihrer Kindheit, die sie ein Leben lang begleiten würden und die sich bis in die Gegenwart auswirken – so jedenfalls sieht es die Autorin dieses Buches.

In einem Vortrag anlässlich des Preußenjahrs 2001 konstatierte der Historiker Arnulf Baring, dass in Deutschland kaum öffentlich behandelt werde, was es bedeute, »dass der größere Teil des alten Preußen, das 1701 Königreich wurde, heute polnisch, auch russisch oder litauisch ist«. In einem geeinten Europa, in dem seither auch Polen und Litauen Aufnahme gefunden haben, hat sich daran mehr als zehn Jahre später wenig geändert. So wie das Schicksal dieser Gruppe erst sehr spät bearbeitet wurde, erging es auch den Ostpolen, die als Erste zwangsweise umgesiedelt, vertrieben und traumatisiert wurden.

Eines der drei baltischen Länder ist auf ganz besondere Weise mit Deutschland verbunden – Litauen. Hier fanden nach Ende des Zweiten Weltkriegs zahlreiche der Geflohenen oder Vertriebenen aus Ostpreußen eine Zuflucht, einige von ihnen blieben bis heute. Diese Tatsache spiegelt sich im öffentlichen Bewusstsein kaum wider. Wenn wir auf die dramatische Zeitenwende 1989/90 zurückschauen, sollten wir bedenken, dass sich die damaligen Ereignisse aus litauischer Sicht keinesfalls frei von Gewaltandrohung vollzogen.

Als sich Litauen auf einem Parteitag Ende 1989 von der sowjetischen Führung in Moskau lossagte, stieß das Land auf das deutliche Nein Gorbatschows zur Unabhängigkeit der baltischen Staaten. Deutschland wollte auf keinen Fall einen Konflikt mit Gorbatschow wegen der Unabhängigkeitsforderungen im Baltikum. Das hätte das Ziel der deutschen Einheit gefährden können. Wenn ich auch die Zurückhaltung Kohls und Genschers nachvollziehen konnte, suchten wir damals doch nach Wegen, wie wir die Litauer politisch und praktisch unterstützen konnten. Wir bewunderten den Mut derer, die unbeirrt auf ihren »großen Tag« zusteuerten, die Erklärung der Unabhängigkeit am 11. März 1990.

Tagtäglich die Aufbruchsstimmung in Deutschland mitzuerleben, auch die Nachrichten von den vielen Menschen zu sehen, die in Litauen für die Unabhängigkeit auf die Straße gingen, und dennoch die eher zurückhaltende Politik zu erleben und als Bundestagspräsidentin zum Teil auch mittragen zu müssen, fiel mir schwer.

Es wurde damals auch nicht gesehen, dass das Einsetzen für die Belange Litauens eng mit dem Schicksal einer dort lebenden deutschen Minderheit zu tun hatte, die, anders als etwa die Russlanddeutschen, über keine Lobby verfügte und deren deutsche Herkunft vonseiten der Bürokratie aufgrund fehlender Dokumente in Zweifel gezogen wurde. Den Lebensgeschichten dieser Kriegskinder geht die Autorin Sonya Winterberg in diesem Buch nach.

Ich kann mich noch gut erinnern, dass innerhalb der Regierung größter Druck auf uns Parlamentariern lastete. Dass ich dennoch Anfang September 1991 als erster hochrangiger Politiker nach Litauen flog, um Gespräche mit der von der Sowjetunion nicht anerkannten Regierung zu führen, stieß auf wenig Gegenliebe. Wir sollten nicht nach Litauen fahren, waren aber dennoch da. Die Eindrücke waren bedrohlich und haben sich mir tief eingeprägt. Rund um das Parlament in Vilnius waren noch die Barrikaden aus Sandsäcken zu sehen, die das Gebäude schützen sollten, um dem Angriff sowjetischer Truppen zu widerstehen. Der blutige 13./14. Januar 1991 forderte 14 Menschenleben und weit über 100 Verletzte.

Ich nahm damals unbürokratisch und ohne protokollarische Abstimmung mit Bonn einen schwer verletzten litauischen Soldaten mit zurück nach Hamburg, dem die dringend notwendige medizinische Hilfe sonst verwehrt geblieben wäre. Im Bundeswehrkrankenhaus wurde er sechs Monate behandelt und konnte danach wieder gesund in seine Heimat zurückkehren.

In außenpolitischen Belangen haben Kanzleramt und Außenministerium größeres Gewicht als der Bundestag. Mit den uns zur Verfügung stehenden Mitteln wurden die Parlamentarier aber dennoch sehr früh aktiv. Der Deutsch-Baltische Freundeskreis war es in erster Linie, der wichtige Hilfe im

Bestreben nach Unabhängigkeit Litauens leistete. Damals gehörten ihm rund 100 Parlamentarier aller Fraktionen (außer der PDS) an. Gegründet wurde er im Frühjahr 1991 durch Wolfgang Freiherr von Stetten, der zudem den Vorsitz übernahm.

Wie kein zweiter Politiker engagierte sich fortan Wolfgang von Stetten für die neuen deutsch-baltischen Beziehungen. Sein Büro im Langen Eugen in Bonn wurde kurzerhand zum Deutsch-Baltischen Informationsbüro, einer Art Übergangsbotschaft, und seine persönlichen Beziehungen zu den führenden Parlamentariern der Region bereiteten den Boden für die vertrauensvolle Zusammenarbeit, die nicht zuletzt 2004 in den Beitritt der baltischen Staaten zur Europäischen Union und zur NATO mündete. Damit war das kollektive Trauma, die Angst vor einem erneuten Übergriff Moskaus, beendet.

In diesem Kontext muss das außerordentliche Engagement Wolfgang von Stettens für Litauen, aber auch für die deutsche Minderheit gewürdigt werden. Im Jahr 1992 kam er erstmals in Kontakt mit dem Verein »Edelweiß«, in dem sich viele Betroffene kurz zuvor zusammengeschlossen hatten. Ihre Sache machte er sich in den folgenden Jahren zu eigen. Ob es um Familienzusammenführungen, den komplizierten Staatsbürgerschaftsnachweis, Wiedereinbürgerungsverfahren oder schlicht humanitäre Hilfe ging, von Stetten wurde für viele Betroffene zum Vater, den sie nie hatten. Unermüdlich stand er ihnen zur Seite, wenn sich die Bürokratie der Ämter und Behörden unerbittlich zeigte, und unermüdlich sammelt er bis heute Spenden, um, wie er selbst sagt, »ein wenig die Not zu lindern«. Eine Not, die das

Leben ohne elementarste Schulbildung und unterhalb des Existenzminimums in Litauen trotz EU-Mitgliedschaft mit sich bringt.

In seiner damaligen Rede forderte Arnulf Baring übrigens auch, unseren Schulkindern solle das Schicksal der traumatisierten Kinder und jungen Erwachsenen im Baltikum viel stärker erschlossen und vermittelt werden, als es bisher der Fall ist. Diese Notwendigkeit besteht in der Tat.

Prof. Dr. Rita Süssmuth Berlin, im März 2012
Bundestagspräsidentin a. D.

Prolog

Es ist der 21. März 1992 – eine kleine Wohnung im zweiten Stock eines Backsteingebäudes im norddeutschen Flensburg. Mit zitternden Händen hält Anna Unkat ein maschinell erstelltes Schreiben des Roten Kreuzes in Händen. Tränen rinnen über das zerfurchte Gesicht der alten Dame. Es ist lange her, dass sie zum letzten Mal geweint hat. Fast fünf Jahrzehnte sind vergangen, seit sie ihren jüngsten Sohn auf der Flucht aus Ostpreußen verlor. Endlos scheinende Jahre, die sie in Sorge um ihn war, in denen sie tagtäglich, wieder und wieder, die letzten Momente Revue passieren ließ, bevor der Zug losrollte und sie begriff, dass der kleine Günter am Bahnhof Insterburg zurückgeblieben war. Nie hat sie den Glauben verloren, dass er noch am Leben sei. In all den Jahren hat sie nichts unversucht gelassen, um ihn zu finden. Und doch mussten 50 Jahre bis zu diesem Moment vergehen. Die Greisin wischt sich die Tränen aus dem Gesicht und bittet die Pflegerin, ohne deren Betreuung sie seit einigen Jahren nicht mehr zurechtkommt, um einen Stift. Mit großer Mühe bringt sie zu Papier, was ihr in diesen Minuten durch den Kopf geht:

Mein lieber Sohn!

Ich habe heute den Brief vom Suchdienst erhalten, dass Du, liebes Günterchen, noch lebst! Ich brach in Freudentränen aus. Du schreibst, dass Du einen anderen Namen angenommen hast. Ist das der Name Deiner Pflegeeltern? Bist Du allein oder hast Du Familie? Bring alles mit, was Du hast. Platz habe ich genug. Mein liebes Günterchen! Gott hat mein Gebet erhört! Komm, so schnell Du kannst. Ich schreibe nicht viel, aber ich möchte, dass wir uns bald wiedersehen. Ich bin ganz aufgeregt und kann einfach nicht mehr schreiben.

Viele herzliche Grüße aus dem fernen Flensburg.
Deine Dich liebende Mutter.

Hans Neumann steht in den späten Abendstunden des 2. September 1991 am Hauptbahnhof in Braunschweig und wird von seinen Gefühlen überwältigt. Vor ihm steht sein Bruder Gerhard, den er zuletzt an einem warmen Frühlingstag 1945 gesehen hatte. Hans war sieben, als er auf der Flucht von Mutter und Bruder getrennt wurde. Zwei Jahre schlug er sich im Grenzgebiet zwischen Königsberg und Litauen in den Wäldern entlang der Memel durch, immer in der Hoffnung, nach Deutschland zu gelangen und die Familie wiederzufinden – ohne Erfolg. Ab 1947 wohnte Hans bei einer litauischen Bauernfamilie. Aus dem deutschen Hans wurde Jonas, ein litauischer Junge. Seine deutschen Wurzeln, die Eltern und seine drei Geschwister vergaß er dennoch nie.

Erst Anfang 1991 gelang es den deutschen Geschwistern, Hans über den Suchdienst der Kirchen und des Roten Kreuzes ausfindig zu machen. Wenige Monate später sind die bürokratischen Hürden genommen, und die beiden Brüder liegen sich in den Armen. Hans Neumann ringt lange um Worte: »Der Himmel öffnet sich ...« Anders, weniger pathetisch, kann er seine Gefühle nicht ausdrücken. Auch der Vater lebt noch. Hermann Neumann ist 89 Jahre alt und wohnt in einem Dortmunder Seniorenheim. Ungläubig gibt er dem verlorenen Sohn die Hand. Nur die Mutter wird Hans nicht wiedersehen. Sie ist kurz nach Kriegsende nach Sibirien verschleppt worden und 1948 in einem Lager umgekommen.

Nicht immer gibt es nach so langer Zeit ein Wiedersehen. Ob ihre Mutter noch lebt, weiß ein anderes Wolfskind bis heute nicht: »Ich war vielleicht fünf Jahre alt. Die Bäuerin hielt mich im Stall bei den Schweinen. Als meine Mutter überraschend kam, um mich abzuholen, denn es sollte nach Deutschland gehen, schämte sich die Bäuerin. Sie belog meine Mutter und sagte ihr, dass ich gestorben sei.« So bleibt das Mädchen im litauischen Kaunas. Erst auf dem Totenbett gesteht die katholische Bäuerin ihrer Pflegetochter diese Lüge. Eine unverzeihliche Sünde, die ihr ein ganzes Leben auf dem Gewissen lastete. Sie bittet ihre Ziehtochter um Vergebung. Nach dem Tod der Bäuerin vertraut das einstige Wolfskind seine Geschichte der Historikerin Ruth Kibelka an. Doch nirgendwo in Deutschland findet sich eine Spur.

Drei Schicksale von vielen, welche von deutschen Kindern erzählen, die in den letzten Tagen des Zweiten Weltkriegs oder kurz nach Kriegsende ihre Eltern verloren haben. Damals flohen Zehntausende Familien aus dem nördlichen Ostpreußen vor der Roten Armee. Zahlreich sind die Fälle, in denen auf der Flucht die Kinder zurückblieben. Manche erlebten die Erschießung der eigenen Familie. Andere mussten ohnmächtig zusehen, wie jüngere Geschwister verhungerten oder aus Schwäche starben, wie die Mutter einer Epidemie erlag. Diese Kinder, oft nicht älter als vier oder fünf Jahre, waren plötzlich auf sich allein gestellt und überlebten monatelang, manchmal über Jahre in kleinen Gruppen in der freien Natur Ostpreußens, Königsbergs und des Baltikums. Deshalb nennen sie sich bis heute »Wolfskinder«.

Viele Wolfskinder kamen um, verhungerten, wurden nach dem Krieg von Soldaten der Roten Armee erschossen, weil sie verzweifelt nach Nahrung suchten – oder auch nur, weil sie Deutsche waren. Einige Tausend wurden bis 1951 in Viehwaggons geladen und in die Sowjetische Besatzungszone, später die DDR gebracht, wo man sie auf Kinderheime verteilte und ihnen verbot, von ihrem Schicksal zu erzählen. Eine ebenso große Zahl verblieb in der Sowjetunion. Die meisten gelangten nach Litauen, wo sie als billige Arbeitskräfte eingesetzt wurden. Weil das verboten war, erhielten sie die litauischen Namen der Bauern, galten als Familienmitglieder. Im besten Falle wurden sie wie Pflegekinder behandelt und später adoptiert. Dennoch besuchten die meisten nie eine Schule, lernten nie Lesen und Schreiben. Manche von ihnen glaubten, Deutschland sei nach dem Krieg untergegangen und existiere nicht mehr. Sie glaubten es auch selbst noch, als sie zu Beginn der Neunzigerjahre vom Kindersuchdienst aufgespürt wurden. Über Jahrzehnte hatten sie ihre alten Namen verleugnen müssen, ihre Muttersprache nicht sprechen dürfen. Manchen gelang es, ihre Vergangenheit zu vergessen; andere zerbrachen daran. In vielen jedoch offenbarte sich eine überraschend starke und trotzige Kinderseele. Obwohl sie ihre Eltern nur wenige Jahre lang erlebt hatten, blieben sie lebenslang auf der inneren Suche nach ihren Familien – bis heute.

Das Schicksal der Wolfskinder beschäftigt mich schon lange. Im Jahr 2007 erschüttert mich eine Analyse des ehemaligen Bundestagsabgeordneten Wolfgang von Stetten: »Sie leben letztlich in erbärmlichen Verhältnissen, und es ist eine Schande für den deutschen Staat, dass es trotz aller Anstrengungen nicht gelungen ist, diesen Menschen eine kleine Rente zuzusprechen. Diese nicht einmal hundert Menschen verlieren auch nach 62 Jahren noch immer den Krieg, fühlen sich verraten, verlassen und letztlich vom Vaterland vergessen.«

Im Jahr 2011 begleite ich eine Gruppe Wolfskinder aus Litauen bei ihrem Deutschlandbesuch. Eine von ihnen ist Waltraut Minnt. »Sie ist eine Wanderin!«, raunt mir jemand zu, der sie seit Jahren kennt und damit meint, sie sei eigentlich eine Landstreicherin und nie wirklich sesshaft geworden. Und so hält sie sich stets ein bisschen abseits und ist doch auf Gruppenfotos immer gut zu erkennen – sie steht meist am Rand, ein paar Schritte neben den anderen, als gehöre sie eigentlich gar nicht dazu.

Waltraut ist in diesen Tagen in Deutschland ganz unruhig. Immer wieder hält sie die Gruppe auf, kommt nicht zu verabredeten Zeiten zum Bus zurück. Irgendwann bricht es während unseres Aufenthalts in Berlin aus ihr heraus. Sie erzählt von einem Bruder, der offenbar ganz in der Nähe lebt – Fritz. Dabei weint und strahlt sie zugleich und ist so froh, eine Adresse zu haben, zu wissen, dass es ihn noch gibt. Doch sie traut sich nicht, ihn aufzusuchen. Drei Tage und drei Nächte hat sie nun immerzu überlegt, ob und wie sie ihn doch noch treffen könnte. »Aber wie sollen wir uns verständigen?« – das ist ihre größte Sorge. Wie so viele in Litauen verbliebene Wolfskinder hat auch sie das meiste Deutsch vergessen. Erst später wird sich herausstellen, dass der Bruder Waltraut gar nicht sehen will. Sie ist ihm peinlich, war auch »nur« eine Halbschwester, und überhaupt wisse man ja nicht, »was diese Leute aus dem Osten für Ansprüche hätten«. Alles, was Waltraut bleibt, sind die guten Erinnerungen. Zumindest die kann ihr keiner mehr nehmen.

Waltraut trägt gerne blau und kleine geometrische Muster. Ihre Kleider stammen aus einer anderen Zeit und sind meist aus Polyester. Das schwarze Haar, noch nicht ganz ergraut, trägt sie in einem Knoten. Sie sieht nicht mehr gut und trägt eine markante Brille in geschwungener Schmetterlingsform, die allerdings schon bessere Zeiten gesehen hat. Wann zuletzt die Sehstärke untersucht wurde, daran kann sie sich nicht erinnern. Oft legt sie den Kopf ein wenig zur Seite, sieht ihr Gegenüber aus den kleinen braunen Augen skeptisch an und wackelt ein bisschen mit dem Haupt. In solchen Momenten denke ich, dass an ihr eine Lehrerin verloren gegangen ist. Noch ein weiteres Accessoire gehört zu Waltraut und ist untrennbar mit ihrer Person verbunden: eine ockerfarbene Bügeltasche aus den Fünfzigerjahren. Während ihres Deutschlandbesuchs essen wir gemeinsam in einer Cafeteria zu Mittag. Alles ist neu für sie. Die bunten Farben, die lichtdurchfluteten Räume und dann die Auswahl an warmen und kalten Speisen, Suppen und Salaten – sie ist sichtlich überfordert und balanciert ihr Tablett unsicher durch den Überfluss einer deutschen Kantine. Am Ende nimmt sie eine kleine Schüssel Suppe und drei Brötchen. Als sie am Tisch sitzt, lässt sie in einem unbeobachteten Moment zwei der Brötchen flugs in ihre Handtasche gleiten. »Man weiß ja nie«, erklärt sie mir hinterher. So viel Essen wie hier habe sie in ihrem ganzen Leben noch nicht gesehen. »Und so schön angerichtet! Wie im Märchen.« Doch nicht nur Vorräte finden Platz in Waltrauts Handtasche. Eigentlich, so meint sie, sei es ihr ganzes Leben, das dort hineinpasse. Als sie das sagt, will ich alles erfahren – über ihr Leben und ihre Handtasche. Mir wird klar, wie wenig ich bislang überhaupt über das Schicksal der Wolfskinder wirklich weiß. Und ich verstehe, dass ich die Antworten nicht in Deutschland finden werde.

1 Ein Schicksalstag

Vilnius, an einem Donnerstag im Januar 2011. Ich bin erst wenige Tage in der Stadt. Hier treffe ich Valdas Petrauskas. Er war am Ende des Zweiten Weltkriegs selbst noch ein Jugendlicher und erinnert sich an die »vokietukai«, die »kleinen Deutschen«, wie die Litauer beinahe schon liebevoll die Kinder aus Ostpreußen nannten, die hungernd durch das Land streunten. Aber noch wacher werden seine Augen, wenn er sich den Blutsonntag im Januar 1991 ins Gedächtnis ruft. Ein Schicksalstag sowohl für Litauen als auch für die Wolfskinder.

Damals besetzten sowjetische Panzer die Hauptstadt des freien Litauens. International anerkannt war die »Republik Litauen« zu diesem Zeitpunkt freilich noch nicht. Michail Gorbatschow hatte ein Ultimatum gestellt. Das Land sollte seine im Vorjahr ausgerufene Unabhängigkeit zurücknehmen. Die Situation in der noch jungen Republik war durch eine massive Wirtschafts- und Rohstoffblockade Moskaus prekär geworden. Wie schon so oft in der Geschichte des Kalten Krieges sollten Panzer einmal mehr den Zusammenhalt des – bereits zerfallenden – Ostblocks sichern.

Zu den Mutigen dieser historischen Stunde gehörte der eben erst gewählte Parlamentspräsident Vytautas Landsbergis, der sich mit den Abgeordneten in ihrem Dienstgebäude am Gediminas Prospekt verschanzt hatte. In einer dramatischen Fernsehansprache appellierte Landsbergis an das Volk und bat es um Schutz. Zu Tausenden strömten Menschen zum Parlament und verdrängten so die vom KGB bestellten Demonstranten und Claqueure. Tag und Nacht bewachten sie ihr Parlament – bereit, für die neu gewonnene Freiheit zu sterben. Wie in alten Zeiten begleiteten Priester diesen Kampf, um den Gläubigen die Beichte abzunehmen und letzte Sakramente zu spenden. »Viele Litauer waren unter Stalin in der Verbannung in Sibirien gewesen. Fast jeder kannte solche Fälle aus der eigenen Verwandtschaft«, erzählt Valdas. »Und viele sind auch nicht mehr zurückgekommen.« Die damals vom Schicksal Verschonten hatten in dieser Stunde weit mehr zu gewinnen als zu verlieren. Der Fall der Mauer in Berlin hatte den Eisernen Vorhang einen Spalt geöffnet, und die Litauer schienen nicht mehr gewillt, diese einmalige Chance verstreichen zu lassen.

Nicht nur am Parlament versammelten sich die Menschen. Auch am Sendezentrum der Fernsehanstalt standen sie in dichten Reihen. Dort eskalierte die Situation. Panzer zielten über die Köpfe der Menge hinweg, Soldaten gingen brutal gegen die friedlichen Demonstranten vor, schlugen sie mit Gewehren und Eisenstangen nieder. Schließlich eröffneten sie das Feuer, schossen ohne Gnade. Unvergessen sind bis heute für die Litauer die Fernsehbilder. Angsterfüllt erstattete die Nachrichtensprecherin aus dem von innen verschlossenen Studio Bericht: »Jetzt hämmern sie gegen die Tür!« – Dann brach die Übertragung ab, ein sowjetischer Sender übernahm die Ausstrahlung.

Dennoch gelang es Landsbergis erneut, aus dem Parlament heraus sein Volk um Hilfe zu bitten. Etwa 150000

Litauer bildeten eine undurchdringliche Mauer um das Gebäude, errichteten Straßensperren und verhinderten die Stürmung. 15 am Sendezentrum getötete Menschen und viele Schwerverletzte besiegelten durch ihr Opfer schließlich endgültig die Unabhängigkeit Litauens. Gorbatschow scheute ein weiteres Blutvergießen und zog die sowjetischen Truppen zurück.

An diesem Winterabend 2011 jährt sich der Schicksalstag für das baltische Land zum zwanzigsten Mal. Es ist der Nationalfeiertag. Die ganze Nacht hindurch brennen kleine Feuer in der Stadt, an denen sich die Menschen wärmen können, wie einst auf dem Platz vor dem Parlament und am Sendezentrum. Allgegenwärtig ist heute der verzaubernde Klang zahlloser Chöre. Was damals geschah, nennen sie die »Singende Revolution«, weil ab dem Ende der Achtzigerjahre zahlreiche Folklore- und Tanzgruppen die nationale Identität wachriefen und dadurch den Wandel begründeten.

Die Schatten der Torbögen und Einfahrten in der Altstadt sind furchteinflößend. Am Parlament zeigt mir Valdas die Betonbarrikaden, die zur Mahnung und Erinnerung geblieben sind und noch bis Ende 1992 das Parlamentsgebäude abriegelten. Heute sind sie hinter Glas, wirken mit den Graffiti und Bemalungen von einst wie Kunstwerke einer vergangenen Zeit. Valdas nimmt zum Abschied meine Hand bewegt in die seine. Es ist spät geworden.

Der Blutsonntag von Vilnius war global gesehen eine Randnotiz der Geschichte. Gerade hatte der Krieg am Golf begonnen und stand im Mittelpunkt des medialen Interesses. Doch für eine kleine Gruppe Deutscher, die seit 1945 in

Litauen leben musste, öffnete sich erstmals die Tür zu einer Welt, die für sie ebenso weit entfernt wie unbekannt war – ins Land ihrer Väter.

Erst mit dem Ende des Kalten Krieges und der litauischen Revolution hatten die meisten der Wolfskinder überhaupt eine Chance, die abgerissenen Bande nach Deutschland erneut zu knüpfen. Die Hoffnungen waren groß. Die Bundesrepublik erschien als ein Sehnsuchtsort, dessen Name verheißungsvoll und wie das Paradies klang. Sicherlich, so dachten viele, würde man sie mit offenen Armen empfangen. Sie, die verlorenen Kinder, würden endlich ihren Platz finden und wieder dazugehören, denn sie waren ja zweifelsohne Deutsche.

Doch das vermeintliche Vaterland hatte seine Kinder zu diesem Zeitpunkt keineswegs im Blick. Noch waren im Osten Deutschlands 340000 sowjetische Soldaten stationiert, waren die Zwei-plus-Vier-Verträge vom Obersten Sowjet nicht ratifiziert. Dies zog sich bis in den März 1991, und selbst noch im Juli des Jahres sprach Bundeskanzler Helmut Kohl von der »undifferenzierten Unterstützung der Unabhängigkeit einzelner Sowjetrepubliken« als »gefährlicher Dummheit«.

Es sollte also dauern, bis diplomatische Beziehungen aufgebaut waren. Doch erste Bande wurden geknüpft, und die Suchdienste von Rotem Kreuz und den Kirchen verzeichneten zunehmende Nachfragen.

Die wenigsten Wolfskinder fanden freilich ihre Eltern wieder. Etliche von ihnen waren im Laufe der Jahre bereits gestorben, einige ließen sich wegen Namensänderungen oder aus anderen Gründen nicht ermitteln. Wegen ihres unbegreiflichen Schicksals und seltsamen Auftretens wurden viele Wolfskinder zudem von ihren eben gefundenen deutschen Verwandten als peinlich wahrgenommen und verleugnet. In viele Fälle spielte zudem die Angst hinein, die »neuen armen Verwandten aus dem Osten« künftig versorgen zu müssen. Dabei war Geld für die wenigsten Wolfskinder vordergründig. Ihnen ging es in erster Linie um mehr Klarheit, was ihre Herkunft betraf, um Fotos der Eltern und der Geschwister aus der früheren Zeit.

Die unerwartete Ablehnung traf die Wolfskinder völlig unvorbereitet und traumatisierte sie ein weiteres Mal.

Fast alle von denen, die in Litauen geblieben waren, bewegt bis heute die Frage, wie wohl ihr Leben verlaufen wäre, wenn sie einst die Flucht nach Deutschland geschafft hätten. Oder, wie es Christel Scheffler, geboren 1939 in Königsberg, formuliert, »wenn ich nicht auf der Schattenseite des Lebens hängen geblieben wäre«.

Doch wie geht es den ehemaligen Wolfskindern, die schon seit Langem in Deutschland leben?

Gerhard Gudovius, der heute am Rande der Schwäbischen Alb lebt, hat viele Jahrzehnte nicht über sein Schicksal gesprochen. Erst als er im Frühjahr 2011 eine Buchbesprechung im *Reutlinger General-Anzeiger* liest, merkt er auf. Es geht um ein Jugendbuch, das vom Schicksal der Wolfskinder handelt. Doch als er erfährt, dass es keineswegs ein Sachbuch, sondern eine frei erfundene Geschichte ist, ist er enttäuscht. »Das ist ja ein rührseliger Kitsch! Und die Autorin hat nichts davon selbst erlebt!«, regt er sich noch Wochen später auf. Er schreibt einen Leserbrief und sucht auf diesem Weg Kontakt zu anderen »echten« Wolfskindern, die ebenfalls in der Region leben.

Als ich ihn das erste Mal treffe, wird mir schnell klar, dass es auch für ihn eine Frage gibt, die ihn bereits sein Leben lang begleitet. Der damals sechzehnjährige Kriegswaise Gerhard hatte nach einem halben Jahr des Bettelns in Litauen Aufnahme bei einer Bauernfamilie gefunden, die ihn wie den eigenen Sohn behandelte. Die Familie hatte Kinder in seinem Alter, und der halb verhungerte Junge passte sich rasch an. Gerhard erwies sich als geschickt und half tatkräftig in der Landwirtschaft mit. Bald schon wurde ihm eine wichtige Aufgabe anvertraut: Mit Pferd und Wagen brachte er täglich die Milch ins nahe gelegene Kalvarija.

»Fünf Jahre lebte ich dann schon bei der Familie. Sie nannten mich Gerhardas, und außer der Haarfarbe – ich war ein Blondschopf – unterschied mich nichts von ihnen.« Doch im Frühsommer 1951 kommen überraschend zwei Sowjetsoldaten und geben ihm die Order zur Ausreise. Alles geht ganz schnell, Gerhard weiß nicht, wie ihm geschieht. Am folgenden Tag schon soll er abgeholt werden. Als er seiner litauischen Familie vom Besuch der Staatsmacht erzählt, brechen alle in Tränen aus. Gerhard ist gerührt und wird sein Leben lang nicht vergessen, wie emotional der Abschied von der einzigen wirklichen Familie war, die er je hatte – an diesem seinem Schicksalstag.

»Was wäre wohl aus mir geworden, wenn ich damals in Litauen geblieben wäre?« Doch wer könnte ihm seine Frage beantworten? Ich schlage vor, dass wir gemeinsam die Wolfskinder aus Litauen auf ihrer Deutschlandreise treffen, um dieser Frage nachzugehen. Er sagt ohne Zögern zu.

Gerhard Gudovius lebt seit Mitte der Fünfzigerjahre in Reutlingen. Hier hat er seine Frau Gerlinde kennengelernt, hier kamen die Kinder zur Welt, hier hat er einen kleinen Garten auf der Anhöhe mit Blick über die Stadt. Auch wenn ihm die Schwaben im Wesen immer ein wenig fremd geblieben sind, findet er, dass der Ordnungssinn von Schwaben und Ostpreußen doch ganz gut zusammenpasst. Und dass er eigentlich Glück gehabt hat, am Ende ausgerechnet hierher gefunden zu haben. »Als ich bei der Ausreise hörte, dass es in die sowjetisch besetzte Zone geht, war mir klar, dass das nichts Gutes bedeutet und dass ich schauen muss, dass ich dort wegkomme.«

Seine Frau, die lange Jahre als Mesnerin bei der Kirchengemeinde gearbeitet hat, stammt ursprünglich aus dem Vogtland und ist wie ihr Mann in den Fünfzigerjahren nach Reutlingen gekommen. Gemeinsam hat das Ehepaar die Fremde zur neuen Heimat gemacht. »Wir hatten gute und weniger gute Zeiten«, sagt Gerlinde Gudovius. »Ein ganz normales Leben eigentlich.« Nur manchmal, da sei ihr Mann eben ein bisschen verschlossen gewesen, er habe über früher nicht reden mögen. Vielleicht sei er auch nicht immer ganz gerecht gewesen gegenüber den Kindern und habe mal einen über den Durst getrunken. Doch heute führen sie dem Anschein nach ein zufriedenes Leben. Das kleine Reihenendhaus in ruhiger Lage mieten sie zu einem guten Preis von der Gemeinde. Gemeinsam machen sie gerne Busreisen, um wenigstens im Alter noch ein bisschen von der Welt zu sehen. Es sind bescheidene Menschen, die ich hier treffe, denen es weder an Herzenswärme noch an Tiefe fehlt. »Aber es bleibt ein unbestimmtes Gefühl, das an einem nagt«, sagt Gerhard Gudovius schließlich. »Wäre das Leben, wäre alles vielleicht ein wenig einfacher gewesen, wenn ich damals hätte in Litauen bleiben können?«

Als wir an einem sonnigen Vormittag im Mai aufbrechen, um die Wolfskinder aus Litauen zu treffen, ist Gerhard

Gudovius aufgekratzt. Er hat eine schlaflose Nacht hinter sich und versucht immer wieder in Gedanken zu rekonstruieren, wo genau die litauische Familie lebte, die ihn aufgenommen hatte. »Leider kann ich mich an keine Namen erinnern und auch nicht an das Dorf. Ich weiß, es war in der Nähe von Kalvarija, denn dorthin brachte ich ja immer die Milch zur Molkerei. Und dann war da so ein Teich, dort kühlten wir uns im Sommer ab.« Dann schweigt er. »Meinen Sie, dass auch jemand aus Kalvarija dabei ist?«, fragt er mich. Ich weiß es nicht, nehme aber an, dass bei 35 Teilnehmern die Chancen nicht schlecht stehen.

Als wir schließlich in der Nähe von Künzelsau auf die Gruppe treffen, kann er nicht mehr an sich halten. »Ist hier jemand aus Kalvarija?«, ruft er aufgeregt. Doch die Verständigung ist gar nicht so einfach. Die meisten der aus Litauen angereisten Wolfskinder sprechen nur noch wenig Deutsch. »Und wo haben sie ihre Männer gelassen?«, fragt mich Gerhard Gudovius. Es sind überwiegend Frauen, kaum Männer in der Gruppe. Eine nette Dolmetscherin kommt auf ihn zu: »Hier ist eine Frau aus der Nähe von Kalvarija«, sagt sie und stellt ihm Erna Schneider vor. Leider beherrscht diese ihre Muttersprache kaum noch, aber sie freut sich sichtlich, dass jemand in Deutschland die Region in Litauen kennt, aus der sie kommt. Bei Kriegsende, als sie ihre gesamte Familie verlor, war sie gerade neun Jahre alt. Mit den wenigen Angaben, die Gerhard Gudovius macht, kann sie ihm leider nicht weiterhelfen. Er findet aber verschiedene andere Wolfskinder, mit denen er sich, wenn auch begrenzt, austauschen kann. Den Nachmittag verbringt er überwiegend mit Rudi Lindenau, der heute in Šiauliai lebt. Beide sind 1932 in Königsberg geboren, und Rudi hat seit 1991 vielfältige Kontakte nach Deutschland gepflegt, sein Deutsch wieder aufleben lassen.

Die beiden unterhalten sich über das alte Königsberg, die Zeit des Hungers und des Bettelns. Wie sie nach Litauen gekommen sind und über die Tricks, die ihnen als pfiffige Jugendliche das Überleben sicherten. Sie entdecken viele Gemeinsamkeiten, doch das Trennende bleibt die Ausreise von Gerhard Gudovius 1951. Rudi Lindenau ist nicht bitter. »Ich habe es immer ganz gut gehabt, auch in schweren Zeiten«, sagt er von sich. Doch auch seine fröhliche Art und sein freundliches Gesicht können Gudovius nicht darüber hinwegtäuschen, dass es kein einfaches Leben war, das Lindenau als Wolfskind in Litauen geführt hat. Besonders schockiert ihn die finanzielle Lage des Rentners. Die Armutsgrenze in Litauen liegt bei 700 Litas, umgerechnet 200 Euro. Kaum eines der Wolfskinder erhält mehr als 400 Litas Rente. Und auch die Frage nach den Männern klärt sich. Viele der Frauen sind Witwen. Die Lebenserwartung der litauischen Männer liegt mit knapp 65 etwa zehn Jahre unter dem deutschen Durchschnitt. Zu den großen Problemen des Landes gehören auch der weitverbreitete Alkoholmissbrauch sowie die höchste Selbstmordrate weltweit, erzählt uns die Dolmetscherin. Mit einem Schlag wird Gerhard Gudovius klar, dass seine Erinnerung an das idyllische Landleben in Litauen nichts mehr mit der Wirklichkeit zu tun hat. »Wahrscheinlich würde ich gar nicht mehr leben«, meint er nachdenklich, als ich ihn nach Hause fahre. Er ist dankbar für diese Begegnungen und hat für sich die vielleicht wichtigste Frage seines Lebens beantworten können.

2 Erinnerung an Königsberg

Was die ehemaligen Wolfskinder in Deutschland und die noch in Litauen lebenden verbindet, ist die Erinnerung – an Ostpreußen, an ihre Kindheit, an die Zeit, als der Krieg ihre Heimat noch nicht erreicht hatte.

Gemeinsam mit ihnen begebe ich mich auf eine Heimatsuche der Seele. Eine solche muss es bleiben, denn die Orte von einst, die wir suchen und nach denen sich die Wolfskinder sehnen, gibt es nicht mehr. Sie existieren einzig noch auf alten Fotos und Landkarten, ansonsten sind sie versunken in der unheilvollen Geschichte des 20. Jahrhunderts – unwiederbringlich verloren.

Doch diese Suche nach Heimat hat auch etwas Versöhnliches. Marion Gräfin Dönhoff nannte es »lieben, ohne zu besitzen«. Wenn sie von früher erzählen, von Ostpreußen mit seiner Hauptstadt Königsberg, so haben die Geschichten der Wolfskinder eines gemein: Es sind fast ausschließlich schöne Andenken, die sie sich bewahrt haben. Von einem Land der Weite, der Stille und wohltuenden Einsamkeit, das vielleicht die preußischen Tugenden wie Aufrichtigkeit, Bescheidenheit und Disziplin hervorgebracht hat.

Berühmte wie weniger berühmte Königsberger teilen ähnliche Bilder ihrer Kindheit in der östlichsten Großstadt

Deutschlands. Über Generationen hinweg ist es eine Idylle aus Romantik und Biedermeier, die das Königsberg der Kindheitstage wachruft.

Königsberg, die heutige russische Exklave Kaliningrad, liegt an der Mündung des Pregels, der mit zwei Flussarmen die Stadt umschließt. Beide bilden eine kleine innerstädtische Insel, den sogenannten Kneiphof. Etwas westlich davon vereinigen sich die beiden Pregelarme wieder und münden ins Frische Haff und somit in die Ostsee. Um den Kneiphof lag der alte Hafen der Stadt. Von den einstigen fünf Kneiphofbrücken ist einzig die Dom-, auch Honigbrücke genannt, erhalten.

Die Malerin Käthe Kollwitz erblickte 1867 in Sackheim am Alten Pregel das Licht der Welt. In ihren *Selbstzeugnissen* schrieb sie: »Wir lebten damals auf dem Weidendamm Nr. 9 in Königsberg. Ich erinnere mich dunkel an eine Stube, in der ich tuschte, deutlich aber besinne ich mich auf Höfe und Gärten. Durch einen kleinen Vorgarten kamen wir auf einen großen Hof, der bis zum Pregel reichte. Dort hielten die flachen Ziegelkähne, und die Ziegel wurden auf dem Hof abgeladen und geschichtet, sodass Hohlräume blieben, in denen wir Kinder spielten.«

Gut 60 Jahre später, 1928, wurde der Violinist Michael Wieck in Königsberg geboren. Für ihn war es eine »fast schon Kindertraumstadt, mit dem imposanten Schloss im Zentrum. Davor stand ein gekrönter, säbelhochreckender Kaiser Wilhelm I. Im viereckigen Schlosshof war ein Weinkeller mit dem schauereinflößenden Namen Blutgericht. Gar nicht weit entfernt davon konnte man auf einem lieblichen Schlossteich, mit Schwänen und Enten, Boote für eine Spazierfahrt mieten. Überall spannten sich malerische Brücken über den Fluss Pregel; Ziehbrücken, die uns oftmals zu spät in die Schule kommen ließen und die auf eine im Stadtzentrum gelegene Insel führten.«

Das »Blutgericht« war seinem Ruhm nach vergleichbar mit »Auerbachs Keller« in Leipzig und weit über die Grenzen Deutschlands hinaus bekannt. Hier gab es die legendären Königsberger Klopse und Königsberger Fleck, eine Art Pansensuppe, ebenso wie das sogenannte Ochsenblut, vor dem sich wegen des Namens ganze Generationen von Kindern gruselten. Dabei war es nur ein Cocktail aus Champagner mit einem Schuss roten Burgunders.

Für Erika Morgenstern, Jahrgang 1939, war das Schloss, »in dem einstmals Preußens Könige gekrönt worden waren, das Schloss aus der Märchenwelt. Unentwegt suchten meine Blicke die hohen Fenster ab in der Hoffnung, einmal eine Prinzessin dahinter sehen zu können, die ein langes weißes Gewand trug, eine Krone auf dem Kopf hatte und ganz sicher eine ganze Tafel Schokolade essen durfte.«

Der 1932 geborene Gerhard Gudovius erzählt so von seiner Kindheit in Königsberg: »Es war eine Großstadt, in der immer etwas los war, es für Kinder auch ständig Neues zu entdecken gab. Ein Ausflug auf dem Pregel war das Höchste. An den Hafenkais konnte man die Dampfschiffe beobachten, wie sie ihre Ladung löschten. Junge Burschen mit Säcken auf den Rücken liefen geschäftig in die Fachwerkspeicher, während im Hintergrund die Straßenbahn bimmelte oder eine Dampflok schnaufte. Baulicher Mittelpunkt der Stadt waren das Schloss und der alles überragende Turm der Schlosskirche. Kastanien und Linden säumten die Wege rund um das Schloss, hier wurde sonntags spazieren gegangen, fand man im Sommer Schutz unter den Bäumen, wenn die Sonne zu sehr brannte.«

Wahrzeichen der alten Hansestadt waren die Fachwerkspeicher auf der Lastadie, wobei sie ab Mitte der Zwanzigerjahre kaum mehr wirtschaftliche Bedeutung hatten. Mit dem Bau des neuen Hafenbeckens am unteren Pregel verlor der Hafen am Hundegatt endgültig seine Funktion. Auf die Kinder übte der Umschlagplatz aber weiterhin seine Anziehung aus. So gab es hier stets güterbringende Eisenbahnen zu beobachten, die beispielsweise den legendären Tilsiter Käse verluden.

Häufig fuhr Gerhard sonntags mit der Straßenbahnlinie 8 zum Münzplatz, wenn ihm die Großeltern wieder einmal Taschengeld zugesteckt hatten, damit er ins Kino gehen konnte: »Da kam ich mir dann richtig erwachsen vor.«

Auf dem Platz stand auch die schmucklose, obeliskartige »Normaluhr«. Dort trafen sich gerne die jungen Paare, erinnert sich Erika Sauerbaum, geboren 1928 in Königsberg. Von hier aus ließ es sich herrlich durch die Stadt spazieren. »Die linke Uferpromenade entlang des Schlossteichs war eindeutig die beliebtere. Im Café Schwärmer fand sich im Sommer kaum noch Platz auf der Terrasse, aber es war die Hoffnung eines jeden Mädchens, das von einem Kavalier ausgeführt wurde, hierher eingeladen zu werden.« Aber auch die Tanzfläche im Garten des Parkhotels am Promenadenweg war ein sommerlicher Anziehungspunkt. Am nördlichen Ende des Weges rieselte sanft das Wasser des höher gelegenen Oberteichs über die Kaskaden in den Schlossteich. Überhaupt der Oberteich! Hier lernten Generationen Königsberger Kinder schwimmen, denn nicht alle hatten die

Möglichkeit, in die Sommerfrische der nahen Ostseebäder Cranz und Rauschen zu fahren.

Auch Burkhard Sumowski, Jahrgang 1936, schreibt in seinen Memoiren über den Oberteich als »dem bedeutendsten Königsberger Gewässer, groß wie ein See, von herrlichen Parks und Promenaden umgeben. In der Nähe des Hauses meiner Großeltern stand nah am Wasser inmitten dichten Gebüschs ein Trafohaus im Stil eines Knusperhäuschens. Um Großmutter ein bisschen zu ärgern, sagte mein Großvater immer, dort wohne der Boshebaubau, der gerne unartige Kinder schnappe.«

Im Süden der Stadt lag der Hauptbahnhof zwischen Haberberg und Nassem Garten, gefolgt von dem Dörfchen Ponarth, einem beliebten Ausflugsziel der Königsberger, die von hier den Ausblick über die Stadt und das Bier der örtlichen Brauerei genossen. Nicht wenige der Wolfskinder stammen aus dieser südwestlichen Ecke der Stadt.

Ostpreußen mit seiner einstigen Hauptstadt Königsberg existiert nicht mehr. Lange schon ist die Region, die an Russland fiel, zur Oblast Kaliningrad geworden. Die einstige Kornkammer Deutschlands, die Hansestadt und die umliegenden blühenden Dörfer wurden im Krieg verwüstet. Wo eben noch Deutsch gesprochen wurde, jahrhundertelang sich Ostpreußen in all seinen Facetten ausgebreitet hatte, verschwanden nach dem Krieg die letzten Spuren dieser einstigen Kulturlandschaft innerhalb kürzester Zeit. Als wir zum Abschied unseres Besuchs ein letztes Mal auf der Honigbrücke stehen, wird mir dies noch einmal bewusst. Wir blicken vom Kneiphof auf die pastellfarbenen Fachwerkhäuser des »Fischdorfes«, wo sich im Sommer die Touristen tummeln. Auf der anderen Uferseite ist ein moderner Glaspalast entstanden, dessen Blick auf Dom und die wiedererstandene historische Kulisse wohl nur dem russischen Geldadel zugänglich ist.

Doch am heutigen Tag zeigt sich Kaliningrad versöhnlich. Die Sonne blinzelt durch die Wolken und schickt ein paar goldene Strahlen, die im Pregel reflektieren. Ein Angler geht still seinem Hobby nach, ein junger Vater spielt mit seiner kleinen Tochter. Sie ist gefangen im Staunen über die Welt und die schillernden Seifenblasen, die der Vater ihr zupustet. Für einen Moment scheint uns hier die Welt wieder in Ordnung.

3 Frieden und Krieg

Das Ende des Ersten Weltkriegs brachte für West- und Ostpreußen schicksalhafte Veränderungen: große Teile Westpreußens, Danzig, die ostpreußische Stadt Soldau und das Memelgebiet wurden aufgrund des Versailler Vertrages ohne Volksabstimmung vom Deutschen Reich abgetrennt und – außer Danzig, das zur »Freien Stadt« wurde, und dem Memelgebiet, das ein Freistaat werden sollte und 1923 von Litauen annektiert wurde – dem 1916 wiedergegründeten Polen übertragen. Für andere Teile Westpreußens östlich der Weichsel und Nogat, die durch den Versailler Vertrag Ostpreußen zugeordnet worden waren, sowie das südliche Ostpreußen bestimmte der Versailler Vertrag, dass die Bevölkerung durch eine Volksabstimmung kundtun solle, ob sie in Zukunft zu Polen oder zu Ostpreußen beziehungsweise zum Deutschen Reich gehören wollte.

In den betroffenen Landesteilen wurden am 11. Juni 1920 die Volksabstimmungen über den Verbleib beim Deutschen Reich angesetzt. Die Ergebnisse hatten auch für die polnische Seite ein wenig überraschendes Ergebnis: In allen Gebieten entschieden sich über 90 Prozent der Wähler für das Reich. Das polnische Staatsoberhaupt Józef Piłsudski erklärte gegenüber dem deutschen Außenminister Gustav Stresemann: »Ostpreußen ist ein unzweifelhaft deutsches

Land. Das ist von Kindheit an meine Meinung, die nicht erst der Bestätigung durch eine Volksabstimmung bedurfte. Und dass dies meine Meinung ist, können Sie ruhig Ihren Ostpreußen in einer öffentlichen Versammlung in Königsberg zur Beruhigung mitteilen.«

Mit dem Kernland vereint und doch getrennt: Die geografische Separation von Deutschland bedeutete auch eine wirtschaftliche Isolation, die nur mit großen finanziellen Hilfen aus dem Reichshaushalt auszugleichen war. So diente beispielsweise die 1920 neu gegründete *Deutsche Ostmesse Königsberg* zum Ausbau der Handelsbeziehungen. Die wirtschaftlich geschwächte Region wurde auf dem Seeweg durch eine neue Verbindung, die kombinierte Personen- und Frachtverbindung *Seedienst Ostpreußen* von Swinemünde nach Pillau, bedient, die später auf die Danziger Bucht, Travemünde, Kiel und Helsinki ausgedehnt wurde. Darüber hinaus wurde der Schienenverkehr durch den Bau eines Flughafens in Königsberg erheblich entlastet. Dieser erste deutsche zivile Flughafen wurde 1922 mit einem Jungfernflug auf der Strecke Königsberg-Rīga-Moskau eröffnet. Kurze Zeit später folgte die Anbindung an Berlin und Stockholm.

Trotz dieser Maßnahmen und dem ausdrücklichen Willen der Reichsregierung, die Ostgebiete zu stärken, gewann der Nationalsozialismus auch bei der durch die Versailler Verträge gedemütigten ostpreußischen Bevölkerung an Boden. Dabei war der Anklang nationalsozialistischer Ideale nicht ohne Weiteres vereinbar mit den preußischen Tugenden – Bescheidenheit, Gerechtigkeitssinn und Gottesfurcht. Dass eine politische Minderheit offenherzig eine totalitäre Menschenführung verkündete, wurde mit Verwunderung zur

Kenntnis genommen. Doch die Menschen in der abgeschnittenen Provinz, die mit den Folgen von Versailles, der Weltwirtschaftskrise und dem Zulauf der Kommunisten konfrontiert wurden, sahen in den lautstarken Versprechungen der Nationalsozialisten einen Ausweg aus ihrer bedrohten Lage.

Die Hoffnung auf eine bessere Zukunft wurde ab 1933 durch die Anfangserfolge der neuen Regierung unter Hitler genährt. Der Osthandel blühte. Die *Deutsche Ostmesse Königsberg* entwickelte sich rasch zur zweitgrößten Messe des Deutschen Reiches nach Leipzig. Auch außenpolitisch schien sich die Lage für Ostpreußen zu stabilisieren. So wurde 1934 ein Nichtangriffspakt, der sogenannte Freundschaftsvertrag, mit Polen geschlossen. Doch von Freundschaft mit den europäischen Nachbarn hielten Hitler und sein Drittes Reich in Wahrheit nicht viel. Das bekam die Tschechoslowakei spätestens im Herbst 1938 zu spüren, als sie in Folge massiver deutscher Kriegsdrohungen mit dem Sudetengebiet große Teile ihres Landes abtreten musste. Im März 1939 marschierte die deutsche Wehrmacht dennoch in Prag ein und errichtete das Protektorat Böhmen und Mähren – die Tschechoslowakei hörte auf zu existieren. In der verzweifelten Hoffnung, ein ähnliches Schicksal abwenden zu können, gab nun auch Litauen schon eine Woche später das Memelland an Deutschland zurück. Damit schien Hitler alle seine außenpolitischen Ziele erreicht zu haben. Für die Mehrheit der ostpreußischen Bevölkerung lag ein möglicher Krieg in weiter Ferne, und den Kindern dieser Zeit war der Gedanke daran vollkommen fremd.

Ursula Haak wird 1935 als einzige Tochter in eine Landarbeiterfamilie auf Gut Birgen etwa fünf Kilometer von Tilsit entfernt geboren. Sie ist das siebente Kind, ihr jüngerer Bruder Horst kommt ein Jahr später zur Welt und wird das Nesthäkchen der Familie bleiben. Das Gut, auf dem sich die Eltern Anna und Albert verdingen, ist über 100 Hektar groß; zum Besitz gehören 20 Pferde und 70 Stück Vieh.

In der Gutskäserei wird der berühmte Tilsiter Käse hergestellt. Wie andere Familien, die auf dem Gut arbeiten, leben Ursulas Eltern mit ihren Kindern in einer Wohneinheit im Gesindehaus. Dazu gehört ein kleiner Garten, in dem die Familie für den Eigenbedarf Gemüse anbaut und ein paar Nutztiere hält.

Der Vater ist ein hochgewachsener Mann mit blauen Augen, seinem Äußeren nach ähnelt er dem Schriftsteller Thomas Mann. Die Mutter gleicht in ihrem Sonntagsaufzug einer Lehrerin – den Eltern ist es wichtig, dass sie bei aller Bescheidenheit sonntags ordentlich gekleidet zur Kirche gehen und auch ihre Kinder etwas hermachen. Sonn- und Feiertage sind auf dem Gut heilig, und so bäckt Mutter Anna jeden Samstag einen Kuchen, den es am Sonntagnachmittag zum Kaffee gibt. Vor Weihnachten und Ostern wird jeweils ein Schwein geschlachtet.

Die heute in Stockholm lebende Dorothea Bjelfvenstam, geborene Richard, hat eine russische Matrjoschka vor Augen, wenn sie an ihre Kindheit in Königsberg denkt: »Wenn ich sie öffne, finde ich die anderen Figuren in ihr, die immer kleiner werden. Die erste, die kleinste tief drinnen, ist das Kind in Königsberg.« Die Erinnerungen an die ersten Jahre im großbürgerlichen Stadtteil Amalienau sind fragmentarisch: Sandkasten, Laube und Apfelbaum in Großvaters kleinem Garten. Der große Bechstein-Flügel, auf dem der Großvater spielt, während Dorothea unter dem Flügel sitzt und

»in der Musik verschwindet«. Dazu noch: »Weihnachten mit Oma, Mutter und Tante. Aber ohne Vati. Kindergarten und Schule, Park und Freundinnen, eine davon Nazi-Oberbürgermeisters Tochter.« Die Nachbarn im Haus gegenüber haben einen kleinen Hund – so klein wie Dorothea selbst.

Auch Eva Briskorn kommt aus Königsberg und ist ebenso alt wie Dorothea. Eva kommt im Januar 1933 kurz vor der Machtergreifung Hitlers als erstes Kind ihrer Eltern Otto und Gisela zur Welt. Es folgen in kurzen Abständen sechs Geschwister. Schon früh hilft Eva als Älteste der Mutter bei den Aufgaben im Haushalt ebenso wie bei der Versorgung der jüngeren Kinder. Das ist ihr einerseits oft lästig, andererseits hat sie ein sonniges Gemüt und freut sich über das Lob, das die Eltern ihrer Großen zuteilwerden lassen. Die Familie lebt in einfachen Verhältnissen im Stadtteil Liep, einem östlichen Vorort von Königsberg. In dem einstigen Fischerdorf aus Ordenszeiten werden die Holzflöße von der Memel über das Kurische Haff und die Deime kommend an der Stadtgrenze angelandet, was Königsberger Großkaufleute 1906 zum Bau einer Zellulosefabrik veranlasst. Der zunehmenden Industrialisierung der Region folgen Siedlungsbauten für die Arbeiter. Bereits im Jahr 1905 wird Liep ins Stadtgebiet eingegliedert, kurz darauf kommt der Anschluss an die Eisenbahn.

Die Zweizimmerwohnung in einem der Siedlungshäuser am Troppauer Weg hat zwar schon ein eigenes kleines Bad und eine Küche, aber mit jedem Familienzuwachs heißt es noch ein wenig mehr zusammenzurücken. Vater Otto ist gelernter Tischler und arbeitet in einer Schreinerei. Eva ist ein Papakind. Sie liebt es, bei ihm auf dem Schoß zu sitzen und sich Geschichten erzählen zu lassen. Bei ihm ist sie nicht

Eva, sondern »das Evchen« oder »mein Kindchen«. Otto Briskorn ist mit Leib und Seele Vater. Gerne verbringt er seine Zeit im Kreise der Familie und lässt sich, als der Krieg beginnt, in einer Einheit in der Nähe von Königsberg stationieren, um so oft wie möglich zu Hause sein zu können. Im ersten Kriegsjahr 1939 wird Eva eingeschult. Ein Foto vom ersten Schultag zeigt ein vergnügtes Mädchen mit dunkler Lockenpracht, die mit einem Zopf gebändigt ist. Die Schule macht ihr sichtlich Spaß, und es fällt ihr leicht, lesen und schreiben zu lernen. Sie lernt Sütterlin und erhält für ihre schöne Schrift gute Zensuren. Eva träumt davon, Ärztin zu werden.

Eva besucht die »Horst-Wessel-Schule«, wie alle Kinder hier. Vor dem Sackheimer Tor spielt sich ihr Alltag ab. In der Kupferbadeanstalt am Kupferteich lernen die Kinder beim Bademeister das Schwimmen mittels Schwimmweste an der Angel. Hier gibt es auch einen Sprungturm, von dem aus es sich herrlich ins Wasser platschen lässt.

Unweit davon befindet sich ein kleiner Rummel, dahinter liegen die Schrebergärten am Lieper Weg. Ein Kinderparadies, insbesondere in den Sommermonaten. Hier spielen sie Verstecken, hier kann Eva stundenlang Hüpfseil springen. Auf der anderen Seite der Tapiauer Straße ist der Sportplatz der »Horst-Wessel-Schule«, daneben der Garnisonsfriedhof. Ganz in der Nähe arbeitet auch der Vater. Wenn Eva von der Schule nach Hause kommt, gilt ihre erste Frage oft ihm. »Ist er noch nicht da?«, bedrängt sie die Mutter. Der Antwort folgt stets dasselbe Ritual. Eva pfeffert mit großer Lust die Schultasche in die Ecke, die Mutter seufzt, und schon ist Evchen auf dem Weg, den Vater von der Arbeit abzuholen. Die kurze Zweisamkeit mit dem Vater auf dem Heimweg ist für Eva unersetzlich. Hier hat sie den Papa ganz für sich allein und muss ihn nicht mit den jüngeren Geschwistern teilen. Hier kann sie ihm ihr Herz ausschütten und ihn um Rat fragen.

Wenn im Sommer die warmen Regengüsse Abkühlung verschaffen, läuft Eva am liebsten barfuß den kleinen Hügel bei ihrem Haus hinauf. In der Hand hat sie kleine gefaltete Papierboote, die sie mit ihren Spielkameraden den Rinnstein um die Wette hinuntersegeln lässt. Bei schlechtem Wetter spielen die Kinder oft endlos »Mensch ärgere Dich nicht«. Eva findet, dass man dabei besonders gut lernt zu verlieren. Noch Jahre später wird sie sich an diesen Gedanken erinnern. In den Wintermonaten lieben es die Kinder, Eimer mit Wasser auf die Straße zu schütten, damit es friert und sie so den kleinen Berg hinunterschlittern können.

Im Garten des Wohnblocks hat die Familie einen kleinen Schuppen, in dem sie Brennholz und Kohlen für den Winter lagert. Hier geht Otto Briskorn auch seiner großen Passion nach, der Taubenzucht. Stundenlang kann Eva dem Vater dabei zuschauen, wie er den Verschlag sauber macht, die Tiere füttert, mit ihnen spricht.

Die Mutter näht die Kleider für die Kinderschar selbst. Sie ist begabt in Handarbeit, strickt und stickt auch. Oft kommen die Mädchen, Eva und ihre Schwestern Sabine und Gisela, zur Mutter und betteln, ob sie ihnen nicht ein neues Kleidchen nähen kann. Hat sich die Mutter schließlich bereit erklärt, kräht Sabine, die Jüngste, zumeist: »Ich bin die Kleinste, du musst das erste Kleidchen für mich nähen!« Bis heute ist Eva das letzte Kleid in Erinnerung, das die Mutter für die Mädchen nähte: im Matrosenstil aus blauem Stoff mit weißem Kragen und einer Stickerei.

Gerhard Gudovius kommt 1932 in Königsberg unehelich zur Welt. Seine Mutter Herta ist ledig und überlässt den Neugeborenen ihren Eltern, wo er wie das eigene Kind aufgezogen wird. Seinen Vater lernt Gerhard nie kennen. Als Gerhard fünf ist, kommt die Mutter überraschend nach Hause – zum Sterben. Sie hat Wundbrand nach einer Blinddarmvereiterung und ist von den Ärzten aufgegeben worden. Kurze Zeit pflegen die Großeltern ihre Tochter noch, dann erlebt Gerhard, wie die 26-Jährige schließlich stirbt.

Fortan besucht er jede Woche mit den Großeltern das Grab der Mutter auf dem Neuen Haberberger Friedhof. Es ist ein schönes Grab, findet Gerhard. Immer hübsch mit Blumen geschmückt und einem Stein aus weißem Marmor mit schwarzem Rand. Der Tod macht ihm hier keine Angst.

Gerhard spielt gerne mit Michael, einem Jungen aus der Haberberger Nachbarschaft. Michaels Eltern betreiben einen gut gehenden Fahrradladen im Haus nebenan. Michael hat eine sensationelle Spielzeugeisenbahn, eine Märklin. Gemeinsam leben die beiden Buben ganz in ihrer eigenen Welt, wenn sie an den Gleisanlagen basteln und die Züge fahren lassen.

Ein Donnerstagmorgen im November 1938: Beim Frühstück sprechen die Großeltern darüber, dass es eine unruhige Nacht war. Immer wieder war von der Straße lautes Geschrei zu hören gewesen, waren anscheinend Fensterscheiben zu Bruch gegangen. Noch bevor Gerhard nachfragen kann, klingelt es an der Tür. Es ist der Onkel, der nachsehen will, ob bei ihnen alles in Ordnung ist. Gerhard hat ihn noch nie so außer sich erlebt. Er redet in einem fort und kann sich gar nicht beruhigen. »Habt ihr denn gar nichts mitbekommen? Was glaubt ihr, was gestern Nacht passiert ist!?« Gerhard weiß an diesem Morgen nicht, was er von der

Aufgeregtheit der Erwachsenen halten soll. Doch der Onkel fordert sie auf mitzukommen. Als sie auf die Straße treten, liegen überall Glasscherben. Die Hauswand ist beschmiert, das Schaufenster des Fahrradladens eingeworfen. Still gehen sie hinunter zur Synagogenstraße. Überall im Viertel ein einziges Chaos. Als sie zur Alten Synagoge kommen, stehen dort schon viele Schaulustige. Das Gotteshaus weist Spuren von Feuer und Verwüstung auf. Auch hier überall zerborstene Glasscheiben. Die Großmutter hat genug gesehen. Mit Gerhard an der Hand geht sie raschen Schrittes nach Hause. Noch immer versteht er nicht, was vor sich geht. Doch angesichts der Zerstörung allerorten fragt er lieber nicht.

Im September 1939 wird Gerhard eingeschult – mit einer Zuckertüte, die für ihn in der Erinnerung eine »Wundertüte« geworden ist. In sie haben die Großeltern alle erdenklichen Süßigkeiten für ihren Liebling eingepackt. Er besucht jetzt die Hoffmannschule für Jungen, unweit der großelterlichen Wohnung. Der Lehrer in der ersten Klasse heißt Nachtigall, verkörpert aber überhaupt nicht, was der Name verspricht. Er ist unangemessen streng, Gerhard findet ihn gar richtig bösartig. Der Lehrer schlägt seine Zöglinge, weitaus härter als zu dieser Zeit ohnehin üblich.

Gerhard geht schon eine ganze Weile zur Schule, als ihn der Großvater eines Tages zur Seite nimmt und versucht, ihm behutsam beizubringen, dass es nicht mehr ganz ungefährlich ist, die Nachbarn zu besuchen. Die müssen jetzt Judensterne tragen, und mit ihnen gesehen zu werden kann alle in Schwierigkeiten bringen. Gerhard versteht nicht, weshalb er nicht mehr mit seinem besten Freund zusammen sein darf, was sich verändert hat – Michael ist doch noch immer derselbe. Wenn er ihn jetzt besucht, muss er immer abwarten, bis die Straße leer ist und keiner sieht, dass er ins

Nachbarhaus geht. Wenige Wochen später ist die jüdische Familie verschwunden. Als Gerhard den Großvater um eine Erklärung bittet, zuckt dieser mit den Achseln. Er wisse nicht, ob sie abgeholt wurden oder untergetaucht sind. Gerhard nimmt die Auskunft hin, ohne nachzubohren. Tag für Tag geschehen ja in seiner kindlichen Welt rätselhafte Dinge.

Der Alltag geht weiter. Nicht immer findet der Unterricht nach Plan statt. Aber die Schule ist inzwischen auch nur noch ein kleiner Teil in Gerhards Leben. Viel spannender ist das städtische Umfeld, in dem er sich mit jedem Jahr freier bewegt. Kinderstreiche sind an der Tagesordnung, die Stadt ist ein großer Abenteuerspielplatz. Mit Vorliebe reiben Gerhard und seine »Bowken«, wie man in Königsberg Lausbuben nennt, rote Ziegelsteine aneinander, damit sie ein bisschen pulverisieren. Dann pinkeln sie auf die Steine und beschmieren damit Häuserwände – mal mit Parolen, mal mit unanständigen Zeichnungen. Irgendein Unsinn findet sich immer.

Das Fahrradgeschäft im Nachbarhaus ist verlassen und geplündert, ein verbotener Ort. Gerade hier fragt er sich immer wieder, wo Michael jetzt eigentlich ist. In der Werkstatt finden die Buben Töpfe mit Kleber, den sie im Garten auf einen Haufen schütten, anzünden und dann weglaufen. Doch Gerhard hat nicht nur Unfug im Kopf. Für ein paar Groschen trägt er regelmäßig der Kundschaft aus dem Kolonialwarenladen um die Ecke die Taschen nach Hause und verdient sich so ein kleines Zubrot.

Spätestens seit 1938 zeigt Hitler sein wahres Gesicht. Der Terror nach innen und außen wird immer stärker. Jüdische Mitbürger, die seit der Machtübernahme diskriminiert wurden, werden nun ganz offen verfolgt. Die meisten Kinder in

Ostpreußen – das zeigt Gerhards Beispiel – können das Geschehen nicht einordnen oder bekommen davon nichts mit – sofern sie nicht jüdisch sind.

Im September 1939 marschiert die Wehrmacht in Polen ein und entfesselt einen Krieg von beispiellosem Ausmaß. Zunächst sind nur die unfassbar raschen Erfolge der deutschen Truppen sichtbar und überraschen Freund wie Feind. Auf die Ostpreußen muss die Besetzung Polens wie ein Geschenk wirken, denn nun scheinen sie ja wieder mit dem Reichsgebiet verbunden.

Für die Kinder ändert sich – einstweilen nichts.

Liesbeth Dejok wird im Dezember 1931 in Erlenrode in der Elchniederung geboren. Tatsächlich kommen im Winter die Elche oft auf die nahen Felder und fressen Gemüsereste oder Rosenkohl, der noch etwas reifen soll. Die Niederung ist von Flüssen und Kanälen durchzogen und grenzt in weiten Teilen längs der Memel an Litauen. Über Jahrhunderte haben die Bauern hier Entwässerungssysteme gebaut, um die feuchten Böden urbar zu machen.

Liesbeths Eltern haben einen kleinen Bauernhof zur Selbstversorgung, der Vater ist als Bauarbeiter beschäftigt. Liesbeth wächst als Nesthäkchen mit vier Brüdern und zwei Schwestern auf. Im Herbst 1937 wird sie eingeschult. Liesbeth geht gerne in die nahe gelegene Dorfschule. Vor dem Schulhaus ist ein großer Platz, auf dem sie in den Pausen mit wildem Eifer Ball spielt. Im Schulgarten pflanzen die Kinder eigenes Gemüse und Blumen an, und selbst im eigentlichen Unterricht geht es überwiegend handfest zu.

Soldaten gehören für das kleine Mädchen schon lange zum Alltag, bevor der Krieg beginnt. Immer wieder werden junge Männer in Uniform einquartiert. Überall auf den

Höfen gehören sie schnell dazu. »Die Soldaten haben ein feines Leben bei uns«, findet Liesbeth. Sie fangen Fische in den umliegenden Gewässern und braten sie am offenen Feuer. Oft singen sie dabei und verzaubern die Kinder damit ebenso wie die jungen Mädchen des Dorfes.

Mit Beginn der dritten Klasse jedoch wohnen Soldaten nun auch im Schulhaus. Liesbeth und die Kinder werden ausquartiert, die Pulte stehen jetzt in der Scheune. Bei schönem Wetter wird im Garten unterrichtet. In der Schule gibt es ab sofort auch einen Koch, der für die Verpflegung der Soldaten sorgt. Dabei fällt oft etwas für die Kinder ab, hier ein Stück Kuchen, dort ein Bonbon oder Zuckerstück.

Kurze Zeit später werden die Brüder »eingezogen«. Liesbeth versteht das Wort nicht und wundert sich, warum die Mutter fortan immer weint. Die Brüder sind nun eben auch Soldaten – was ist daran so schlimm? Der Vater hat schon im Ersten Weltkrieg gedient und wird wegen seines Alters nicht mehr einberufen. Lediglich Schützengräben muss er in der Umgebung ausheben. Als der Lehrer Naujoks eingezogen wird, übernimmt kurzerhand seine Frau den Unterricht der Volksschüler.

Doch eines Morgens ist plötzlich alles ganz anders. Liesbeths Papa ist schon auf Arbeit, als sie aufwacht und bemerkt, wie still es auf einmal im Dorf ist. Liesbeth begreift erst allmählich, was geschehen ist. Über Nacht sind all die Soldaten auf einen Schlag verschwunden. Vor der Schule muss sie noch den Kühen Wasser geben. Dazu füllt sie Eimer mit Wasser und schüttet es in einen langen Holztrog. Als sie den ersten Eimer über dem Trog wendet, grollt es unheilvoll in der Ferne. So schnell sie kann, füllt sie den Trog mit Wasser und läuft dann voller Furcht zur Mutter. »Mama, ein Gewitter, ein Gewitter!«, ruft sie schon von Weitem. Doch die

Mutter nimmt ihr Gesicht in beide Hände und sagt ganz ernst: »Nein, mein Kind, das ist der Krieg …«

Die Schwestern schicken Päckchen an die Front und denken bald auch schon an den bevorstehenden Winter. Eigens für die Brüder im Krieg wird ein Schaf gekauft, dessen Wolle die Älteste spinnt, damit daraus Socken und Handschuhe gestrickt werden können. Liesbeth ist geschickt und lernt selbst sehr schnell Spinnen und Stricken.

Im Juni 1941 enden auch für Eva Briskorn Kindheit und Schulzeit schlagartig. Der Krieg ist nach Königsberg gekommen, die Eltern sind in heller Aufregung. Eva versteht den Aufruhr nicht. Es gibt immer wieder schulfrei, und daran kann sie nichts Schlechtes finden. Doch irgendwann behält die Mutter schließlich Eva unter dem Vorwand zu Hause, sie mehr im Haushalt zu brauchen. Überhaupt verändert sich die Stimmung in der Familie. Der Vater, sonst so vergnügt, ist nun meist ernst, wenn er überhaupt da ist. Die Mutter weint oft und hat Sorgen, die hungrigen Kinder satt zu bekommen; die Lebensmittel sind wegen des Krieges »rationiert« – und ein knurrender Magen, das versteht inzwischen auch Eva, verdirbt die gute Laune.

Gerhard Windt ist ein junger Bursche, dessen Eltern in Königsberg-Ponarth leben. Im April 1939 bekommen sie überraschend ein neugeborenes Baby in Pflege. Mit 24 hat Gerhard nicht mehr erwartet, dass sich der sehnliche Wunsch von Mutter Gertrud nach einer Tochter noch erfüllen wird. Christel Scheffler ist unehelich zur Welt gekommen, die leibliche Mutter sah keine Möglichkeit, sie alleine großzuziehen.

Mit der Aufnahme des Kindes scheint das Familienglück

perfekt, die Adoption wird angestrebt. Als Christel sprechen lernt, fällt ihr die Aussprache des eigenen Namens schwer, und sie beginnt sich selbst Kitty zu nennen – wie bald alle in ihrer Umgebung. Kitty ist der Sonnenschein der Familie, ein wahrlich geliebtes Kind. Die blonden lockigen Haare trägt sie häufig zu zwei lustigen Zöpfen gebunden, die beim Laufenlernen immer ein bisschen wippen, ihre Augen, so der Vater, sind von »hellstem Kornblumenblau«. Der Mutter bereitet es größte Freude, für Kitty zu nähen. Alle ihre Kleider sind von der Mutter in Handarbeit gefertigt und stecken voller Liebe. Obwohl Gerhard deutlich älter ist, wächst Kitty mit Bewunderung für ihren großen Bruder auf. Er ist Soldat bei der Marine und trägt eine fesche Matrosenkluft, wenn er auf Urlaub nach Hause kommt. Auch der 24-Jährige erfreut sich an dem kleinen Mädchen und daran, dass seine Mutter Gertrud offensichtlich ganz in ihrer erneuten Mutterrolle aufgeht.

An den Wochenenden besuchen Kitty und Gertrud häufig die beiden Großmütter. Die eine ist Fischfrau und verkauft täglich den frischen Fang auf dem Königsberger Fischmarkt. Die Oma mütterlicherseits ist meist in ihrem Schrebergarten in der Kolonie »Glück auf« am Sackheimer Tor anzutreffen. Auf dem Weg dorthin kommen sie regelmäßig an einer Abdeckerei vorbei, wo es mitunter so abscheulich stinkt, dass Kitty sich noch die Nase zuhält, wenn sie schon lange bei der Großmutter angekommen sind.

Anfang 1941 wird der Vater einberufen. Er wird nach Jugoslawien geschickt, fortan lebt Kitty mit der Mutter allein – nur noch gelegentliche Feldpost hält die Verbindung in die Ferne. Die ersten Luftangriffe im Frühsommer auf Königsberg bleiben vorerst Ausnahmen, aber das kleine Mädchen ist schon zu diesem Zeitpunkt sehr verschreckt und ängstlich. 1943 kehrt der Vater mit einer Kriegsverletzung vom Balkan zurück. Mit Schusswunden in Schulter und Rücken verbringt er die ersten Wochen in der Heimat im Lazarett, wo seine Frau und Klein-Kitty ihn regelmäßig besuchen. »Der goldige Knopf«, wie das Familienoberhaupt seine Pflegetochter nennt, hilft ihm zu genesen.

Doch schon kurz darauf wird das beschauliche Leben der Windts endgültig aus allen Angeln gehoben. Die Häuser am Fichteplatz sind in Hufeisenform gebaut und rahmen in ihrer Mitte die Sportstätte der nahe gelegenen Fichteschule und eine Blumenwiese ein, auf der die Kinder der umliegenden Häuser spielen. Nun wird diese Wiese umgewühlt. Vom Küchenfenster aus beobachtet Kitty mit bangen Gefühlen die Bauarbeiten. Sie ist empört und ratlos zugleich. Es entstehen Splittergräben und ein notdürftiger Bunker. Genauso wie die anderen Kinder lässt sich die Vierjährige den Spielplatz nicht nehmen. Dabei schrammt sie sich in einem der unfertigen Splittergräben das Gesicht auf, eine deutlich sichtbare Narbe wird zu einem bleibenden Erkennungszeichen.

Unweit von Kitty wächst Lothar Wegner mit seinen beiden Geschwistern ebenfalls in Königsberg-Ponarth auf. Sein sechs Jahre älterer Bruder Horst und seine zwei Jahre jüngere Schwester Ingrid bedeuten ihm alles. Glückliche Kindertage prägen die ersten Lebensjahre. Sonntags besucht die Familie regelmäßig die Kirche, danach geht es in den Tiergarten oder die Museen der Stadt. Bildung ist den Eltern für ihre Kinder wichtig. Sorgen kennen die Kleinen nicht. Als Lothar im September 1941 eingeschult wird, ist er über alle Maßen stolz. Endlich kann er es dem älteren Bruder gleichtun. Jetzt ist auch er ein großer Junge. Doch das Jahr 1941 bringt für die Familie auch andere, schwerwiegende Veränderungen. Die Mutter, die sich bislang als Hausfrau ganz den Kindern und der Haushaltsführung widmete, muss nun arbeiten gehen. Als Schneiderin wird sie in einer großen Näherei angestellt, die Uniformen für die deutschen Soldaten fertigt. Der Vater wird als Baufachmann in die Organisation Todt, eine Baugruppe zu militärischen Zwecken, geholt – Mobilisierung wird das genannt. Bislang hat er im privaten Sektor gearbeitet, nun beaufsichtigt er den Bau von Straßen, Brücken und Wehren, die für Soldaten errichtet werden, die offenbar in großer Zahl kommen sollen. Lothar hat noch keinen von ihnen zu Gesicht bekommen. Für ihn ist der Krieg ganz und gar abstrakt, aber immer häufiger hört er den älteren Bruder und die Eltern über Front- und Kriegsverlauf diskutieren.

Im Sommer 1944 zerbricht die Idylle für Lothar endgültig. Nächte voller Angst und Grauen beherrschen plötzlich sein Leben. Jeden Abend stellt die Mutter Rucksäcke, die mit dem Nötigsten gepackt sind, neben die Betten ihrer Kinder. Das schrille Heulen der Sirene schreckt sie jede Nacht auf, in aller Eile hastet die Familie in den Luftschutzraum. Kaum hat sich Lothar niedergelassen, zittern die Wände von den Detonationen der englischen Bomber, die in Wellen über Königsberg fliegen und ihre explosive Last abwerfen. Der ohrenbetäubende Lärm, die Erschütterungen lähmen den Neunjährigen, der sich all das nicht erklären kann. In seiner Angst nimmt er seine Umwelt wie durch ein Vergrößerungsglas wahr. Während manche Menschen weinen und wimmern, werden andere irr und schreien, wieder andere beten zu Gott, dass alles möglichst schnell enden solle. Lothar verbirgt seinen Kopf im Rock der Mutter. Nach den Angriffen stehen regelmäßig viele Gebäude in Flammen. In nur wenigen Nächten im August 1944 wird die historische Innenstadt von Königsberg mithilfe von Brand- und Phosphorbomben in Schutt und Asche gelegt.

»Habe ich deshalb die Kinderjahre in Königsberg verleugnet?«, fragt sich Dorothea Bjelfvenstam in ihrem Buch *Man nannte uns Hitlermädchen:* »Sie waren verbrannt.« Dorothea schreibt über sich in der dritten Person, nur so scheint die Erinnerung erträglich an den August 1944, die beiden Luftangriffe der britischen Bomber. »Königsberg, die brennende Stadt. Noch ging die Straßenbahn bis zum Tiergarten. Wie aber kamen Mutter und Kind zu Fuß in die Innenstadt? Sie mussten Papier und Stempel holen, denn am nächsten Tag sollte der Kindertransport abgehen. Einen ganzen Tag liefen sie in der brennenden Stadt herum und suchten nach der Hakenkreuzfahne und dem Adler an dem Reichsamt. Ein Gebäude zwischen den brennenden Häusern, es stand noch, war abgesperrt rundherum. Leute rannten schreiend hinein und hinaus. Ringsum brannte es. Das Kind sah nur Feuer, brennende Häuser, brennende Menschen, Flammen bis in den Himmel, Kinder vor einer Haustür, die auf ihre Mutti warteten, die von der Treppe im ersten Stock durch die Flammen springen sollte, warteten, weglaufen mussten, weil das ganze Haus zu brennen begann. Verkohlte Bäume. Ein Kind mit einem Kopfkissen im Arm. Schreie. Eine Frau auf einem Koffer mit den Händen vor dem Gesicht sagte immerzu nur ›meine Augen, meine Augen‹. Sie mussten über eine Brücke zurück auf die andere Seite vom Pregel. Die Brücke wurde plötzlich gesperrt, damit der Brand nicht auf die andere Seite übergriff. Sie mussten warten, eingeschlossen auf der brennenden Kneiphof-Insel. Sie mussten doch hinüber, bevor die Krämer-Brücke einstürzte! Sie mussten zu ›den Hufen‹, sie mussten nach Hause, damit das Kind am nächsten Tag verschickt werden konnte. Es brannte überall. Verbrannte. Haushohe Flammen, Feuer bis in den Himmel.«

Immer häufiger übernachten die Großeltern im Sommer 1944 mit Gerhard Gudovius in ihrem Garten am nördlichen Stadtrand bei Maraunenhof. Auch während der Luftangriffe am 27. und 30. August 1944 befindet sich die Familie dort. In der Umgebung gibt es Forts, Schutzräume aus dem Ersten Weltkrieg. Als die Sirenen sie wieder einmal aus dem Schlaf reißen, laufen sie hierher und warten ab. Unweit der Forts steht ein Flakgeschütz. Die Soldaten riskieren aber nur selten einen Abschuss, um die Menschen, die hier Zuflucht gesucht haben, nicht durch das Gegenfeuer zu gefährden. Gerhard hat Glück. Weder Artilleriebeschuss noch Bomben erreichen die Forts.

Doch um nach Hause zu kommen, müssen Gerhard und die Großeltern einmal quer durch die Stadt. Die Zerstörung, die sich ihren Augen bietet, ist grauenvoll. Der Handwagen mit ihren Habseligkeiten kann kaum die Straßen passieren. Überall liegen die Schläuche der Feuerwehren. Aussichtslos deren Unterfangen – die Brände überfordern Mann und Technik. Die gesamte Speicherstadt brennt, glühende Stahlträger werden in der Hitze weich wie Gummi und halten die Last der Häuser nicht mehr. Phosphorbomben und flammenwerfende Stabbrandbomben haben der Stadt einen nie da gewesenen Feuersturm beschert. Leichen schwimmen im Pregel, Menschen, die in ihrer Verzweiflung ins Wasser gesprungen und doch verbrannt oder aber ertrunken waren. Gerhard stockt der Atem. Der Geruch von verbranntem Fleisch liegt in der Luft, aber auch beißender Rauch und eine unerträgliche Hitze. Als sie am Haberberg ankommen, steht wie durch ein Wunder ihr Haus noch. Die Großeltern weinen. Fortan leben sie im Keller. Die Angst, wieder von Bombern überrascht zu werden und sich dann nicht mehr rechtzeitig in Sicherheit bringen zu können, sitzt tief.

Geschätzt 5000 Menschen haben die Bombenwellen der Royal Air Force das Leben gekostet. 200 000 sind ohne Obdach. Doch der Überlebenswille der Großeltern ist enorm, vor allem Gerhard zuliebe. Der verliert in diesen Tagen seine kindliche Unschuld. Ein ärgerlicher Trotz angesichts all der Zerstörung bewegt ihn.

Während die Kinder in Königsberg dem Krieg nicht mehr ausweichen können, sieht es mancherorts in der Provinz noch ganz anders aus. Bis zum Januar 1945 hat der sechsjährige Dieter Gröning aus Mednicken westlich von Königsberg keine Vorstellung, was Krieg bedeutet. Er weiß nicht einmal, dass überhaupt Krieg ist. Als der Vater einberufen wurde, war er gerade zwei Jahre alt. Dass der Vater kaum zu Hause ist, wundert ihn nicht. Er kennt es nicht anders. Seine Erinnerung an das Leben auf dem Land sind die einer einfachen und glücklichen Kindheit. Im Sommer wird in den umliegenden Seen gebadet, schnell lernt der kleine Dieter schwimmen. Im Winter spielt er mit den Jungen aus der Nachbarschaft im Schnee, rodelt und bewundert die Schlitten, die von schnaubenden und dampfenden Pferden durch die Winterlandschaft gezogen werden. Auf dem Gut, auf dem seine Eltern sich als einfache Arbeiter verdingen, lernt er reiten. Mit seinen Geschwistern verbindet ihn eine innige Beziehung, weil er oft auf die Kleinen aufpassen muss, während die Mutter arbeitet oder den Haushalt führt. 1945 ist sein älterer Bruder neun, seine Schwester dreieinhalb, und die Zwillinge sind eineinhalb Jahre alt.

Geld spielt im Leben der Grönings kaum eine Rolle, sie werden in Lebensmitteln entlohnt, besitzen eine Kuh, Schweine, Hühner, Enten und Gänse. Regelmäßig wird geschlachtet. Dabei werden alle Hände gebraucht, auch Dieter erlebt die Schlachttage als etwas Besonderes. Regelmäßig wird auch Brot gebacken, an Feiertagen Kuchen. Dieter ist gerne bei seiner Mutter in der Küche. Hier fühlt er sich aufgehoben und geborgen, hier ist die Welt in Ordnung.

Ähnlich erleben die Kinder in Teilen der Elchniederung den Kriegsbeginn. Erst Anfang 1944 erreichen Liesbeth in kurzen Abständen unheilvolle Nachrichten: Alle vier Brüder sind gefallen. Bald trauen sich die Parteigenossen kaum noch in die Stube der Dejoks, zumal diese nicht in der NSDAP sind und schließlich auch noch der Mann von Liesbeths ältester Schwester Helene fällt. Liesbeth wohnt den peinlichen Beileidsschwüren bei und erlebt, wie Helene völlig zusammenbricht. Doch die Erwachsenen zwingen sich letztlich dazu, tapfer ihr Schicksal zu ertragen. Für Liesbeth ist der Zusammenhalt der noch verbliebenen Familienmitglieder von nun an das Einzige in ihrem Leben, was noch zählt.

Bereits im Juni 1941 gibt es hingegen erste russische Fliegerangriffe auf Tilsit, weitere folgen im Jahr darauf. Bei Ursula Haak prägt sich ein Gefühl von Weltuntergangsstimmung ein. Sie vergräbt den Kopf in der Rockschürze der Mutter, wenn das Dröhnen und Donnern sie beide erschreckt. Dann betet Ursula, dass der Tod nicht wehtun möge.

Mit der Einberufung des Vaters endet die Kindheit für

Ursula. »Es ist halt Krieg …«, sagt die Mutter resigniert. Eine Erklärung ist das nicht für das kleine Mädchen. Wenig später werden auch die älteren Brüder Franz, Erich, Paul und Heinz einberufen. Bald gibt es kaum noch Männer auf dem Gutshof, die Frauen übernehmen selbst schwerste Arbeiten auf dem Gut, um den Betrieb am Laufen zu halten. Noch einmal kommt einer der Brüder auf Fronturlaub nach Hause. Ursula ist überglücklich. Vielleicht bedeutet dies ja, dass der Krieg bald zu Ende ist? Doch es bleiben nur ein paar kurze Tage, bevor Paul zurückmuss zu seiner Einheit – und der Krieg weitergeht. Anfang 1943 erfüllen sich für die Mutter die schlimmsten Befürchtungen. Zwei ihrer Söhne sind bei der Schlacht um Stalingrad gefallen. Tapfer meistert sie weiterhin ihren Alltag – bis sie 1944 keine Nachrichten mehr von der Front erhält. Weder von ihrem Mann noch den beiden Söhnen, die noch im Krieg sind, wird sie jemals wieder hören. Im Juli 1944 wird Tilsit Ziel schwerer Bombardements, einen Monat später werden zunächst Mütter mit Kindern evakuiert. Anna Haak und ihre drei Jüngsten, Ursula, Horst und Willy, scheinen damit gerettet.

Nur einen Tag nach dem alles vernichtenden Feuersturm auf Königsberg im August 1944 erhält Dorothea Richard, ohne es zu wissen, die Chance ihres Lebens. Sie wird mit ihren Klassenkameraden nach Sachsen evakuiert. Dennoch ist die Situation für sie bedrohlich und unverständlich. In ihren Erinnerungen schreibt sie: »Die Bilder von der Abreise am nächsten Morgen sind schwarz: auf dem Hauptbahnhof der Zug mit abgedunkelten Fenstern. Sechzig Kinder aus der ersten und zweiten Klasse des Hindenburg-Lyzeums. Die Lagerleiterin – mit Knoten und Parteiabzeichen – weist den Kindern die Plätze im Abteil des Zuges, trennt die Kinder von ihren Eltern, das Kind ist ein elfjähriges Hitlermädchen, das nicht weint. Mit der Eisernen Ration im Brustbeutel, Rosinen und Traubenzucker, für den Notfall. Dazu der Ausweis, der zur Kinderlandverschickung berechtigt, gestempelt ›Heil Hitler!‹« Dann fährt der Zug los, lässt hinter sich das Inferno zurück, bringt die Kinder in Sicherheit. Für viele andere in ihrem Alter hat das Leiden erst begonnen, doch Dorothea bleibt das Schicksal der Wolfskinder erspart.

Ende September 1944 soll es auch für den fünfjährigen Helmut Falk auf große Reise gehen, wie für Dorothea nach Sachsen. Vom Memelland aus will seine Mutter mit den vier Kindern zu Verwandten. Während sich die Mutter wegen der herannahenden Roten Armee um ihre Familie sorgt, freut sich Helmut auf ein kommendes Abenteuer. Noch nie ist er so weit gereist! Auf dem Bahnhof herrscht großes Gedränge. Doch es gilt zu warten. Wie lange, kann ihnen keiner sagen. Das Notdürftigste hat die Mutter in zwei Koffer gepackt, jedes Kind durfte einen kleinen Rucksack schnüren. Ein paar Kleider, ein kleines Kissen und eine Stoffpuppe hat Helmut mitgenommen. Und drei blaue Murmeln, die hat er in der Hosentasche. Einen Tag und eine Nacht sitzen sie am Bahnhof und warten auf den Zug, der eigentlich schon am Vortag hätte abfahren sollen. Immer mehr Menschen zwängen sich auf die engen Bahnsteige, der Bahnhofsvorsteher ist schon lange nicht mehr Herr der Lage. Am Morgen wacht Helmut auf und sieht, wie sich seine Mutter und die Geschwister durch die Menschenmenge zwängen. Er denkt sich nichts dabei, bleibt in seiner Ecke sitzen und beginnt, mit den Murmeln zu spielen. Wie schön sie in der Sonne glitzern! Gedankenverloren spielt er »Lochklickern«, wobei die Murmel ein kleines Loch treffen muss. Die Mauerritze des Bahnhofsgebäudes eignet sich dafür hervorragend. Helmut hört einen Zug einfahren und wundert sich auch nicht, als dieser den Bahnhof wieder verlässt. In der Nacht sind ja ständig Güterzüge durchgekommen. Doch mit diesem Zug ist nun urplötzlich auch die gewaltige Menschenmenge verschwunden. Nur noch ein paar Soldaten stehen am Bahnsteig und rauchen eine Zigarette. Jetzt wird Helmut panisch. Wo ist die Mutter? Wo sind die Geschwister? Er läuft ziellos um das Bahnhofsgebäude, findet schließlich nur den Bahnhofsvorsteher. Der schüttelt den Kopf. Soweit ihm bekannt, hat soeben der letzte Zug nach Westen die Station verlassen.

Bis heute weiß Helmut nicht, wie dies geschehen konnte. Es ist anzunehmen, dass die Mutter im Gedränge nicht bemerkte, dass ihr Sohn zurückblieb. Für Helmut beginnt an diesem Tag ein neues Leben – ohne seine Familie.

Silvester 1944/45 ist das letzte Mal, dass Kittys Familie scheinbar unbeschwert beisammen ist. Königsberg ist zu diesem Zeitpunkt eigentlich schon eingeschlossen, die Rote Armee ist bis auf wenige Kilometer an die Stadtgrenzen vorgerückt – trotzdem ist das Leben in der Stadt noch nicht zum Erliegen gekommen. Die dauernde Ankunft von Flüchtlingen aus dem Osten ist unübersehbar. Unbeirrt versuchen die Nazis mit allen Mitteln, die Arbeit in den Betrieben aufrechtzuerhalten.

Gerhard ist zum Jahreswechsel ein paar Tage auf Heimaturlaub und hat seine Verlobte mitgebracht. Freunde der Eltern sind ebenfalls zu Besuch. Der Mann arbeitet zu dieser Zeit auf der Schichauer Werft in Elbing, wo noch immer Torpedos für den propagierten Endsieg gefertigt werden. Seine Frau hat es über die Feiertage sogar aus dem fernen

Vogtland, wohin sie bereits evakuiert worden war, in die belagerte Stadt geschafft.

Von den Sorgen der Erwachsenen bekommt Kitty nichts mit. Auch Silvester liegt sie schon lange im Bett und schläft tief. Dann, um Mitternacht, schreckt sie, von einem lauten Knall geweckt, aus ihren Träumen und beginnt im gleichen Moment laut zu weinen. Sie fürchtet sich vor den Bomben und glaubt, dass es gleich wieder in den Bunker geht. Die Mutter, die sofort herbeieilt, kann sie kaum beruhigen. Doch die Erwachsenen haben lediglich eine Sektflasche geöffnet, die auf wundersamen Wegen zu ihnen gefunden hat. Ein kleiner Schatz in einer Stadt, in der kaum noch Brot zu bekommen ist.

Anfang April nehmen die sowjetischen Truppen die Stadt endgültig ein. Ständige Bombeneinschläge, die Stadt in Flammen, überall beißender Rauch. Die Mutter versucht sich mit Kitty nach Haffstrom an der Straße Richtung Braunsberg-Elbing zu retten. Doch es ist kein Durchkommen mehr – wohin sie auch blicken, verzweifelte Menschen, die einen Ausweg aus dem Inferno suchen. Deutsche Soldaten schicken sie mit dem Hinweis, »der Russe sei gleich da«, wieder zurück. Sie finden schließlich Unterschlupf im Luftschutzbunker Nasser Garten. Kitty ist erstarrt und nimmt die ganzen Umstände wie hinter einem Schleier wahr. Als die Rote Armee die Stadt einnimmt, begleiten Soldaten die Menschen aus dem Luftschutzbunker auf dem Marsch entlang der Schienen zurück nach Ponarth. Rauch und Qualm begleiten die traurige Prozession, niemand weiß, was nun werden soll.

Weihnachten 1944 ist Lothars Familie ein letztes Mal beisammen. Der Vater ist für wenige Tage von der Front heimgekehrt. Eine Ahnung von den bevorstehenden schweren Zeiten gibt es wohl schon. Nach Neujahr wird es eng für die Menschen in Königsberg, das spürt auch die Mutter. Bereits von Deutschland abgeschnitten, ist die Versorgung prekär. Einige Nachbarn machen sich auf den Weg nach Pillau, wo Schiffe warten, die sie in den Westen evakuieren sollen. Doch diese sind leichte Ziele für die sowjetische Luftwaffe. Es ist ein Vabanquespiel, auf das sich die Mutter nicht einlassen möchte.

Im Keller von Gerhards Großeltern kommen immer mehr Menschen zusammen. Viele sind ausgebombt, andere trauen sich nicht mehr in ihre Wohnungen. Das Jahr 1945 beginnt für Gerhard dramatisch. Königsberg wird belagert und zur »Festung« ausgerufen. Es gibt kaum noch zu essen, im Keller wird nur noch gehaust. Schmutz, Kälte und Verzweiflung machen sich breit. Gerhard kapselt sich immer weiter ab. Tagtäglich erlebt er Artilleriebeschuss, sieht er Kranke, Tote. Manche Leichen sind bis zur Unkenntlichkeit verbrannt oder ohne Kopf, ohne Gliedmaßen. Auf der Suche nach Nahrung klettert er in ein zerstörtes Haus. Der Verwesungsgeruch ist unerträglich. Er kämpft sich über tote Körper, verdrängt, dass dies vor Kurzem noch Menschen waren wie er – jetzt ist es für ihn nur noch eine weiche Masse, über die er hinwegsteigt. Das wenige, das er an Essbarem findet, entschädigt zumindest kurzzeitig für die schrecklichen Dinge, die er um sich herum sieht, hört, spürt, riecht.

Es ist der 10. April 1945, die Festung Königsberg ist gefallen. Ein Sender meldet: »Nach wochenlangem blutigem Ringen musste sich die Zitadelle Ostpreußens schließlich der feindlichen Übermacht beugen. Bis gestern Abend acht

Uhr befanden sich nahezu 30 000 Mann der Königsberger Besatzung in Feindeshand. Eine halbe Stunde später, um 8.30 Uhr, gab Stadtkommandant General Lasch den Befehl zur Einstellung des nutzlosen Widerstandes.«

Es ist die erlösende Nachricht, auf die alle gewartet haben. Der Krieg ist vorbei.

4 Die Stunde Null

Für Ostpreußen war die Stunde Null eine dramatische Zäsur. Das Ende des Krieges bedeutete endgültig den wirtschaftlichen und gesellschaftlichen Zusammenbruch der Region.

Für die meisten Wolfskinder brachte das Kriegsende im Mai 1945 jedoch keinen wesentlichen Einschnitt mehr. Ihr Leiden hatte vorher begonnen – und hielt unvermindert an. So erinnern sich viele auch nur sehr vage an dieses welthistorische Ereignis, das die Befreiung vom Nationalsozialismus bedeutete. Das Kriegsende blieb eine Episode mitten in der Flucht vor der Roten Armee – oder im täglichen Überlebenskampf in den sowjetisch kontrollierten Gebieten. Ob die erste Begegnung mit den »Russen« vor oder nach Kriegsende erfolgte, änderte nichts an den traumatischen Geschehnissen.

Bereits vor dem Ende der Kämpfe begann die Rache der Sieger – Rache für millionenfaches Leid, das von Deutschen angerichtet worden war. Es waren vor allem die Frauen, die für Hitlers Krieg bezahlen mussten: Vergewaltigungen und Morde waren an der Tagesordnung. Nicht die deutsche Niederlage, sondern Hitlers Gewaltherrschaft und der von ihm angezettelte Weltkrieg waren die Ursache für Flucht, Hunger, Verlassensein und Tod. Doch wie sollten das die Kinder dieser Zeit verstehen?

Im Januar 1945 hat der Krieg mit all seinen Schrecken auch die inzwischen zwölfjährige Eva Briskorn in Königsberg erreicht. In großer Eile treibt die Mutter Eva und ihre jüngeren Geschwister Manfred, Reinhard, Siegfried, Gisela, Rudi und Sabine an, das Haus zu verlassen. Sie müssen fliehen – jetzt. Bei Eis und Schnee zieht die Mutter einen Schlitten, mit dem sie das Notwendigste retten will. Die Straßen sind mit Flüchtlingen verstopft, immer wieder werden sie an den Straßenrand gedrängt, damit Militärfahrzeuge, die Vorrang haben, an den nicht enden wollenden Menschenmassen vorbeikommen.

Eva spürt ihre Füße nicht mehr, humpelt neben der Mutter. Die hat gar nicht genügend Hände für ihre Jüngsten. Abwechselnd dürfen sie an Mutters freier Hand gehen. Noch nie in ihrem Leben ist Eva so weit gelaufen. Mal friert sie, mal ist ihr heiß, doch immer ist sie müde und hungrig.

Sie kommen nicht weit. Zwei Tagesmärsche von Königsberg entfernt werden sie von der Roten Armee eingeholt, die nun die Flüchtlinge vor sich her treibt. Und plötzlich geschieht es. Ein russischer Militärlastwagen versucht, sie zu überholen, der fünfjährige Siegfried verliert vor Schreck das Gleichgewicht und rutscht unter den LKW. Er ist sofort tot. Die Familie ist im Schockzustand, der Lastwagen weitergefahren, niemand bleibt stehen, um der völlig erstarrten Mutter zu helfen. Eva kommt als Erste wieder zur Besinnung, wickelt den kleinen Bruder in eine Decke und legt ihn oben auf den Schlitten, bevor sie weitergehen – müssen. Ihn hier unter die Erde zu bringen ist ausgeschlossen. Der Boden ist gefroren, der Schnee liegt hoch. Immer wieder hören sie Geschützdonner und das Heulen der Tiefflieger. Die Soldaten jagen sie unerbittlich durch die gefrorene Winterlandschaft über Äcker und Feldwege. Irgendwann hat keines der Kinder mehr Schuhe an den Füßen. An einem der folgenden Tage erreichen sie ein Dorf, in dem die Flüchtlinge sich in einer großen Scheune ins Stroh legen dürfen. Die Geschwister weinen sich in den Schlaf. In einem nahe gelegenen Waldstück geben Eva und ihre Mutter dem kleinen Siegfried in einem verlassenen Schützengraben die letzte Ruhestätte. Ohne Spaten, Schaufel oder anderes Gerät bleibt ihnen nichts übrig, als den Jüngsten mit den bloßen Händen notdürftig mit Schnee und Erde zu bedecken. Bis heute kann Eva an dieses Erlebnis nicht denken, ohne unwillkürlich in Tränen auszubrechen.

An einem der folgenden Abende werden sie wie Vieh in einen Stall getrieben, der kein Dach mehr hat. Der Boden ist mit Stroh bedeckt, in das sich die Menschen vergraben in der Hoffnung, sich etwas zu wärmen. Als Eva morgens aufwacht, glaubt sie sich einen Moment lang im Himmel. Es hat geschneit, und sie liegen mitten in der weißen Pracht. Scheinbar hat das Leiden ein Ende gefunden. So muss das Paradies sein, denkt Eva. Ob sie vielleicht in der Nacht gestorben ist und nun in die Obhut der Engel kommt? Doch grausam schnell holt die Realität das Kind wieder ein. Der Treck sammelt sich eilig, um weiterzuziehen.

Auf dem endlosen Weg sehen sie fast ständig Leichen. Menschen hängen aufgeknüpft in den Bäumen und baumeln wie Marionetten im Wind. Aber auch in den Straßengräben liegen immer wieder Zivilisten, blutüberströmt. Eva kann sich an den Anblick nicht gewöhnen. Oft sehen sie in der Ferne deutsche Soldaten und hoffen inständig auf Rettung. Einmal nimmt Eva ihr Kopftuch ab und winkt damit. Sofort steht ein russischer Soldat bei ihnen und packt Eva grob am Arm. Doch die Mutter stellt sich schützend vor sie. Sie weiß zu genau, vor welchem Schicksal es Eva zu bewahren gilt. Zu diesem Zeitpunkt ist die Mutter bereits mehrmals von Rotarmisten vergewaltigt worden. Immer wieder schleppt sie sich danach zu ihren Kindern zurück und geht am nächsten Morgen mit ihnen weiter. Für dieses Mal lässt der Soldat von Eva ab.

Einmal dürfen sie ein paar Tage in einem verlassenen Bauernhaus bleiben. Auf den umliegenden Feldern sammelt Eva gefrorene Kartoffeln. Sie sind ganz schwarz. Auf dem Kanonenofen in der kleinen Bauernküche werden sie aufgetaut und dann gerieben, um sie ohne Pfanne auf dem Herd wie Kartoffelpuffer zu braten.

Rudi, der gar nicht begreift, weshalb sie jeden Tag stundenlang durch die Kälte stapfen müssen, sagt immerfort den gleichen Satz: »Ich möchte nicht sterben, aber ich bin so müde, ich möchte sterben. Ich möchte ja nicht sterben, aber ich habe so einen Hunger!« Die Mutter ist verzweifelt und weint viel. »Was soll ich machen?«, ruft sie immer wieder. »Ich kann doch auch nichts tun. Wir können nicht einkaufen, mein Kind, es gibt ja nichts.«

Irgendwann wimmert Rudi nur noch, dann stirbt er, schläft einfach ein. Als auch der kleine Manfred »einschläft«, verzweifelt Eva völlig. »Mit ihm ist auch ein Stück von mir gestorben«, sagt sie heute. »Er lag so da, und ich hielt seine Hand. Ich wollte ja nicht, dass er geht. Der Hunger und die Kälte schwächten ihn so sehr. Es waren ja alles noch kleine Kinder – und ich war die Älteste.« Zurück bleiben Schuldgefühle, diese schreckliche Zeit selbst überlebt zu haben. Als Sabine an Typhus stirbt, hat sich Eva bereits aufgegeben. Vielleicht ist der Tod auch eine Erlösung, so hofft sie inzwischen inständig.

Wie lange die Odyssee dauert – Eva weiß es nicht mehr. Als sie das Dorf Powalken in Westpreußen erreichen, dürfen sie vorübergehend bleiben. Zu essen gibt es auch hier nichts. Eva macht sich auf die Suche nach Brennnesseln, Blättern und Rinden, aus denen die Mutter über dem offenen Feuer eine dünne Suppe kocht. Jetzt sind sie mit der zehnjährigen Gisela nur noch zu dritt.

Die neunjährige Christel Nitsch aus Groß Schönau im Kreis Gerdauen ist das jüngste von elf Kindern. Zwei ihrer Schwestern sind verheiratet. Der älteste Bruder Albert ist bereits 1944 in Russland gefallen. Der Vater arbeitet bei der Reichsbahn in Pillau, ist ein schwerer Trinker und lässt inzwischen selbst noch am Wochenende seine Familie im Stich. Auf sich allein gestellt ist die Mutter völlig überfordert und beim Heranrücken der Roten Armee wie gelähmt.

Der Erste, der mit seiner Familie das Dorf verlässt, ist Nachbar Mischke. Der zupackende Bauer spannt die besten Pferde vor seinen Schlitten, wuchtet seine Habseligkeiten hinauf und sieht sich plötzlich mit einer unerwarteten Schwierigkeit konfrontiert. Seine alte Mutter denkt gar nicht daran, mit ihm den Hof zu verlassen, in dem sie ihr ganzes Leben verbracht hat. Bis zur letzten Minute redet Mischke auf sie ein – vergeblich. Außer der Mutter bleiben nur noch zwei alte kranke Pferde und ein klappriger Zigeunerwagen zurück.

Für mehrere Familien, darunter Christels Mutter mit ihren Jüngsten, ist dies hingegen die Chance zur Flucht. 16 Personen brechen schließlich ins Ungewisse auf. Die Erwachsenen gehen zu Fuß, denn die Pferde sind zu schwach, um alle ziehen zu können. Christel darf als Kleinste auf dem Wagen sitzen. Sie trägt, wie alle Kinder, mehrere Lagen Kleidung übereinander und kann sich kaum noch bewegen. Für sie ist es ein großes Abenteuer. Nach einem Tagesmarsch gelangen sie an einen verlassenen Bauernhof. Die Pferde sind erschöpft, sodass sie eine Rast einlegen müssen. Der Hof ist vor Kurzem in großer Hast verlassen worden. Kühe und Schweine stehen im Stall, in der Speisekammer finden sich Essensvorräte, und die kleine Notgemeinschaft ist wenigstens an diesem Abend versorgt. Doch es ist nur ein kleiner Trost, denn am nächsten Morgen müssen sie weiterziehen. Die Straße ist voller Flüchtlinge, in den Gräben liegen neben Decken, Wagen und Fahrrädern auch tote Pferde. Selbst Christel begreift allmählich den bitteren Ernst der Lage. Wie viele Tage sie auf der Flucht sind, weiß sie nicht mehr. Doch dann kommt der Augenblick, in dem die Leute etwas Rätselhaftes laut durcheinanderschreien: »Die Russen kommen!« – Was das wohl zu bedeuten hat?

Als die Soldaten die Kinder von ihren Müttern trennen wollen, büchsen diese ihnen aus, nur halbherzig verfolgen sie die Kleinen und konzentrieren sich stattdessen auf die älteren Geschwister. Aus der sicheren Distanz beobachtet die Neunjährige, wie diese brutal fortgeschleppt werden. Was sie nicht wissen kann: Ihre Geschwister landen letztlich im Arbeitslager in Sibirien. Christel wird sie nie wiedersehen.

Ihre Jüngsten beschützt die Mutter mit allen Kräften. Gegenüber den Rotarmisten gibt sie vor, dass die Kinder an Typhus erkrankt sind. Der Trick zeigt Wirkung, und die Familie wird weitgehend in Ruhe gelassen, auch wenn sie vorerst nicht weiterziehen darf. Die Vorräte gehen schnell zur Neige, und so sammeln die Kinder alles, was sie in der Natur finden, darunter Schnecken und Frösche. In ihrer Verzweiflung machen sie auch Jagd auf Katzen und Hunde. Ein gutes halbes Jahr, nachdem sie sich auf die Flucht begeben haben, stirbt die Mutter an Erschöpfung und Unterernährung.

Die Familie des neunjährigen Lothar Wegner hält dagegen eine Flucht für zu gefährlich und harrt lieber in Königsberg aus. Weihnachten 1944 ist die Familie zum letzten Mal vereint. Sogar der Vater ist für wenige Tage zurückgekehrt. Als ahnten die Erwachsenen das Unheil, das ihnen bevorsteht, lassen sie ein Familienfoto aufnehmen. Horst, der ältere Bruder, wird als Sechzehnjähriger zur Flak eingezogen. Zu Jahresbeginn 1945 gestaltet sich die Situation in Königsberg immer beklemmender; das spürt auch Lothar. Längst von Deutschland abgeschnitten, fehlt es überall am Nötigsten. Einige Nachbarn retten sich auf Flüchtlingsschiffe, die sie evakuieren sollen. Doch die sowjetische Luftwaffe attackiert jedes zivile Ziel, das sie erreichen kann.

Niemand weiß, wo der Tod eher lauert: in der belagerten Stadt oder auf See. Lothars Mutter glaubt die Familie im Luftschutzkeller sicherer. Doch das sehen nur wenige Frauen, Kinder und alte Menschen ähnlich. Königsberg ist eine Geisterstadt geworden.

Im April 1945 sitzt Lothar wieder einmal mit seiner Mutter, der kleinen Schwester Ingrid und den verbliebenen Nachbarn im Keller. Alle sind voller Furcht. Die Mädchen und jungen Frauen versuchen sich zu verunstalten, schmieren sich Dreckwasser ins Haar, Ruß ins Gesicht und tun alles, um nur möglichst hässlich und abstoßend auszusehen. Lothar versteht nicht, warum sie das tun. Von der Straße her sind Maschinengewehrsalven zu hören, Granaten und Artilleriegeschosse detonieren. Das Kettenrasseln der Panzer ist ohrenbetäubend. Plötzlich wird die Kellertür aufgerissen, und junge Rotarmisten mit Gewehren in der Hand stürmen in den Keller, um sie alle ans Tageslicht zu zerren. Die Soldaten sehen zum Fürchten aus.

Doch das von den Erwachsenen scheinbar angstvoll Erwartete bleibt vorerst aus. Langsam, beinahe höflich werden die Menschen ins Freie hinausgeleitet. Ein paar junge Burschen werden zur Seite gebeten, Lothar darf bei seiner Mutter und Schwester bleiben. Ihnen wird erklärt, dass man sie aus der Stadt bringen wird, weil noch schwere Gefechte bevorstehen. Zu Fuß geht es in einer Kolonne ins Umland, an der Scheune eines Gutshofes machen sie bei Einbruch der Dunkelheit halt. Lothar ist erschöpft, auch die Mutter und Ingrid können sich kaum noch bewegen. Während seine Mutter den Kindern Mut zuspricht, wird Lothar immer furchtsamer. Ob die Russen sie jetzt erschießen werden? Warum haben sie das dann aber nicht gleich getan? Doch er ist es seinem Vater schuldig, ein tapferer Junge zu sein – das hat er beim Abschied versprochen. Mutter und Schwester brauchen ihn, und so unterdrückt er die Tränen, die unaufhörlich aufsteigen.

Die kommende Nacht bringt für Lothar einen nie zuvor erlebten Schrecken. Und ein Gefühl, das er so noch nie gespürt hat: grenzenlose Ohnmacht. Er muss mit ansehen, wie die Soldaten den Frauen und Mädchen die Kleider vom Leib reißen, sie auf den Boden werfen und sich zwischen ihre Beine zwängen. Er muss mit anhören, wie die Mutter leidet und um Hilfe fleht, ohne dass er ihr helfen kann. In dieser Nacht endet Lothars Kindheit.

Am Morgen ist es ungewöhnlich still. Keine Kämpfe mehr, kein Geschützdonner. Nur wenige Soldaten lungern noch an der Scheune herum und bedeuten den geschundenen Frauen, dass sie nun gehen können. Doch es gibt keine Rückkehr mehr. Schon vom Stadtrand aus sieht Lothar, dass alle Wohnhäuser verwüstet sind. Die Glasscheiben der Fenster sind eingeworfen, zerrissene Vorhänge wehen aus Geisterhäusern, Möbel und zerbrochenes Porzellan liegen in den

Vorgärten. Stumm läuft die Mutter mit ihren Kindern an der Hand durch die Straßen. Doch das Bild der Verwüstung ist überall gleich. Als sie in ihrer Wohnung ankommen, schreit Lothar auf. Alles ist zerstört und geplündert, die Bettdecken sind aufgeschlitzt. Wie dichte Schneeflocken tanzen die Federn im Wind durch die Zimmer. Die folgenden Monate wird nur einer aus der Familie überleben – Lothar.

Im Oktober 1944 erreicht Liesbeth Dejoks Familie in der Elchniederung die Nachricht, dass sie evakuiert werden müssen. Liesbeth versteht den Ernst der Lage erst, als die Eltern mit den Nachbarn beginnen, Schweine zu schlachten und Vorräte für die Flucht zu packen. Die Kühe werden auf der Weide gelassen. Auf die Frage, wer sie denn nun melken würde, bekommt die Dreizehnjährige nur ein sorgenvolles Stirnrunzeln des Vaters zur Antwort. Liesbeth spürt, dass es ihm das Herz bricht, das Vieh, die Hühner, Hunde und Katzen zurücklassen zu müssen. Die Kartoffeln haben sie erst in der vergangenen Woche aus dem Boden gegraben und zu Mieten, kegelförmigen Haufen, getürmt. Und das Korn ist noch nicht einmal gedroschen …

Es muss schnell gehen, das merkt die Familie spätestens, als die nahe gelegene Straße sich immer mehr mit den Trecks der Landwirte aus der Region füllt. Menschen, Pferde und Wagen, wohin das Auge reicht. Es herrscht Unruhe. Wohin nur? Nach Heiligenbeil oder Königsberg? Mehrere Tagesmärsche später findet sich Liesbeth mit ihrer Familie im Samland wieder – an der Küste bei Neukuhren. Einige Familien versuchen, sich über das gefrorene Haff zu retten, doch viele brechen ein, und jeden Tag erreichen die Dejoks neue Schreckensmeldungen von verunglückten Flüchtlingen. Erzählungen anderer sind ihre einzige Nachrichtenquelle.

Liesbeths Familie kommt in einem leer stehenden Häuschen unter, dessen Bewohner offenbar schon lange das Weite gesucht haben. Dort bleiben sie über den Jahreswechsel 1944/45: Vater, Mutter, die Schwestern und der jüngste Bruder. Der Vater will, schon aufgrund seines fortgeschrittenen Alters, nicht weiter flüchten. »Und wenn die Russen schon kommen, was soll's? Sind auch nur Menschen«, versucht er, seine Familie zu beruhigen.

Im Februar werden sie von den Behörden erneut aufgefordert, sich in Sicherheit zu begeben. Diesmal sollen sie sich zu einem der Häfen begeben, wo angeblich Schiffe auf sie warten, um sie ins Reich zu bringen. Doch der Vater besteht darauf, unter allen Umständen in Ostpreußen zu bleiben. Als die Rote Armee schließlich einmarschiert, bedienen sich die Soldaten am Hab und Gut der Flüchtlinge. Liesbeth ist entsetzt. Manche der Männer haben ihre Hosentaschen bis zum Platzen mit »Kriegsbeute« gefüllt. »Uri, uri ...!«, rufen sie unaufhörlich und nehmen den Männern Uhren, den Frauen Schmuck ab. Die Familie kommt mit dem Schrecken davon, nur der Ehering von Liesbeths Schwester wird eingebüßt. Dann dürfen sie gehen, werden zurückgeschickt – in die Elchniederung.

Auf dem Weg nach Hause kämpfen sie sich durch einen fast übermächtigen Strom, der in die entgegengesetzte Richtung treibt. Immer noch treffen sie auf Trecks, Flüchtlinge, die ihnen grauenvolle Geschichten von der russischen Besatzung schildern. Doch bis zum Schluss sind sie guter Hoffnung, dass sie es zu Hause wieder wie früher haben werden. Was sie erwartet, übertrifft ihre schlimmsten Befürchtungen. Schon von Weitem sieht Liesbeth, dass das Dorf überschwemmt ist. Ein Damm ist gebrochen, sodass die Memel ungehindert in die Niederung fließen kann. Alles ist verwüstet, das Haus der Dejoks bis auf die Bettdecken geplündert. Die einst reich gefüllten Vorratskammern der Familie und selbst noch das letzte Einweckglas sind verschwunden.

Von den Bewohnern haben nur wenige den Weg zurück gefunden. Überall sind Soldaten einquartiert. Wenn sich die Dunkelheit über die Niederung senkt, holen sie sich die Frauen – jeden Abend spielen sich dramatische Szenen ab, die ganze Nacht tönt das Schreien und Flehen der Geschändeten durchs Dorf, ebenso wie die russischen Trinklieder und das Gegröle der Soldaten im Siegesrausch.

Gemeinsam mit anderen Frauen versteckt sich Liesbeth nachts im Schilf der Memel. Mit alten Kähnen, die sie im Teichrohr versteckt haben, fahren sie zum Schlafen ins Dickicht.

Tagsüber arbeitet Liesbeth wie alle Dorfbewohner unter dem Regiment der Rotarmisten. Mit Karren sammeln sie Heugabeln, Spaten, Äxte und Sägen auf den verlassenen Höfen ein und bringen sie zur Kommandantur im Dorf. Im Gegenzug erhalten sie einen Kanten Brot oder etwas Suppe. Der Vater ist schon zu schwach, um sich an den Arbeiten zu beteiligen, und erhält entsprechend auch keine Ration. Liesbeth, ihre Schwester und die Mutter teilen ihr kümmerliches Essen mit dem Vater. Im Schutz der Dunkelheit sucht die Schwester in den Abfällen der Besatzer nach Essbarem, während Liesbeth tagsüber unreife Beeren, Sauerampfer und Brennnesseln sammelt, um daraus eine Brühe zu kochen.

Es dauert nicht lange, und alle sind krank. Der Vater hat Typhus, die ganze Familie bekommt vom verunreinigten Wasser die Cholera. Einen Monat nach der Rückkehr in die Niederung stirbt der Vater.

Ob Krieg oder Frieden ist, weiß im Dorf niemand. Doch eines Tages gibt es ein untrügliches Zeichen: Voller Enthusiasmus schießen die Russen in die Luft und schreien: »Krieg kaputt, Krieg kaputt!« Freuen kann sich Liesbeth trotz allem nicht. Seit niemand in der Familie mehr arbeiten kann, gibt es auch keine Lebensmittelzuteilung mehr. Ihr ist sterbenselend, und ein Ende des Leidens ist nicht absehbar. Wenige Tage später fällt die Mutter in Ohnmacht. Sie stirbt am folgenden Morgen. Liesbeth ist 14.

Anderen ostpreußischen Familien ist im letzten Kriegsjahr die Flucht nach Westen gelungen. Damit schienen sie dem schlimmsten Leid entronnen. Doch für viele von ihnen war der Verlust der Heimat außerhalb ihrer Vorstellungskraft. Für sie bedeutete das Kriegsende die Hoffnung auf Rückkehr.

Über die Rückwanderungsbewegungen nach Kriegsende ist bisher wenig geforscht worden, gesicherte Zahlen gibt es kaum. Sicher ist, dass sich sehr viele Familien im Frühling und Sommer 1945 von ihren Flüchtlingsunterkünften in Thüringen, Sachsen, Berlin und anderswo wieder in die Ostgebiete aufmachten, wo sie mit der Flucht Haus und Hof zurückgelassen hatten. Von den alliierten Mächten wurde dieses Vorhaben geduldet oder sogar bestärkt. Der letzte offizielle Transport nach Ostpreußen verließ Langensalza in Mitteldeutschland am 17. Juli 1945 – kaum zufällig an ausgerechnet jenem Tag, da in Potsdam die Konferenz der Siegermächte über das künftige Schicksal des besiegten Deutschlands begann.

Auf der Potsdamer Konferenz vom 17. Juli bis 2. August 1945 einigten sich die drei Siegermächte des Zweiten Weltkriegs – Frankreich stimmte den Beschlüssen später zu – auf fünf politische Grundsätze für die Behandlung Deutschlands: Demilitarisierung, Denazifizierung, Dezentralisierung,

Demontage und Demokratisierung. Außerdem wurde beschlossen, die deutschen Gebiete östlich von Oder und Lausitzer Neiße bis zu einem Friedensvertrag unter polnische sowie sowjetische Verwaltung zu stellen und die dortige deutsche Bevölkerung ebenso wie die Deutschen aus der Tschechoslowakei und Ungarn in einem »geordneten und humanen Transfer« auszusiedeln. Endgültige Entscheidungen über die Zukunft Deutschlands standen in den ersten Nachkriegsjahren zwar noch aus, doch die Gebietsansprüche der Sowjetunion und Polens als dauerhafte Entschädigung für das erlittene Leid erwiesen sich als unabwendbar.

Für die Menschen, die im Sommer 1945 in ihre Heimat im Osten zurückkehrten, bedeutete die Stunde Null die Hoffnung auf einen Neuanfang, auf eine Heilung der Kriegswunden. Sie ahnten nicht, dass sie in ihr Verderben liefen.

Dies gilt auch für Gerhard Heim, Bernhard Kießling und Rita Elm. Sie alle stammen aus dem pittoresken Gerdauen, einer Gründung des Deutschritterordens mit über fünfhundertjähriger Tradition. Im Schutz der Ordenskirche haben die drei jahrelang Verstecken gespielt, im Banktinsee geangelt und auf dem Marktplatz hinter den Hakenbuden scheue Geheimnisse geteilt. Die Flucht beraubt sie ihrer kindlichen Idylle. Umso stärker ist in ihnen das Verlangen nach dem verlorenen Paradies.

Gerhard Heim ist neun Jahre alt, als er im Herbst 1944 mit seiner Mutter und der jüngeren Schwester Hilde sein Zuhause in Gerdauen verlassen muss. Der Vater ist seit 1942 im Krieg. Königsberg selbst wird seit August von den Alliierten bombardiert. Der Großvater, der bei der Reichsbahn arbeitet, organisiert für die ganze Verwandtschaft einen Waggon, der die Familie sicher nach Berlin bringen soll. Er selbst muss weiter seiner Arbeit nachgehen und bleibt zurück. Was sie nicht mitnehmen können, insbesondere unhandliche Wertgegenstände wie Glas und Porzellan, wird in einer tiefen Grube hinter dem Haus versenkt, damit es später wieder ausgegraben werden kann. Zwei Tage fährt die Familie gen Westen, bis sie von einem massiven Bombenangriff überrascht wird. In großer Hast verlassen alle den Zug. Einzig einen Koffer nimmt die Mutter geistesgegenwärtig an sich. Während über ihnen noch die Tiefflieger kreisen, läuft das Trio einige Kilometer über die mit Raureif bedeckten Stoppelfelder, bis sie erneut an eine Bahnlinie kommen. Zu ihrem großen Glück wartet dort ein anderer Zug, ebenfalls in Richtung Berlin. Die Mutter setzt die Kinder in einen Waggon. Sie selbst will unbedingt noch einmal zurück zum entgleisten Zug, um den Koffer zu holen, in dem sich das Letzte befindet, das sie noch besitzen. Gerhard ist zu erschöpft, um protestieren zu können. Gerade als die Mutter zurückkehrt, fährt der Zug an. Die Kinder sind entsetzt und schreien aus vollem Halse. Zwei deutsche Soldaten springen beherzt aus dem rollenden Zug und helfen der Mutter in letzter Sekunde hinein. In Berlin angekommen, bleibt die Familie bis Kriegsende in der Hauptstadt. Doch kaum herrscht Waffenruhe, planen sie bereits die Rückkehr in die Heimat. Vielleicht hat sich der Vater ja dorthin durchschlagen können und wartet auf sie.

Weil es aber keine Personenzüge in den Osten mehr gibt, bricht Gerhards Familie gemeinsam mit Großmutter und Tante zu Fuß auf. Außer den Kleidern, die sie tragen, können sie kaum etwas mitnehmen. Wochenlang sind sie unterwegs.

Als sie endlich in Gerdauen ankommen, findet sich vom

Vater keine Spur. Stattdessen wohnt bereits eine polnische Familie in ihrem Haus und verweigert ihnen den Zutritt.

Was dann geschieht, weiß Gerhard bis heute nur noch schemenhaft. Zu schlimm sind die Erinnerungen an die folgenden Monate. Zuerst stirbt die Großmutter, dann die gerade einmal achtzehnjährige Schwester der Mutter. Der Hungerwinter 1945/46 kostet schließlich auch die Mutter selbst das Leben. Plötzlich sind Gerhard und seine Schwester allein.

Im Januar 1945 verlässt auch der siebenjährige Bernhard mit seiner Mutter und der zwei Jahre jüngeren Schwester Ilse Gerdauen. Die Rote Armee steht vor der Stadt, und der Familie gelingt es in letzter Minute, sich in Sicherheit zu bringen.

Für alle Fälle schneidet die Mutter Umhängeschilder aus Pappe für ihre beiden Kinder aus. Darauf schreibt sie ihre Namen, persönliche Daten und klebt einen Gebetszettel mit einem Heilandsbild auf die Rückseite.

Doch wohin sollen sie fahren? Es bleibt nur noch die Evakuierung über die Ostsee, und so machen sie sich wie viele andere auf den beschwerlichen Weg nach Pillau, von wo aus Schiffe nach Deutschland ablegen. Am 9. Februar ist es endlich so weit. Dicht gedrängt stehen Bernhard und Ilse mit der Mutter am Kai. Sie wollen auf die »General Steuben«, die in Richtung Kiel auslaufen soll. Die Mutter hält sie so fest an der Hand, dass es geradezu schmerzt. Doch Bernhard beklagt sich nicht. Das Gedränge macht ihm zwar Angst, aber jetzt von der Mutter getrennt zu werden, mag er sich gar nicht vorstellen. Das mächtige weiße Schiff ist schon zum Greifen nah, als ein Raunen durch die Menge geht. Der Aufgang wird geschlossen, das Schiff ist überfüllt. Ilse beginnt zu weinen, und auch die Mutter scheint den Tränen nah.

Doch sie haben Glück. Kurze Zeit später gelangen sie noch auf ein Begleitboot, das ebenfalls zum Bersten voll ist. Dieses Boot bringt sie sicher nach Kiel – ganz anders als die »General Steuben« selbst, die in der Nacht zum 10. Februar von russischen Torpedos versenkt wird.

Das Kriegsende erleben sie bei Berlin – wie in einem Albtraum. Der Himmel über der Stadt ist Nacht für Nacht leuchtend rot, Berlin brennt. Im Mai 1945 kommen auch in der kleinen Stadt, in der Bernhard, Ilse und die Mutter Zuflucht gefunden haben, die russischen Panzer an. Wie sich Frieden anfühlt, ist Bernhard deshalb noch lange nicht klar. Doch die Mutter scheint zunehmend entspannt. Die Nachricht, dass sie zurück in die Heimat können, hebt die Stimmung. Es liegt ein langer Weg vor ihnen, aber zurück nach Gerdauen wollen sie – die Mutter zögert keine Sekunde.

Die Rückreise gestaltet sich schwieriger als gedacht. Die Infrastruktur ist zerstört. Sie schlagen sich durch und fahren mit vielen anderen Heimkehrern als Trittbrettfahrer auf Güterzügen gen Osten. Am schwersten belastet sie der ständige Hunger, Bernhard kann kaum an etwas anderes denken als an Essen.

Als sie schließlich in Gerdauen ankommen, packt Bernhard das blanke Entsetzen. Sein geliebtes Zuhause ist völlig verwüstet. Nichts steht mehr an seinem Platz, die Fenster sind eingeworfen, Glassplitter überall. Auf dem Hof zerschlagene Spiegel, kaputte Möbel, das gemütliche Sofa aus dem Wohnzimmer – aufgeschlitzt.

In der Wohnung leben nun Russen, die sie wüst beschimpfen und keinerlei Anstalten machen, sie hineinzulassen. In ihrer Verzweiflung zieht die Mutter mit den beiden Kindern weiter, bis sie in einem verlassenen Haus Unterschlupf finden.

Um wenigstens eine kleine Ration Brot und Suppe am Tag zu erhalten, arbeitet die Mutter für die Rote Armee in der Landwirtschaft. Die knapp bemessenen Lebensmittel teilt sie mit den Kindern. Es dauert nicht lange, bis die Mutter aus Erschöpfung zusammenbricht. Sie ist bis auf die Knochen abgemagert, der Bauch aufgedunsen. Löffelweise flößen ihr die Kinder Wasser ein. Doch binnen zweier Tage stirbt sie.

Bernhard weiß nicht, was mit der toten Mutter geschehen soll. Ein paar Tage lässt er sie in ihrem Bett liegen, die jüngere Schwester legt sich weinend daneben und weigert sich fortan aufzustehen. Kurz darauf wacht auch sie eines Morgens nicht mehr auf.

Im Februar 1945 hat die Flucht der zwölfjährigen Ruth Deske und ihrer Familie aus Ellernbruch im Kreis Gerdauen ein vorläufiges Ende gefunden. In Pillau hätten Ruth, ihre kleineren Geschwister Helga, Siegfried und Karl-Heinz sowie die Mutter ein Evakuierungsschiff besteigen können. Doch dann hätten sie die in einem anderen Ort im Samland lebende Großmutter zurücklassen müssen. Dem Verlust des Vaters, der seit 1944 als Soldat in der Sowjetunion vermisst wird, wollen sie keinen weiteren hinzufügen, und so lassen sie die Abfahrt des Schiffes verstreichen.

Im Mai begibt sich die Familie daher auf den Weg zurück nach Ellernbruch. Die kranke Oma und den gerade einmal zwei Jahre alten Karl-Heinz ziehen sie abwechselnd auf einem gefundenen Handwagen. Drei Wochen sind sie unterwegs. Immer wieder treffen sie dabei auf Rotarmisten, die sie misshandeln und die Mutter vergewaltigen. Zu essen gibt es fast nichts, und doch schaffen sie es am Ende bis nach Hause.

Der eigene Hof ist von Russen besetzt. Immerhin können

sie ein benachbartes Grundstück beziehen, wo sie sogleich mit der Bestellung des Gartens beginnen. So kommen sie über den Sommer, glauben trotz aller Entbehrungen an einen Neuanfang. Diese Hoffnung zerschlägt sich Ende Oktober. Innerhalb von nur einer halben Stunde werden alle Bewohner ohne jede Vorwarnung von russischen Soldaten aus dem Dorf verjagt, ins nahe gelegene Nordenburg getrieben. Grund ist die neue Grenzziehung zwischen Polen und der Sowjetunion. So brutal und überstürzt vollzieht sich die Aktion, dass die bettlägerige Großmutter verlassen zurückbleibt.

Am darauffolgenden Tag begeben sich Ruth, die Mutter und eine Nachbarin noch einmal nach Ellernbruch. Sie wollen die schwer kranke Oma zu sich holen – doch der Anblick des Hauses, in dem sie bis zum Vortag noch lebten, lässt ihnen den Atem stocken. Fenster und Türen sind weit geöffnet, Scherben überall, im Schlafzimmer finden sie schließlich im Bett den Körper der Großmutter, auf dem Fußboden daneben ihren abgetrennten Kopf.

Die beiden Frauen und das Mädchen unterdrücken Ohnmacht und Grauen in sich, um den verstümmelten Leichnam wenigstens im Garten zu begraben. Da tauchen zwei junge Russen zu Pferde auf und fallen über Mutter und Nachbarin her. Ruth, mit kurz geschorenem Haar und Hose, halten sie für einen Jungen, den sie nicht weiter beachten. Hilflos muss Ruth die erneute Vergewaltigung der Mutter mitansehen. Als die Männer von ihnen ablassen, verjagen sie die Frauen. Die tote Großmutter bleibt im Vorgarten unbeerdigt zurück.

Die siebenjährige Rita Elm hat im Herbst 1945 den Großteil ihrer Familie bereits verloren. Der Vater ist gefallen. Rita versteht nicht, warum er nie wieder heimkommen wird, obwohl er doch »nur« gefallen ist. Während der Flucht aus Ostpreußen Ende 1944 sind ihre beiden Geschwister gestorben, ein gerade acht Monate altes Zwillingspaar. Ob sie erfroren sind oder am Hunger zugrunde gingen, ist ungewiss. Für Rita sind sie in der Erinnerung wie Porzellanpüppchen, deren perfekte kleine Gesichter nur durch die blauen Lippen etwas entstellt wirkten. Nun aber herrscht Frieden, und die Schrecken scheinen der Vergangenheit anzugehören.

Gemeinsam mit ihrer Mutter kehrt Rita zu den Großeltern auf den kleinen Bauernhof bei Gerdauen zurück, den sie vor einem Jahr überhastet verlassen mussten. Doch nichts ist mehr, wie es einmal war. Die Großeltern sind nach Plünderungen und schwerer Krankheit besorgniserregend schwach.

Lebensmittel sind kaum zu bekommen, nicht einmal die Grundversorgung funktioniert. Die Mutter weiß sich nicht anders zu helfen, als zu Hamsterfahrten nach Litauen aufzubrechen. Dort, so heißt es, soll es nicht nur Brot, sondern auch Kuchen geben, erzählt sie Rita. Dieser Satz prägt sich dem Kind folgenschwer ein. Litauen wird zum Sehnsuchtsort.

Tapfer bleibt das kleine Mädchen jedoch einstweilen mit den Großeltern zurück und versorgt diese liebevoll. Zur gleichen Zeit versucht die Mutter, letzte Habseligkeiten aus dem Haushalt auf dem Schwarzmarkt jenseits der Grenze in Lebensmittel zu tauschen. Dreimal begibt sie sich auf die gefahrvolle Fahrt. Von der letzten kehrt sie nicht zurück.

Es ist Januar 1946. Wochenlang harrt Rita bei den Großeltern aus, kocht aus Wasser und gefrorenen Zweigen eine Brühe, die sie tagein, tagaus den Alten einflößt. Zuerst stirbt der Großvater. Die Großmutter wacht nur noch selten auf, ist benommen, antwortet nicht mehr auf Ritas Betteln und Flehen, wann denn die Mutti zurückkäme. Schließlich stirbt auch die geliebte Oma. Rita legt ein Laken über die beiden und macht sich auf den Weg gen Litauen, um die Mutter zu finden.

5 Verlassen

Im Protokoll der Potsdamer Konferenz findet sich folgender Dialog:

Churchill: »Ich möchte nur eine Frage stellen. Ich bemerke, dass hier das Wort ›Deutschland‹ gebraucht wird. Was bedeutet ›Deutschland‹ jetzt? Kann man es in dem Sinne verstehen wie vor dem Krieg?« […]

Truman: »Es hat 1945 alles eingebüßt. Deutschland existiert faktisch nicht.« […]

Stalin: »Es ist für mich sehr schwierig auszudrücken, was jetzt unter Deutschland zu verstehen ist. Das ist ein Land, das keine Regierung, das keine fixierten Grenzen hat, weil die Grenzen nicht von unseren Truppen festgelegt werden. Deutschland hat überhaupt keine Truppen, Grenztruppen eingeschlossen, es ist in Besatzungszonen unterteilt. Und nun definieren Sie, was Deutschland ist! Es ist ein zerschlagenes Land.«

Mit dieser Zerschlagung Deutschlands kam auch für die Deutschen in Ostpreußen das Ende. Für die Sowjetunion hingegen war es ein Neufanfang. Stalin setzte große Hoffnungen in seine Kriegsbeute. Ostpreußen garantierte den eisfreien Zugang zur Ostsee, das reiche Land schien als einstige Kornkammer Deutschlands zusätzlich lukrativ zu sein. Die strategischen Pläne fanden jedoch kaum einen Niederschlag beim Sturm auf Ostpreußen.

Diesem lag die seit 1943 geschürte Hasspropaganda zugrunde, die sich in den Köpfen der sowjetischen Militärs festgesetzt hatte. Preußen als vermeintlicher Hort des Nationalsozialismus wurde gleichgesetzt mit Ostpreußen, Königsberg zum Synonym des Militarismus und Faschismus stilisiert. In den Köpfen der 1,67 Millionen Soldaten, die in Ostpreußen zum Einsatz kamen, hallten einzig die Worte ihres Oberbefehlshabers Marschall Schukow wider: »Die Zeit ist gekommen, mit den deutsch-faschistischen Halunken abzurechnen. Groß und brennend ist unser Hass! Wir haben unsere niedergebrannten Städte und Dörfer nicht vergessen. Wir gedenken unserer Brüder und Schwestern, unserer Mütter und Väter, unserer Frauen und Kinder, die von den Deutschen zu Tode gequält wurden. Wir werden uns rächen für die in den Teufelsöfen Verbrannten, für die in den Gaskammern Erstickten, für die Erschossenen und Gemarterten. Wir werden uns rächen für alles!«

Doch die Rache traf weniger die Schuldigen des Krieges, die Naziverwaltung, die SS-Schergen und die Politgrößen, die sich längst aus dem Staub gemacht hatten, sondern jenen Teil der Zivilbevölkerung, der am wenigsten mobil war: Greise, Frauen und Kindern. Für sie begann eine nicht enden wollende Nachkriegszeit.

Die russische Kommunikation an die Front hatte in keiner Weise vermittelt, dass Moskau großes Interesse an einer weitgehend intakten Region hatte. So zerstörte die Rote Armee innerhalb weniger Wochen Behausung, Infrastruktur und Ingenieurleistungen von Generationen – und somit die Grundlage zivilisierten Lebens in Ostpreußen. Zwar hatten die neuen Machthaber durchaus vor, in der Region das sowjetische Herrschafts- und Gesellschaftssystem mit einer neuen regionalen Identität zu etablieren, doch konkrete Pläne, wie dies umgesetzt werden sollte, entwickelten sich erst schrittweise.

In den Straßen der zerstörten Stadt Königsberg lagen noch unbeerdigte Tote, dazwischen irrten Deutsche umher, die vom Hunger fast wahnsinnig geworden waren. Sie aßen den Dreck von der Straße: einzelne Getreidekörner, Aas, Brennnesseln und Löwenzahn. Betteln, Mundraub und Schwarzhandel waren ebenso an der Tagesordnung. Michael Wieck berichtet darüber hinaus von Kannibalismus: »Ärzte hatten auf dem Markt angebotenes Fleisch als Menschenfleisch erkannt. Ebenfalls stellten sich Klopse als aus Menschenfleisch gefertigt heraus. Und dann entdeckten die Russen in den Ruinen der Stadt eine regelrechte Menschenschlächterei. Dorthin lockte man Menschen, die umgebracht und deren Fleisch, Lunge und Herz verwertet wurden.« Auch die Behörden dokumentierten die grauenvollen Taten nach dem Ende des Krieges. So wurden in Bledau eine vierzigjährige Mutter und ihre älteste Tochter verhaftet. Die Mutter hatte Herz, Leber und Lunge ihrer beiden sieben und neun Jahre alten Töchter gebraten und damit fünf Tage lang hungernde Überlebende versorgt. Dutzende ähnliche Fälle registrierten die Behörden.

Fast ein Jahr rang die Militärverwaltung mit dem Aufbau ziviler Strukturen, die sich beispielsweise auch um die Versorgung der Bevölkerung, egal welcher Herkunft, kümmern sollten. Zugleich stellte sich eine weitere drängende Frage: Sollten die Deutschen, die ja einen Teil der verfügbaren Nahrungsmittel benötigten, ausgewiesen werden? Noch lebten Zehntausende von ihnen unter unvorstellbaren Bedingungen in Erdhöhlen, Ruinen und Kellern der Stadt.

Zwar hatten die ostpreußischen Bauern 1944 Rekordernten eingefahren, doch die nachfolgenden Plünderungen und Zerstörungen hatten alles zunichte gemacht.

Und so standen zwar 36 000 Königsberger der Roten Armee bei Aufräumarbeiten und im zivilen Sektor im Arbeitsdienst zur Verfügung, doch für zwölf Stunden Arbeit erhielten sie lediglich 400 Gramm Brot am Tag sowie eine Schale Mehlsuppe. Nur wer arbeitete, erhielt die ohnehin geringe Ration. Für 74 000 Frauen, Kinder, Greise und Kriegsinvaliden bedeutete dies keinerlei eigenständigen Zugang zu Nahrungsmitteln.

Der russische Polizeigeneral Trofimow meldete an Außenminister Molotow in diesen Tagen aus Königsberg: »Weite Teile der deutschen Bevölkerung sind physisch extrem geschwächt und bar jeder Lebensmittelversorgung.« Selbst den Besatzungssoldaten fehlten die Nahrungsmittel.

Am 4. Juli 1946 wurde aus Königsberg Kaliningrad, weitere Namensänderungen folgten: Aus der Hafenstadt Memel wurde Klaipėda, Insterburg hieß nun Cernjachovsk und Tilsit Sowjetsk. Und auch die Memel, seit der Zeit Hoffmann von Fallerslebens durch die erste Strophe des Deutschlandliedes im nationalen Bewusstsein, erhielt einen neuen Namen: Neman.

In der neuen Traditionslinie der Sowjets nahm nun der »Große Vaterländische Krieg« mit der Befreiung Königsbergs eine überragende Stellung in der Propaganda ein. Doch für die zugezogenen Neusiedler blieb es schwierig, sich als Kaliningrader zu fühlen. Zu unsicher war die Lage, zu prekär die Versorgung, sodass viele alsbald Kaliningrad den Rücken kehrten. Zu wenig wurde in den Wiederaufbau investiert, stattdessen erlebten auch die eben angekommenen Siedler, wie unter ihren Augen Industriebetriebe demontiert, Drainagen auf den Feldern zerstört und tonnenweise Ziegel gen Moskau abtransportiert wurden.

In dieser neuen Welt war für die verbliebenen ostpreußischen Kinder erst recht kein Platz, zumal die Sowjets in ihrem gerade dazugewonnenen Herrschaftsbereich nicht mehr an deren deutsche Wurzeln erinnert werden wollten.

Für die Wolfskinder aber teilt sich das Leben weniger in Krieg und Nachkrieg als vielmehr in die Zeit mit der Familie und die Zeit ohne Angehörige. Bei manchen erfolgt der Verlust der familiären Geborgenheit jäh – meist durch plötzliche Trennung oder gewaltsamen Tod. Andere erleben das Erlöschen der ganzen Familie durch Hunger, Seuchen oder Krankheit als einen nicht enden wollenden qualvollen Prozess, bis sie als Einzige übrig bleiben.

Das einschneidende Erlebnis ist für all diese Kinder in den Jahren 1945 bis 1947 aber die Grunderfahrung des Verlassenseins. Da sie ohnehin nicht auf die Unterstützung der neuen Machthaber zählen können, ist es für sie umso schlimmer, dass sie auch von den verbliebenen Landsleuten kaum Hilfe erhalten.

Diese eigentümliche Gleichgültigkeit und Kälte der Deutschen nicht nur ihren Opfern, sondern auch ihrer eigenen Situation gegenüber, wird vielfach in zeitgenössischen Berichten beschrieben. Die Philosophin Hannah Arendt erlebte es so: »Inmitten der Ruinen schreiben die Deutschen einander Ansichtskarten von Kirchen und Marktplätzen, die es gar nicht mehr gibt. Und die Gleichgültigkeit, mit der sie sich durch die Trümmer bewegen, findet ihre Entsprechung darin, dass niemand um die Toten trauert [...]. Dieser allgemeine Gefühlsmangel, auf jeden Fall aber die offensichtliche Herzlosigkeit, die manchmal mit billiger Rührseligkeit kaschiert wird, ist jedoch nur das auffälligste äußerliche Symptom einer tiefverwurzelten, hartnäckigen und gelegentlich brutalen Weigerung, sich dem tatsächlich Geschehenen zu stellen.«

Wenn die Wolfskinder heute ihre Biografien erzählen, haben sie es sich angewöhnt, ihr extremes Schicksal in vier bis fünf stereotypen Sätzen zusammenzufassen, ohne dabei Emotionen zu offenbaren. Doch selbst das ist den meisten Zuhörern noch zu viel, sie können und wollen diese Schicksale nicht an sich heranlassen. Nach vielen Jahren der Verdrängung ist es für die Wolfskinder ungewohnt, wenn jemand gemeinsam mit ihnen in die tieferen Schichten ihrer Erinnerung eintauchen möchte. Dies verlangt beiden Seiten viel ab.

Als ich mich in Litauen auf Spurensuche begebe, bin ich dankbar, in der holländischen Fotografin Claudia Heinermann eine einfühlsame Kollegin und Weggefährtin zu finden. Während ich mich auf die Erzählungen der Wolfskinder konzentriere und diese dokumentiere, fängt sie die heutigen Lebensumstände fotografisch ein, erforscht mit der Kamera die Gesichter der inzwischen Hochbetagten. Gemeinsam spüren wir in den vielen Begegnungen Momenten grausamer Einsamkeit und verzweifelter Angst nach, die die Zeitzeugen bis heute bewegen. Hinterher sitzen Claudia und ich oft eine ganze Weile still im Auto, bevor wir weiterfahren oder wieder reden können.

So geht es uns auch nach dem Besuch bei Hilde Horn, die heute in Tauroggen lebt. Sie wohnt unter dem Dach einer kleinen gelben Bauernkate, die einst ihren litauischen Pflegeeltern gehörte. Die Erfahrung des Verlassenseins beherrscht ihr Leben bis heute. Zuletzt ist vor wenigen Monaten ihr Mann gestorben, ein Wolfskind wie sie selbst – der letzte Mensch, der wirklich verstand, was sie durchgemacht hat.

Hildegard Horn aus Gerdauen ist vier Jahre alt, als ihre Mama 1940 nach einer schweren Typhuserkrankung »in den Himmel geht«. Warum es da schön sein soll, wie ihr der Pfarrer immer wieder gesagt hat, ist Hilde unbegreiflich. Sie weiß nur, dass sie ihre Mama unendlich vermisst. Hilde ist die Jüngste von vier Geschwistern, von denen aber nur der zwei Jahre ältere Helmut bei Kriegsende noch lebt. Hildes Vater tröstet sich bereits kurz nach dem Tod der Mutter mit anderen Frauen und kümmert sich kaum noch um die trauernden Kinder. Eines Tages bekommt Hilde eine neue Mutter. So jedenfalls stellt der Vater sie vor. Denn er muss nun in den Krieg. Doch in Wahrheit füllt diese Frau keineswegs diese Rolle aus.

Und nicht einmal dem Vater ist die »neue Mutter« treu. Die kleine Hilde erlebt, wie fremde Männer bei ihnen ein- und ausgehen. Eines Tages ist auch die Stiefmutter verschwunden und mit ihr Bruder Helmut. Von Nachbarn erfährt Hilde, dass die junge Frau mit einem Wehrmachtssoldaten nach Deutschland fahren wollte. Warum sie Hilde nicht mitgenommen hat, kann sie nur erahnen. Vielleicht war sie einfach nur zu klein oder zu lebhaft und ungestüm. Jetzt ist die Neunjährige ganz allein.

Als Rotarmisten Ende Januar 1945 Gerdauen einnehmen, plündern sie alle Häuser. Sie nehmen auch bei Hilde die letzten Wertsachen mit und lassen das kleine Mädchen schwer verstört in einer verwüsteten Wohnung zurück. Tagelang traut sie sich nicht aus dem Haus, es kommt aber auch niemand, um nach ihr zu schauen.

Die zwölfjährige Eva Briskorn lebt seit der missglückten Flucht mit ihrer Mutter und der jüngeren Schwester Gisela in einem kleinen Dorf in Westpreußen. Der Lebensmut hat sie verlassen. Alle drei haben inzwischen Typhus und halten sich nur mühsam am Leben. »Lieber Gott, mach mich fromm, dass ich in den Himmel komm!« ist nur eines der Gebete, die Eva im Stillen begleiten. Der Hunger gehört zum Alltag, für Eva ist die Zeit in Powalken eine einzige fiebrige Erinnerung, geprägt von andauernder Müdigkeit und Erschöpfung. Der anfängliche Schmerz, die unerträglichen Magenkrämpfe und Koliken sind einer stumpfen Taubheit gewichen. Eines Morgens liegt die Mutter leblos neben Eva – das Mädchen braucht einen Moment, bis sie begreift, dass die Mutter in der Nacht gestorben ist. Zusätzlich muss sie nun auch für die kleine Gisela die Mutterrolle einnehmen, um für sie beide einen Weg aus dieser schier aussichtslosen Situation zu finden.

Mit den sowjetischen Besatzern und der mangelnden Hygiene im Krieg gelangen Seuchen und Epidemien in die Region, die hier eigentlich als ausgerottet galten: Cholera, Malaria, Typhus.

Der dreizehnjährige Gerhard Gudovius erkrankt Anfang 1946 an Flecktyphus. Über Wochen wird er im Königsberger Yorck-Lazarett behandelt, wo sich die Patienten in großen Schlafsälen jeweils zu zweit oder dritt ein Bettgestell teilen. Die Patienten frieren Tag und Nacht, auch Gerhard, der sich schließlich noch eine Rippenfellentzündung zuzieht. Immerhin gibt es nach wie vor die Großeltern, die nach ihm schauen, so oft es geht. Eisiger Wind weht durch die kaputten Fenster, die notdürftig mit Lumpen und feuchter Pappe gestopft sind. Oft genug schneit es bis in die Schlafsäle, die kleinen Kanonenöfen wärmen nur knapp über den Gefrierpunkt, Brennholz und Kohle sind rar. Doch auch das Personal, Ärzte wie Schwestern, leidet unter den niedrigen Temperaturen. Frostbeulen an den Füßen, blau gefrorene Finger sind bei ihnen keine Seltenheit. Wasser muss herbeigeschleppt werden, die Leitungen sind längst eingefroren und geplatzt. Oft kann der Wasserbedarf nur durch Schnee gedeckt werden. Seife gibt es schon lange nicht mehr.

Die Verpflegung reicht gerade aus, um nicht zu sterben. Ein Stück Brot am Morgen, das feucht gemacht und auf das eine Prise Zucker gestreut wird. Wenn Brot und Zucker nicht zu bekommen sind, kann das Frühstück auch aus zwei Bonbons bestehen. Mittags und abends dann eine dünne Wassersuppe. Gerhard ist sterbenselend, doch die Großeltern geben ihren Liebling nicht auf. Als er entlassen wird, kann er kaum noch ohne Hilfe stehen. Er hakt sich bei den Großeltern unter, die aber beinahe ebenso schwach sind wie er. Gemeinsam gehen sie den langen Weg zu Fuß nach Hause, aufeinander gestützt – Straßenbahnen fahren in der zerstörten Stadt schon lange nicht mehr.

Der Hunger quält die kleine Familie. Im Keller eines benachbarten Hauses findet Gerhard Kaffeeersatzpulver. Sie kochen es mit Wasser auf, trinken das Gebräu und essen den Satz. Doch der Großvater verträgt die Mischung nicht und stirbt schließlich den Hungertod. Mit der Großmutter hält Gerhard noch eine Weile durch. Kartoffelschalen, die er beim Durchwühlen des Abfalls gefunden hat, kleben sie an den heißen gusseisernen Ofen. Wenn die Schalen abfallen, sind sie gar.

Der fünfzehnjährige Bruno Klein, der ebenfalls in Königsberg lebt, wacht eines Morgens im Jahr 1945 mit einem schmerzenden Körper, einem blauen Auge und Beulen am Kopf aus einer tiefen Ohnmacht auf. Er liegt in einer kalten, feuchten Zelle der sowjetischen Kommandantur. Wie er hergekommen ist, weiß er zuerst gar nicht. Nach und nach kommt die Erinnerung zurück. Gemeinsam mit einem älteren litauischen Mann hatte er sich ein Nachtlager in einer Ruine gesucht. Kurz nachdem sie eingeschlafen waren, wurden sie von Rotarmisten geweckt und unter lautem Gebrüll und mit Gewehrläufen im Rücken zum Verhör gebracht. Ein kleiner russischer Junge werde vermisst, was sie darüber wüssten? Bruno weiß nichts, ist selbst völlig verängstigt. Der Litauer versucht, die Soldaten davon zu überzeugen, Bruno laufen zu lassen. Seine Bemühungen fruchten nichts. Über Tage werden sie schwer misshandelt, immer wieder verhört und mit Gewehrkolben traktiert. Bruno ist sicher: Hier wird er nicht lebend herauskommen. Als er in der Zelle aus seiner Ohnmacht erwacht, blutet es aus seinem rechten Ohr, eine Gesichtshälfte ist ohne Gefühl und er hört nichts mehr. Lange nach dem Krieg wird bei Bruno ein schlecht verheilter Schädelbasisbruch diagnostiziert, lebenslang wird er auf dem rechten Ohr taub bleiben. Der russische Junge hat sich inzwischen gefunden, und Bruno, immer noch schwer verletzt, darf gehen. Doch wohin? Seine Mutter wurde von ihm getrennt, als Rotarmisten den Bunker stürmten, in dem sie sich gemeinsam mit anderen Frauen und Kindern versteckt hielt. Jetzt ist er allein, von seiner Mutter wird es nie wieder ein Lebenszeichen geben.

Während die neunjährige Ursula Haak aus dem Kreis Ragnau bei Tilsit im Juli 1944 zu den Ersten gehört, die evakuiert werden, endet ihre Odyssee erst im darauffolgenden Jahr. Ein alter Nachbar aus dem Insthaus hat ihre Mutter, Ursula und die beiden jüngeren Brüder Horst und Willy mit auf die Flucht genommen. Vor einen Panjewagen spannt er ein Pferd, lässt die kleinsten Kinder abwechselnd auf dem Wagen sitzen. In der Ferne immer wieder Bombeneinschläge und Artilleriebeschuss, im Osten nachts ein roter Feuerschein am Horizont – das brennende Tilsit.

Die Straßengräben gesäumt mit Toten. Auf den Schneefeldern um sie herum sinken Fluchtwagen ein, die vom Weg abgekommen sind. Immer wieder stecken auch sie fest, geht es kaum voran. Durch drängendes Überholen, Unfälle und Soldaten, die rücksichtslos die Trecks zu überholen versuchen, bricht der Verkehr häufig zusammen. Dazwischen lässt die Wehrmacht Hauptstraßen und Eisenbahnlinien für die fliehende Zivilbevölkerung sperren. Denn auch Hunderttausende deutsche Soldaten sind nun auf der Flucht vor der Roten Armee, drängen Zivilisten auf weniger befahrene Straßen und ins unwegsame Gelände – statt den Müttern, Kindern und Alten bei der Flucht zu helfen. Russische Tiefflieger feuern in die Trecks, für Ursula ist die Flucht längst zum Albtraum geworden. Dann überrollt die Rote Armee mit ihren Panzern regelrecht die Fliehenden, walzt Menschen, Pferde und Wagen regelrecht nieder.

Irgendwann, in den ersten zarten Frühlingstagen 1945, ist die Flucht zu Ende. Die Sowjets beginnen, die Flüchtenden in ihre Heimatdörfer zurückzutreiben. Nicht nur der Hunger quält Ursula und die Ihren, auch Läuse, Ekzeme und Ödeme machen das Weitergehen zu einer grausamen Qual. Sie nächtigen in verlassenen Bauernhöfen, Ruinen und, wenn es gar nicht anders geht, am Wegesrand. Eines Nachts, sie haben Unterschlupf in einem leeren Hof gefunden, reißen sowjetische Soldaten die Tür auf, packen die Mutter und zerren ihr, vor den Augen der Kinder, die Kleider vom Leib. Vor Schreck heulen die Kinder auf, schreien, doch die Soldaten werfen sie kurzerhand aus dem Haus – und vergehen sich die Nacht über an der Mutter. Diese wehrt sich so lange, bis die Soldaten sie mit Messerstichen zum Schweigen bringen. Als sie von ihr ablassen und die Kinder wieder in die Stube dürfen, ist sie schon bewusstlos. Im Beisein der Neunjährigen und ihrer kleinen Brüder verblutet sie am frühen Morgen. Die Kinder sind verzweifelt, wissen nicht, wie es jetzt weitergehen soll. Ursula, die eine offene Wunde am Bein hat und nur noch humpeln kann, versucht, die Brüder zu beruhigen. Sie werden die Mutter zurücklassen müssen. Zum Abschied pflücken sie Wiesenblumen, mit denen sie die Mutter notdürftig bedecken. Dann verschließt Ursula die Tür, nimmt die beiden Kleinen an die Hand und geht mit ihnen weiter nach Tilsit – in Richtung Heimat.

Dora Müller wächst bei den Großeltern in Königsberg auf. Für ein uneheliches Kind ist das nicht ungewöhnlich. Den Vater kennt sie nicht, die Mutter schuftet als einfache Landarbeiterin bei einem Bauern im Umland. Die Großeltern versuchen, so gut sie können, das kleine Mädchen vor den Schrecken der Zeit zu schützen. Große Anstrengungen verwenden sie darauf, die zunehmende Verknappung der Lebensmittel vor ihrem geliebten Spross zu verbergen. Den größten Teil ihrer Lebensmittelrationen lassen sie heimlich ihrer Enkelin zukommen. Im Januar 1945 reichen die inzwischen streng rationierten Lebensmittel nicht mehr, um alle satt zu machen. »Du musst noch wachsen, groß und stark werden«, sagt der Großvater, wenn er wieder einmal sein Stück Brot der hungrigen Zehnjährigen überlässt.

Schließlich begreift Dora doch, warum die Großeltern immer schwächer werden. Die Großmutter, ihr Leben lang eine optimistische Frau, redet nur noch wenig. Eines Tages steht sie nicht mehr auf. Es ist kalt in der Stube, sie haben kein Feuerholz mehr. Der Großvater schleppt sich nur noch mit Mühe durch das Zimmer, das sich die beiden Alten mit der Enkelin teilen. Dora weint leise. Sie hat Angst und weiß nicht, was sie tun kann. Als sie am nächsten Morgen aufwacht, sind beide Großeltern tot. Zwei Tage harrt sie an ihrer Seite aus, legt sich zu ihnen unter die Decke und hofft auf ein Wunder. Doch sie wachen nicht mehr auf. Als am dritten Tag eine Nachbarin Dora findet, ist diese so schwer unterkühlt, dass ihr sogar die Tränen im Gesicht gefroren sind.

Nach ein paar Tagen bringt die Nachbarin Dora zu ihrer Mutter aufs Land. Einer Mutter, die das Kind bisher nur wenige Male gesehen hat. Die Nachricht vom Tod ihrer Eltern nimmt die Dreißigjährige reglos zur Kenntnis und scheint vom Auftauchen der Tochter heillos überfordert. Eine Zeit lang arbeitet Dora auf dem Hof Seite an Seite mit der Mutter. Doch dann erkrankt diese an Tuberkulose und stirbt kurze Zeit später. Dora ist nun Vollwaise.

Im Winter 1946/47 ist die Großmutter von Gerhard Gudovius am Ende ihrer Kräfte. Als Rotarmisten in der Nachbarschaft Anfang Januar das orthodoxe Weihnachtsfest begehen, schlachten sie Gänse. Gerhard beobachtet das Gelage aus sicherer Entfernung. Er hat es auf die Knochen, vielleicht ein paar Reste abgesehen. Als er bemerkt wird, pinkeln die Soldaten demonstrativ auf den Haufen Abfälle, den sie hinter ihrer Baracke auftürmen. Nichtsdestotrotz schleicht sich Gerhard zu den Überbleibseln, nachdem sich die Männer wieder ihrem Gelage zugewendet haben. Verzweifelt versucht er die kargen Reste zu säubern, bevor er sie mit der Großmutter teilt. Trotz seiner verzweifelten Versuche, Essbares heranzuschaffen, stirbt sie wenige Wochen darauf. Der Rat, den sie Gerhard in den letzten Tagen vor ihrem Tod immer wieder gibt, hat sich eingeprägt: »Versuch, dich nach Litauen durchzuschlagen. Dort wirst du gerettet.« Zwar hat er keine Ahnung, wo Litauen liegt, noch weiß er, wie er dorthin kommt, aber der inzwischen Vierzehnjährige hat in den entbehrungsreichen Jahren einen starken Überlebenswillen entwickelt und trotzt den Umständen. Er ist sich sicher, dass er nicht sterben wird!

Als Ursula Haak mit ihren Geschwistern den heimatlichen Hof bei Tilsit erreicht, ist dieser bereits von russischen Umsiedlern in Besitz genommen. Die Kinder werden gegen Essen als Hütekinder eingesetzt. Auch andere deutsche Flüchtlinge, darunter viele Erwachsene, befinden sich dort. Die Frauen melken die Kühe, die Kinder hüten das Vieh. Ursula ist erst einmal froh, dass sie wieder ein Dach über dem Kopf und ein wenig zu essen haben.

Im Herbst werden sie und die beiden Brüder in eines der wenigen russischen Kinderheime der Oblast in der Elchniederung gebracht. Hier sind sie notdürftig versorgt, schöne Erinnerungen verbindet Ursula mit diesem Ort jedoch nicht. Der Niederung, deren Bewohner seit Jahrhunderten bei der Eisschmelze einen ständigen Kampf gegen verheerende Hochwasser führten, steht im Frühling 1946 erneut eine Überschwemmung bevor. Wie in jedem Jahr ist im Winter die Memel gefroren. Durch einen besonders großen Eisstau im Memeldelta gibt es heftige Überschwemmungen, die zur Gefahr für Mensch und Tier werden. Auch das Kinderheim, in dem Ursula und ihre Brüder untergebracht sind, ist davon direkt betroffen. Doch die Kinder werden nicht etwa evakuiert. Irgendwann wird das Kinderheim den Fluten überlassen, und die Kleinen sollen selbst schauen, wo sie bleiben. Zuvor haben sowjetische Flieger versucht, durch Bombenabwürfe auf das Memeldelta den Eisstau zu beseitigen. Dabei werden auch Deiche getroffen, und die Fluten dringen fortan unkontrolliert in die Niederung ein.

Ursula sieht die Wassermassen und bekommt es gehörig mit der Angst zu tun. Es gibt kaum noch Erwachsene in Sichtweite, doch sie ist nicht gewillt, ihre beiden Brüder den Fluten zu überlassen. Gemeinsam schaffen sie es, sich auf eine kleine Sandbank zu retten und auf sich aufmerksam zu machen. Ein Kleinbauer rettet sie mit seinem Ruderboot und bringt sie in Sicherheit. Doch es ist nur die Rettung vor dem Hochwasser. Als Ursula um Unterkunft bittet, winkt er ab. »Geht nach Litauen, dort wird euch bestimmt geholfen«, lautet sein knapper Rat.

Ursula ist nun zehn Jahre alt und fühlt sich für die jüngeren Brüder Willy und Horst verantwortlich. Mit ihnen kehrt sie nach Tilsit zurück, von wo aus sie nach Litauen gelangen will. Doch Horst ist zu laut und zu zappelig, um ihn unauffällig über die Grenze zu bekommen. Ständig jammert er, weil er nicht mehr laufen kann. Ursula und Willy haben aber auch keine Kraft mehr, ihn ständig zu tragen. So lassen sie ihn im Stadtzentrum in einem Park zurück und sagen ihm eindringlich, dass er diesen Ort nicht verlassen darf, bis sie zu ihm zurückkehren. Wie viele Tage sie jedoch unterwegs sind, weiß Ursula später nicht mehr. Zu lange jedenfalls für den kleinen Horst, der wie vom Erdboden verschluckt ist, als sie zurückkehren. Ursula und Willy plagt das schlechte Gewissen. Doch was hätten sie machen sollen, fragt sich Ursula immer wieder. Horst bleibt verschwunden.

6 Aufbruch ins Brot- und Kuchenland

Ab Ende 1945 klammern sich viele verzweifelte Menschen in Ostpreußen an einen neuen Strohhalm: Litauen und das Memelland. In Ostpreußen selbst scheint es nur noch die Wahl zwischen dem Tod durch Verhungern oder durch Krankheit zu geben. Die zumeist vielköpfigen Familien sind längst auf wenige Überlebende geschrumpft. Litauen dagegen ist vom Krieg weit weniger in Mitleidenschaft gezogen, die ländliche Infrastruktur ist zu einem Gutteil noch intakt. Im phantastischen Denken der Kinder wird aus dem gelobten Land, wo Milch und Honig fließen, das gelobte Litauen, in dem es Brot und Kuchen gibt. Und es scheint in erreichbarer Ferne zu liegen.

Bevor Gerhard Gudovius nach Litauen aufbricht, hat er bereits allseits Informationen gesammelt und sich so weit vorbereitet, wie es ihm möglich scheint. Es ist Anfang 1947. Gegen die klirrende Kälte trägt er mehrere lange Unterhosen übereinander; sogar eine Uschanka, eine »Russenmütze«, hat er sich besorgt, ebenso wie ein Tauschgut: Salz. Er will nicht nur als Bettler nach Litauen gehen, sondern ein wenig auch als Händler, so bescheiden seine Aussichten da freilich sind.

Am Bahnhof steht ein Güterzug, zwischen den Puffern

zweier Waggons klammert sich Gerhard fest. Obwohl der Junge unbemerkt bleibt, wird die Fahrt zur Tortur: »Das nahm ja dann kein Ende, ich dachte, weiß der Kuckuck, wo ich schon bin. Als ich das erste Mal eine andere Sprache hörte, wurde mir klar, dass ich nun in Litauen war. Da bin ich abgesprungen, das war nachts, und ich wusste ja gar nicht, wo ich war.« Aber Gerhard hat buchstäblich den richtigen Riecher gehabt, denn er landet tatsächlich in unmittelbarer Nähe einer Großbäckerei …

So leicht wie dem Überlebenskünstler Gerhard fällt die Existenzsicherung damals den wenigsten. Und nicht alle erreichen Litauen. Der sechsjährige Dieter Gröning hat auf der Flucht vor der Roten Armee den Tod der Mutter und aller Geschwister, dreier Schwestern und eines Bruders, erleben müssen; vermutlich die Opfer einer Typhusepidemie. Er gerät in eine zehn- bis fünfzehnköpfige Gruppe orientierungsloser Kinder, die zwar unbedingt nach Litauen gelangen will, allerdings diesseits der Memel, bei Tilsit, ihr Ziel schon erreicht glaubt. Niemand im Pulk kennt auch nur die Himmelsrichtungen. So sind sie fast zwei Jahre dem Hunger, der Kälte und den »Russen« ausgeliefert. Durch Hörensagen erfahren sie von den Betteltouren älterer Kinder durch Litauen, doch sie selbst finden keinen Anschluss und niemanden, der ihnen den Weg zeigen würde. So hausen sie in einem verlassenen Wohngebäude in Tilsit, das mittlerweile Sowjetsk heißt und von russischen Neusiedlern bevölkert wird, die ebenfalls mit dem Hunger kämpfen.

Litauen liegt nur einen Steinwurf von Tilsit entfernt, am anderen Ufer des Flusses. Die im Krieg zerstörte Königin-Luise-Brücke über die Memel wird 1946 zwar wieder repariert, doch fortan als Grenze auch gut bewacht.

Die Brüder Heinz und Arnold Willuweit sind nach dem Einmarsch der Roten Armee in Königsberg elternlos. Heinz ist zwölf, Arnold, genannt Arno, ist zehn, als sie die Stadt verlassen, weil sie der Hunger dazu treibt. Die kleine Schwester Gisela, noch ein Säugling, lassen sie in der Obhut der Großmutter.

Die Brüder haben gehört, dass es in Litauen »Brot und Kuchen« geben soll. In ihren Ohren klingt es in diesen Tagen wie das Paradies. Dorthin soll die Reise gehen. Zuvor machen sie sich jedoch ins Dorf ihrer Großeltern auf. Vielleicht ist die Versorgung auf dem Land besser, so ihre Hoffnung. Doch als sie ankommen, ist die Enttäuschung groß. Russische Familien sind ins Haus der Großeltern gezogen, von ihnen keine Spur mehr. Unter großem Geschrei werden die beiden Jungen verjagt.

Wochenlang schlafen sie in Ställen und Schuppen, die sie meist erst nach Dunkelheit beziehen, damit sie unbemerkt bleiben. Heinz und Arno streifen durch Wälder, hausen im Unterholz, ernähren sich von Gras, Baumrinden und Fröschen. Schließlich erreichen auch sie die Grenzstadt Tilsit. Eine provisorische Fähre befördert die Menschen über den Fluss und somit über die Grenze nach Litauen.

Offiziell gibt es kein Übersetzen für die beiden Buben, die weder Papiere noch Geld haben. So schleichen sie sich als blinde Passagiere an Bord, freuen sich schon insgeheim über ihr Glück, als das Boot ablegt. In der Mitte des Flusses werden sie jedoch entdeckt – es gibt eine große Aufregung, der Schiffer droht sie über Bord zu werfen. Dann hat er ein Einsehen und lässt sie auf der litauischen Seite doch laufen. Aber dort werden sie noch einmal geschnappt. Und wieder gelingt es ihnen auszubüchsen.

Es ist Frühling 1946, als die Brüder erstmals litauischen

Boden betreten – barfuß. Sie haben bereits den Tod vieler erlebt. Kinder wie Erwachsene sind vor ihren Augen verhungert, erschöpft zusammengebrochen, erfroren.

Entlang der Dörfer an der Memel wandern die beiden nun bettelnd von Hof zu Hof. Die meisten Bauern haben selbst nicht viel. Trotzdem teilen sie bereitwillig mit den Kindern, was sie entbehren können: ein Schälchen Suppe, etwas Brot, ein Ei, einen Zipfel Wurst.

Für die Wolfskinder, die keine Kenntnisse in Geografie haben und für die der Grenzfluss nicht mehr als ein Name ist, bleibt ein Verkehrsmittel entscheidend auf dem Weg in den Norden: die Eisenbahn. Ob als blinder Passagier, unter den Sitzen oder hinter Gepäck versteckt, auf dem Trittbrett, dem Dach oder den Puffern, Personen- und Güterzüge sind gleichermaßen beliebt, wenn es darum geht aufzuspringen, sich festzuhalten und mitzufahren – wohin die Reise auch gehen mag.

Die einen wollen das verwüstete Ostpreußen für immer hinter sich lassen. Anderen ist dies nicht möglich. Für sie ist Litauen nur ein Mittel zum Zweck, um Lebensmittel für kleine Geschwister oder die kranke Mutter, die in der Heimat zurückgeblieben sind, zu besorgen. Diese jungen Grenzgänger, wie Ruth Deske, lernen bald, alle erdenklichen Möglichkeiten zu nutzen. Doch auch Ruth erlebt, dass dies nicht ungefährlich ist. Ob mit dem Zug oder über die Memel, beide Wege bergen tödliche Gefahren.

Ruth, die aus Ellernbruch im Kreis Gerdauen stammt, ist dreizehn Jahre alt, als sie 1946 das erste Mal nach Litauen kommt. Hatte die Familie bis zum Einmarsch der Russen eine Landwirtschaft mit fast 14 Hektar Land, leben sie nun als mittellose Flüchtlinge in Karpauen.

Im Herbst 1946 fährt Ruth mit einer Nachbarin erstmals gen Norden. Sie springen im Bahnhof Klein Gnie auf einen Güterzug, doch sie kommen nicht weit. Immer wieder werden sie erwischt, vom Zug geworfen, verjagt. Doch sie lassen sich nicht beirren. Irgendwann erreichen sie ihr Ziel. Einige Tage betteln sie in Litauen und kehren dann auf dieselbe abenteuerliche Weise mit Kartoffeln, Brot und Mehl im Beutel wieder zurück nach Ostpreußen.

Einmal, im Januar 1947, übernachtet Ruth auf der Rückreise im Bahnhof von Tilsit. Ihren kostbaren Schatz, den Bettelbeutel, nimmt sie als Kissen und umklammert ihn zusätzlich mit den Händen, als sie erschöpft einschläft. Am Morgen erwacht sie mit einem riesigen Schrecken. Der Rucksack mit allem Erbettelten ist gestohlen! Doch Weinen und Klagen helfen nicht. Die Mutter und Ruths Geschwister sind auf die Lebensmittel angewiesen, und so fährt sie direkt wieder zurück nach Litauen, um erneut zu betteln.

Auf der Rückreise, am 7. März, trifft sie eine Bekannte aus Karpauen, die ihrerseits mit den eigenen Kindern auf dem Weg nach Litauen ist. Ruths Mutter liege im Sterben, sie müsse so schnell wie möglich nach Hause. »Beeile dich, damit du sie noch lebend antriffst.« Im Fieberwahn verhungert die 35-Jährige regelrecht vor den Augen ihrer Kinder und flüstert Ruth nur noch »Brot, Brot« zu. Dann stirbt sie.

Am nächsten Morgen fahren die Kinder sie in aller Herrgottsfrühe mit einem Schlitten zum Friedhof. In dem Haus, in dem sie wohnen, gibt es Ratten, und Ruth fürchtet, der Leichnam könne von diesen aufgefressen werden. Wegen des gefrorenen Bodens ist jedoch an eine Beisetzung nicht zu denken. Sie legen die Mutter zu den anderen Leichen, die dort bereits unbeerdigt liegen, und bedecken sie mit Schnee.

Ruth muss nun allein für die Geschwister sorgen. Sie ist 14, Helga neun, Siegfried acht, Karl-Heinz vier Jahre alt. Wie sie das machen soll, ist ihr noch nicht so ganz klar, aber es ist, was die Mutter von ihr erwarten würde, das weiß sie ganz genau.

Gemeinsam mit den beiden älteren Geschwistern macht sie sich auf den Weg, den Kleinsten lassen sie bei einer Verwandten im Dorf. Ruth verspricht, wöchentlich mit Lebensmitteln aus Litauen zu kommen. Zu Fuß, auf Waggondächern und als Trittbrettfahrer erreichen sie Tytuvėnai unweit der litauischen Stadt Kelmė. Hier kann Ruth zuerst Siegfried, später dann auch Helga bei wohlgesinnten Bauern unterbringen.

Auf einer ihrer vielen Hamsterfahrten wird Ruth eines Tages von der russischen Polizei aufgegriffen, als sie im Zug Richtung Gerdauen sitzt. Das junge Mädchen landet für mehrere Tage im Gefängnis, denn Gerdauen liegt nun im Sperrgebiet, in der Nähe verläuft inzwischen die Grenze zu Polen. Doch auch gen Norden, nach Lettland, fährt Ruth gelegentlich bei ihren Versuchen, Lebensmittel zu bekommen. »Anderthalb Jahre ging das so«, erzählt sie, »am Bahnhof haben wir Wolfskinder uns um einen Platz auf den Waggons geprügelt. Immer auf der Hut vor den Bahnhofsvorstehern.«

Die Betteltouren unternimmt Ruth oft gemeinsam mit anderen Kindern. Im Winter wird es besonders dann gefährlich, wenn es kalt, nass und eisig ist. Sich dann an den Eisenbahnwaggons festzuhalten ist schier unmöglich. Immer wieder kommt es zu Unglücken, fallen Kinder auf die Schienen, werden überrollt. Auch das ist ein Grund für Ruth, manchmal lieber zu Fuß zu gehen.

Da die provisorische Holzbrücke bei Tilsit insbesondere im Frühjahr bei Schneeschmelze und Eisgang oft nicht passierbar ist, überqueren die Kinder häufig die Memel auf selbst gebauten Flößen, die selten mehr als ein Brett oder eine ausrangierte Tür sind, auf der sie balancieren und sich mithilfe eines langen Stockes langsam auf dem Wasser fortbewegen. Immer wieder sieht Ruth Kinder beim Versuch scheitern, den Fluss zu überqueren. Sie ertrinken oder erfrieren im Grenzfluss. »Es müssen Hunderte gewesen sein, die auf diese Weise umgekommen sind«, sagt sie. Wer Geld hat, Russen und Litauer also, kann sich freilich gegen Bezahlung mit einem der kleinen Fischerboote ans andere Ufer bringen lassen.

Als sie wieder einmal nach ihrer Schwester Helga schaut, ist der Hof, auf dem Ruth die kleine Schwester in die Hände der Bauernfamilie gegeben hat, öde und verlassen. Ruth bleibt das Herz stehen. Ist Helga mit den Bauern nach Sibirien deportiert worden? Immer wieder hat sie von solchen Schicksalen gehört. Doch Helga hat Glück, wie sich später herausstellt. Sie kann sich verstecken, als Geheimpolizisten auf dem Hof die Familie in Gewahrsam nehmen, und findet später eine neue Familie im Nachbardorf. Ruth fällt ein Stein vom Herzen, als sie Helga wiederfindet.

Im März 1948 ist die Verwandte, die sich bislang in Karpauen um den Jüngsten, Karl-Heinz, gekümmert hat, zu schwach, dies weiter zu tun. Sie gibt den kleinen Jungen zurück in Ruths Obhut. »Ich bin einfach losgelaufen, den inzwischen kranken Karl-Heinz auf dem Arm, 18 Kilometer durch die Nacht zum Bahnhof, dann über die Grenze. Er war nur Haut und Knochen und konnte selbst kaum noch gehen.«

Als Ruth den kleinen Bruder so trägt, wird ihr einmal mehr bewusst, wie schwer das Schicksal sie getroffen hat. Als sie am Masurischen Kanal vorbeikommt, will sie am liebsten mit Karl-Heinz hineinspringen. Sie ist des Lebens unendlich müde, vom Hunger ganz zu schweigen. Was sie schließlich davon abhält, kann sie heute nicht mehr sagen. »Es musste halt irgendwie weitergehen – schon der Mutter wegen. Ihr fühlte ich mich verpflichtet.«

Als Ruth sich schließlich mit dem kleinen Bruder im Zug versteckt, währt die Erleichterung nur kurz. In Tilsit werden sie wieder hinausgeworfen. Zu Fuß schaffen sie es noch bis Pogegen am anderen Memelufer. Wieder versucht sie die Weiterreise mit dem Zug, diesmal gelingt es ihr, mit Karl-Heinz bis nach Tauroggen zu kommen. Es folgen Tage auf Wanderschaft. Zu Fuß geht Ruth, größtenteils den kleinen Bruder tragend, die rund 100 Kilometer bis in die Gegend von Schaulen, wo bereits die anderen Geschwister leben. Hier ist die neue Heimat. Jetzt gibt es für sie keinen Grund mehr, nach Ostpreußen zurückzukehren.

Doch nicht für alle, die nach Litauen gelangen, ist dies ein Sehnsuchtsort. Manche kommen ganz unfreiwillig und waren doch eigentlich auf dem Weg nach Deutschland.

Nach dem Tod der Mutter im westpreußischen Powalken hat die vierzehnjährige Eva Briskorn nur noch ein Ziel. Sie will nach Deutschland. Doch ihre zwölfjährige Schwester Gisela ist von diesem Plan gar nicht begeistert. Ihr fehlen Energie und die Vorstellungskraft, dass sie es überhaupt bis dorthin schaffen könnten. Noch hat Eva selbst keinen Plan, aber sie beginnt, sich umzuhören. Ein deutsches Ehepaar im Dorf nimmt Gisela zu sich, was erst einmal eine Erleichterung für Eva ist. Die einzige Tochter der Familie ist gestorben und Gisela ähnelt diesem Kind so sehr, dass sie ohne Zögern aufgenommen wird. Ihr geht es gut dort, schnell kann sie die Strapazen, die schicksalhaften Tode der Geschwister und der Mutter verwinden. Doch für zwei Mädchen reicht es auch dort nicht, und so irrt Eva weiterhin alleine umher. Wenn sie die kleine Mühle in Powalken hört, in der die Menschen das Getreide für ihr Brot mahlen, geht sie manchmal hin, um heimlich den Mehlstaub mit den Fingern aufzunehmen – so hungrig und verzweifelt ist sie. Gelegentlich trifft Eva in der Mühle auch Gisela und ihre neue Familie, die dort ebenfalls ihr Getreide mahlt. Doch Gisela mag sie dann gar nicht mehr kennen und wimmelt sie wie ein lästiges Insekt ab. Eva ist zutiefst verletzt.

Inzwischen hat sie in Erfahrung bringen können, dass es Züge gibt, die nach Deutschland fahren. Ohne sich von Gisela zu verabschieden, macht sie sich auf den Weg nach Königsberg, von wo aus diese Züge abfahren sollen. Über 200 Kilometer läuft Eva in den folgenden Tagen nach Nordosten und somit in die entgegengesetzte Richtung ihres eigentlichen Ziels. Wenn sie müde ist, sucht sie sich ein Erdloch oder einen Graben, in den sie sich notdürftig bettet, um ein paar Stunden zu schlafen. Schließlich erreicht sie Königsberg.

Alles ist zerstört, und auch der Bahnhof ist nicht leicht zu finden. Auf den Straßen sind nur wenige Menschen. Niemand sieht so vertrauenserweckend aus, dass sich Eva getrauen würde, ihn nach dem Weg zu fragen. Es herrscht, so ihr Gefühl, eine feindliche Atmosphäre. Und sie hat Angst, von den Russen als Deutsche erkannt zu werden. Ein paar Tage hält sie sich in der Stadt auf, bis sie schließlich Züge hört und Gleisanlagen findet. In einem günstigen Moment springt sie auf einen Zug und versteckt sich. Jetzt muss sie nur unbemerkt bleiben, dann wird sie am Ende in Deutschland ankommen, so ihre Hoffnung. Doch als der Zug einmal hält, wird Eva entdeckt und aus dem Zug geworfen. Was für ein Schreck! Sie versteht erst gar nicht, wo sie ist. Auch die Sprache klingt fremd. Auf dem Bahnhofsschild steht in großen Lettern – Kaunas. Also noch nicht in Deutschland, denkt sie sich und springt im letzten Moment wieder auf den rollenden Zug. Ein paar Stunden später kommen die Wagen endgültig zum Halten. Und dann die Enttäuschung. Sie ist ihrem Ziel kein bisschen näher. Im Gegenteil. Jetzt ist sie in Vilnius, der Hauptstadt Litauens.

Nach dem Tod der Mutter bleibt die zehnjährige Christel Nitsch aus Groß Schönau im Kreis Gerdauen in der Obhut ihrer großen Schwester Gertrud. Diese hat schon einen zweijährigen Sohn, Klaus, und will ihre Familie nicht nach Litauen, sondern nach Deutschland bringen. Eines Abends Anfang 1946 schnallt Gertrud der kleinen Schwester einen Rucksack auf den Rücken, tut es ihr gleich und nimmt den kleinen Klaus an die eine, Christel an die andere Hand. Es ist eine Aktion bei Nacht und Nebel, doch Gertrud will weg und geht mit ihren beiden Schützlingen zum Bahnhof nach Gerdauen – niemand von ihnen trägt noch Schuhe, Socken sind alles, was sie vor der Kälte schützt. Der Rucksack ist so schwer, dass Christel das Gefühl hat, jeden Moment zusammenbrechen zu müssen. Als sie Stunden später am Bahnhof ankommen, ist überall russische Miliz. Deutsche werden verjagt. Christel soll sich am Bahndamm verstecken, bis der nächste Zug einfährt. Dann geht alles ganz schnell. Als der Zug anhält, springen die drei von einer unbewachten Seite her auf. Christel findet auf dem Trittbrett Halt und greift mit der Hand nach einem Knauf. Kurz darauf fährt der Zug an. Entsetzt muss sie zusehen, wie Milizionäre Gertrud und den kleinen Klaus vom Zug reißen, doch dieser fährt schon so schnell, dass sich das Mädchen selbst nicht mehr traut abzuspringen. Wie lange sie mit dem Zug fährt, kann sie nicht mehr einschätzen, auch nicht wohin. Nach einer langen Zeit hält er endlich an. Der Zug endet wahrscheinlich im litauisch-polnischen Grenzgebiet.

Bis heute weiß Christel nicht genau, wo sie vom Zug herunterkletterte. Doch diese Station markiert das Ende ihres bisherigen Lebens und das Ende ihrer Kindheit. Ein ganz neues Leben voller Angst und Schrecken, voll bitterer Not und Entbehrungen beginnt – das wird ihr schon in den ersten Stunden klar. Nun hat sie alles verloren: Heimat, Geschwister, die Mutter. Sie ist angekommen in einer fremden Welt, in der sie noch nicht einmal die Sprache versteht. Doch Christel ist fromm. Sie hat ein kindliches Gottvertrauen und spricht sich selbst Mut zu, weiß sich vom Allmächtigen im Himmel behütet.

Sie ist steif von der langen Fahrt und bewegt sich noch ein wenig ungelenk, als sie das Bahnhofsgebäude betritt. Obwohl der Wartesaal sehr voll ist, findet sie noch eine freie Bank, auf der sie erschöpft niedersinkt, um zu schlafen. Doch sie kommt nicht zur Ruhe. Das Gebäude ist nicht beheizt, und von der Tür her, durch die ständig Menschen hinein- und hinausgehen, weht ein eisiger Wind. Außerdem hat sie furchtbaren Hunger. So liegt sie mit knurrendem Magen und frierend auf der Bank und wartet, bis es hell wird.

In aller Frühe steht sie auf und geht hinaus. Eine Frau spricht sie an, doch Christel versteht kein Wort. Ob es Polnisch ist? Mit Händen und Füßen macht die Frau sich jetzt verständlich und fragt Christel, ob sie nicht mit ihr kommen mag, um Kühe zu hüten. Es scheint wie ein Lichtblick. Auf dem kleinen Hof angekommen, gibt ihr die Frau zu essen und zu trinken, dann bringt sie Christel zu den Kühen.

Das Mädchen erschrickt, als sie das viele Vieh sieht – eine Riesenherde. Doch die Frau bedeutet ihr, dass sie jetzt dableiben und abends zu ihr ins Haus zurückkommen solle. Dann geht sie und lässt Christel mit den Tieren allein. Die Weide, eigentlich ein Stoppelfeld, ist noch gefroren. Christel ist barfuß und hat schon mächtige Frostbeulen an beiden Füßen. Ständig muss sie einzelne Kühe in Schach halten, damit sie sich nicht zu weit von der Herde entfernen. Tränen rollen über ihre Wangen, und irgendwann kann sie nicht mehr anders, als den Schmerz herauszuschreien und nach ihrer Mama zu rufen, bis sie ganz erschöpft und heiser ist. Doch niemand hört sie, tröstet sie oder nimmt sie in den Arm. Sie hält bis zum Abend durch, auch wenn die Verzweiflung überwiegt. Als sie wieder am Haus der Bäuerin ist, steht ihr Entschluss fest: Sie will nur noch ihre Tasche und weg hier. Doch die Frau gibt ihr weder ihre Sachen, noch lässt sie Christel gehen. Eine Woche müsse sie bleiben, das hätte sie versprochen. Christel bleibt bis zum Morgen und gibt vor, wieder zu den Kühen zu wollen. Als sie außer Sichtweite des Hauses ist, läuft sie so schnell sie kann und versteckt sich im dichten Gebüsch. Dort bleibt sie den ganzen Tag über, bis die Nacht hereinbricht. Dann humpelt sie weiter, so weit sie ihre kaputten Füße tragen. Hauptsache, sie muss nie wieder zu den Kühen zurück.

Am nächsten Tag kommt sie abermals in ein Dorf. Der Hunger quält Christel ganz entsetzlich. Sie geht von Haus zu Haus und bettelt. Dankbar nimmt sie das Brot entgegen, das ihr die Menschen oft schon unaufgefordert geben – sie haben Mitleid mit dem zerlumpten Kind. »Das war jedes Mal wie ein kleines Wunder für mich – ich war so unendlich dankbar.«

Ihre Füße spürt die inzwischen Elfjährige schon lange

nicht mehr. Ihre Kleider stehen vor Dreck und stinken trotz der Kälte. Doch nirgendwo kann sie sich waschen, bekommt sie frische Kleider oder wird überhaupt hereingebeten. Und so schläft sie weiterhin unter freiem Himmel oder schleicht sich heimlich in einen Stall und verkriecht sich im Stroh.

Manchmal gibt es aber doch nette Bauern, die Mitgefühl zeigen und ihr nicht nur zu essen geben, sondern ihr einen warmen Platz im Stall anbieten. Einmal darf Christel sogar in einer Sauna übernachten, die in einem Garten steht. Doch darin ist es keinesfalls warm, und es gibt auch keine Matte, auf die sie sich legen kann, oder eine Decke. Außerdem hat sie die Ruhr; in einem fort läuft das Wasser aus ihrem Körper. Sie weiß nicht, was sie tun soll, Boden und Wand sind verspritzt, und ihr einziger Gedanke gilt den Menschen, die sie hier aufgenommen haben. Wie ärgerlich werden sie sein, wenn sie dieses Missgeschick entdecken!?

Im Morgengrauen schleicht sich Christel mit schlechtem Gewissen und voll Angst davon. Den Tag verbringt sie wieder im Wald. Sie hat noch ein Stückchen Brot, das sie ganz langsam isst. Doch am Abend ist der Hunger groß, und sie nähert sich vorsichtig einem nahe gelegenen Gehöft am Waldesrand.

Zuerst traut sie sich nicht dort anzuklopfen und wartet ab. Doch der Hunger besiegt irgendwann ihre Angst, und sie geht vorsichtig in Richtung Haus. Manchmal haben die Bauern Hunde, die sie abends frei laufen lassen oder auf die Kinder hetzen. Davor fürchtet sich das Mädchen besonders. Doch diesmal kommt ihr kein Hund, sondern eine freundliche Frau entgegen, die sie mitfühlend ansieht. Christel ist in einem erbärmlichen Zustand – verlaust und mit aufgeschürften, von Eiter, Blut und Schmutz verkrusteten Beinen.

Die Bäuerin nimmt das arme Kind mit ins Haus, gibt ihr zu essen, wäscht sie in einem Zuber mit warmem Wasser und bringt ihr saubere Kleider. Langsam beginnt Christel, sich wieder wie ein Mensch zu fühlen.

Später darf sie in der Kammer auf einer Bank schlafen. Lange ist es her, dass sie es nachts warm hatte. Auf der Anrichte steht frisch gebackenes Brot, das so wunderbar duftet, dass Christel in der Nacht aufsteht und sich ein Stück abbricht. Viel kann sie davon nicht essen, denn ihr Bauch ist schmerzhaft gebläht. Wie viele Kinder zu dieser Zeit leidet auch sie an Rachitis und ist für ihr Alter ungewöhnlich klein, sieht mit ihren inzwischen elf Jahren eher wie eine Sechsjährige aus.

Am nächsten Morgen weckt die Frau sie und bringt ihr behutsam bei, dass sie gerne mit Christel zum Arzt möchte. Gemeinsam gehen sie durch den Wald in die nächste Ortschaft. Im völlig überfüllten Wartezimmer soll das Kind sitzen bleiben und auf die Bäuerin warten. Es dauert lange, und irgendwann beschleicht sie das unangenehme Gefühl, dass die Bäuerin sie hier vielleicht nur ausgesetzt hat und selbst wieder nach Hause gegangen ist. Dabei hatte Christel gehofft, bei dieser Familie bleiben zu können. Panisch und voller Angst springt Christel auf, rennt hinaus und zurück durch den Wald. Doch auf dem Hof ist die Bäuerin nicht – nur ihre Kinder sind da und sehen das verheulte, fast irre Mädchen erschreckt an. Sie verstehen nicht, weshalb Christel alleine zurückgekommen ist.

Kurze Zeit später kommt die Bäuerin nach Hause. Sie ist fürchterlich verärgert, schreit, schimpft und weist ihr die Tür. Diese versteht jetzt gar nichts mehr und läuft weinend davon. Nur noch ein Gedanke bewegt Christel: Sie will zurück nach Deutschland.

Auf welchem Weg Gertrud mit ihr und Klaus nach Deutschland fahren wollte, weiß sie nicht mehr. Der Name Wehlau kommt ihr immer wieder in den Sinn. Dorthin soll die Reise jetzt gehen, damit sie es endlich nach Deutschland schafft.

Christel sucht im nächsten Ort nach dem Bahnhof. Dort fragt sie einen Mann, welcher Zug denn nach Wehlau fahre. Er zeigt auf eine Eisenbahn, und Christel stellt sich auf die Einstiegstreppe, hält sich am Türgriff fest und fährt einfach mit, als der Zug anrollt. Es dauert nicht lange, da entdeckt die Schaffnerin das kleine Mädchen und holt sie ins Abteil. Wohin sie denn unterwegs sei, fragt sie Christel. »Wehlau«, gibt ihr diese zur Auskunft. Da solle sie mal schön sitzen bleiben, heißt es, denn dorthin sei der Zug unterwegs und dort sei auch Endstation. Die Kleine ist erleichtert, auch, weil sie keine Fahrkarte vorzeigen muss.

Als der Zug an der Endstation hält, sieht Christel das Schild, auf dem nicht etwa Wehlau, sondern Vilnius/Wilna steht. Die Schaffnerin hat sie wohl falsch verstanden. Nun ist sie weiter denn je von ihrem Ziel entfernt. Christel will nur noch heim, in ein Land, in dem die Menschen ihre Sprache sprechen, wo sie ihr Herz ausschütten kann.

Aber wieder meldet sich der Hunger, und Christel weiß, dass sie nur etwas zu essen bekommt, wenn sie bettelt. Doch sie traut sich nicht in die fremde Stadt. So geht sie an den Schienen entlang, immer weiter, bis sie schließlich zu einem kleinen Bahnhof kommt. Es kommt ein Zug, er hält kurz, fährt wieder an, und während Christel versucht aufzuspringen, rutscht sie auch schon wieder ab und fällt zu Boden. Sie sieht den letzten Waggon noch kleiner und kleiner werden und beginnt verzweifelt zu weinen, weil sie nicht mehr ein noch aus weiß.

Ein Mann kommt auf sie zu und fragt etwas, das Christel nicht versteht. Stattdessen weint sie noch lauter. Seine Frau eilt herbei, sie ist hier die Fahrkartenverkäuferin und spricht etwas Deutsch.

Christel erklärt schluchzend, dass sie nach Deutschland will, es aber nicht auf den Zug geschafft hat. Da lachen beide und sagen, dass sie froh sein solle, denn dieser Zug sei unterwegs nach Russland. Das Mädchen kann nicht mehr lachen, ist verzweifelt und weint umso mehr. Die beiden laden es ein, mit ihnen zu kommen. Christel schaut sie ungläubig an. Doch Sofia und Josef meinen es ernst. Zu Hause bei ihnen lebt noch Sofias Schwester Nadja, die sich jetzt ebenfalls rührend um die Kleine kümmert. Die beiden Frauen baden sie und verarzten ihre Wunden. Die Lumpen, die sie noch am Leib trägt, verbrennt Josef im Garten, und sie erhält neue Wäsche. Dann essen sie Abendbrot. Christel hat einen unbändigen Hunger, doch Sofia bremst sie und gibt ihr nur wenig zu essen. Erst glaubt Christel, dass sie geizig sei, doch dann begreift sie, dass die Leute es gut mit ihr meinen und nur fürchten, dass ihr eine volle Mahlzeit nicht bekommt.

In der Küche richten sie dem erschöpften Mädchen einen Schlafplatz, und kaum hat Christel sich hingelegt, fällt sie auch schon in einen tiefen Schlummer. Zwei Tage und zwei Nächte schläft sie wie im Koma durch. Es ist das erste Mal in zwei Jahren, dass sie keine Angst hat, dass sie sich etwas entspannt. Sie ist befreit von Läusen und Ungeziefer, muss nicht bei Schnee, Eis und Regen barfuß gehen, hat es warm und ist satt. Als sie das erste Mal wieder aufwacht, strahlt Sofia sie an. »Du hast geschlafen wie ein kleiner Welpe.« Wieder bekommt sie ein wenig zu essen und merkt, wie warm und gut sich das im Bauch anfühlt. Die Frauen versuchen, mehr von ihr zu erfahren. Gibt es noch irgendwo Angehörige? Doch Christel antwortet ausweichend. Sie hat Angst, wieder auf die Straße geschickt zu werden, und sagt, dass sie ganz allein sei auf der Welt. Ob die Schwester noch lebt, weiß sie ja wirklich nicht. Fortan lassen Josef, Sofia und Nadja sie in Ruhe. Christel hat ein Dach über dem Kopf, muss nicht mehr hungern, und auch ihre Wunden heilen allmählich.

Manchmal ist es auch nur der pure Zufall, der ein Wolfskind nach Litauen führt. Dora Müller ist es so ergangen. Die Zwölfjährige klettert eines Nachts auf das Dach eines abgestellten Güterzugs. Die Schiebetüren der Waggons sind verschlossen, und auf dem Dach ist sie wenigstens sicher vor herumstreunenden Tieren und Wegelagerern. In einer kleinen Metallmulde macht sie es sich bequem und schläft erschöpft ein. Als sie aufwacht, rollt der Zug. Ein eisiger Wind bläst ihr ins Gesicht, aber sie klammert sich verzweifelt an einer Eisenstange fest. Vielleicht bringt der Zug sie an einen besseren Ort, so ihre erste Hoffnung. Doch die Fahrt wird zu einem Albtraum. Dem Mädchen schwindet die Kraft, sich festzuhalten, dazu kommen Übelkeit und Schwindel. Am nächsten Bahnhof springt Dora ab. Sie weiß nicht, wo sie ist. Menschen unterhalten sich in einer ihr fremden Sprache; und sie beginnt zu ahnen, dass der Zug sie weit nach Osten verschlagen hat, nach Litauen.

Es ist gerade einmal eine Woche her, dass Doras Mutter gestorben ist, und zwei Tage, dass man sie unbarmherzig vom Hof verjagt hat. Ohne die Mutter, die dort als Arbeitskraft eingesetzt war, galt Dora nur als ein unnötiger Esser.

Fortan lebt sie in den umliegenden Wäldern, in verlassenen Scheunen und auf Friedhöfen. Irgendwann trifft das Mädchen auf andere Kinder, die sich wie sie alleine durch die Natur und durch das Leben schlagen. Gemeinsam halten sie Nachtlager, gehen betteln oder stehlen dem Vieh Futter aus den Ställen. Als Dora einmal zufällig ihr Antlitz in einem kaputten Spiegel auf einem Heuboden sieht, erschrickt sie. Eine kleine Wilde ist aus ihr geworden. Ihr langes Haar hängt zottelig im Gesicht, ihre Augen liegen tief in den Höhlen. Sie schaut an sich hinab: die Kleidung ist zerfetzt, die Löcher ihrer kaputten Schuhe sind notdürftig mit Stroh gestopft.

Dora bricht zusammen und weint bitterlich. »Was habe ich getan?«, fragt sie sich immer wieder und gibt sich selbst die Schuld am Tod der Großeltern, die sie aufgezogen haben, weil die Mutter sich auf einem Bauernhof verdingt hatte. »Ich habe sie verhungern lassen, und jetzt straft mich der liebe Gott dafür.« Im fiebrigen Wahn wird das Mädchen zur Gefahr für die anderen Kinder ihrer kleinen Bande. Sie lassen sie deshalb auf einem Hof zurück, wo sie am Morgen von einer Bäuerin gefunden wird. Die gütige Frau badet Dora erst einmal in heißem Wasser, gibt ihr warme Milch zu trinken und pflegt sie gesund. Doch bleiben kann Dora nicht. Und so macht sie sich wieder alleine auf den Weg ins Nirgendwo.

7 Wolfskinder und Waldbrüder

Nicht nur in Ostpreußen, auch in Litauen stellten die Soldaten der Roten Armee ein gefürchtetes Feindbild dar. Das kleine Land, das seit 1918 unabhängig gewesen war, wurde 1940 als Reaktion auf Hitlers Einmarsch in Polen von der Sowjetunion kurzerhand einverleibt. Im Zuge des Angriffs auf die Sowjetunion im Juli 1941 wurde Litauen innerhalb einer Woche geradezu von der Wehrmacht überrollt und als Generalbezirk Litauen ins Reichskommissariat Ostland eingegliedert. Im Sommer 1944 eroberte die Rote Armee dann die von der Wehrmacht besetzten Teile Litauens zurück. Für die Bevölkerung löste damit lediglich ein Besatzer den anderen ab – sie reagierte mit Widerstand und unterlief die Anordnungen der sowjetischen Administration, wo sie nur konnte.

Nicht nur die Wolfskinder durchstreiften die Wälder, bezogen leere Gehöfte und verbargen sich vor den Milizen. Auch der organisierte Widerstand, die litauische Partisanenbewegung, lebte in diesen Wäldern. Die Aufständischen wurden im Volksmund »Waldbrüder« genannt und kämpften gegen die zwangsweise Eingliederung in Stalins Sowjetimperium. Doch nicht nur in der Roten Armee sahen die Partisanen ihren Feind, auch in den Deutschen, deren Weltkrieg Litauen seine Unabhängigkeit geraubt hatte. Andererseits steckte in der Unterstützung vieler Litauer für die deutschen Kinder manchmal zugleich ein subversiver Akt gegen die Besatzer. So kam es in den frühen Nachkriegsjahren zu seltsamen Begegnungen zweier einander völlig fremder und doch naher Spezies: der verwilderten deutschen Kinder und der gesetzlosen litauischen Briganten.

Fast alle Wolfskinder berichten von Begegnungen mit den Waldbrüdern. So auch Ruth Deske, deren Wege sich immer wieder mit denen der Partisanen kreuzen, wenn sie mit ihrer Gruppe bettelnder Kinder in den Wäldern übernachtet. Jedes Mal erschrickt sie sich aufs Neue, wenn die Bewaffneten plötzlich hinter einem Busch oder Baum hervortreten. Doch die meisten sind ihnen freundlich gesinnt und stecken ihnen in aller Regel auch etwas Nahrhaftes zu.

Gerhard Gudovius nächtigt häufig in leeren Bauernhöfen. Wenn er bei den Bauern betteln geht, weisen sie ihn oft auf die Höfe in der Umgebung hin, in denen er Schutz finden kann, wo es für ihn sicher ist. Zunächst denkt er nicht darüber nach, weshalb die Orte verlassen sind. Doch nach und nach dämmert es ihm, dass die Menschen, die dort nicht mehr wohnen, wahrscheinlich verschleppt worden sind. Er hat davon gehört, dass schon der Verdacht genüge, Partisan zu sein, um mit der ganzen Familie nach Sibirien deportiert zu werden.

Manchmal trifft er auf den verlassenen Höfen Gruppen bettelnder Deutscher, Frauen und Kinder, die sich hier einquartiert haben. Dann zieht er weiter, bleibt lieber für sich. Einmal will er wieder in einem leeren Bauernhof übernachten. Gerade als er es sich bequem gemacht hat, stürmen

Partisanen mit Maschinenpistolen im Anschlag das Gebäude. Sie haben ihn beobachtet und für einen Nazispion gehalten. Bei näherer Betrachtung wird ihnen klar, dass Gerhard nur ein »vokietukai«, im wahrsten Sinne des Wortes ein »kleiner Deutscher«, ist. Unverrichteter Dinge ziehen ie wieder ab. Gerhard ist mit dem Schrecken davongekommen.

Es ist für die Kinder anfangs selten auf den ersten Blick ersichtlich, wer die Bewaffneten sind, denen sie im Wald und auf einsamen Gehöften begegnen. Wie die Waldbrüder haben sie jedoch die größte Furcht vor den Soldaten der Roten Armee, deren Auftrag klar ist: Auslöschung der feindlichen Elemente. Ob es sich dabei um deutsche Kinder oder litauische Rebellen handelt, ist gleich.

Konrad Fischer aus Langendorf im Kreis Königsberg hat bereits gegen Ende des Krieges in Ostpreußen die bittere Bekanntschaft mit den Rotarmisten gemacht. Der 1931 geborene Bauernsohn geht mit der ganzen Familie, darunter neun Geschwistern, auf die Flucht, als die Front bereits in Hörweite ihres Hofes ist.

Doch sie kommen nicht weit. Vom gefrorenen Meer her marschieren ihnen bereits Rotarmisten entgegen. Die Pferde werden der Familie abgenommen, das Fuhrwerk geplündert und – für die Familie am schlimmsten: Der Vater wird vor ihren Augen schwer misshandelt, zusammengeschlagen und schließlich abgeführt. Da kann er sich kaum noch auf den Beinen halten.

Gemeinsam mit anderen Flüchtenden wird die restliche Familie zurück ins Landesinnere getrieben. Zu essen haben sie nichts, von Zweigen, Rinden und gefrorenen Kartoffeln, die sie manchmal auf den Feldern finden, ernähren sie sich mehr als notdürftig. Konrads jüngste Brüder, Helmut und Gerhard, sterben zuerst. Sie werden im Gebüsch verscharrt – ohne Sarg und ohne Begräbnis.

Als es eines Abends sehr schneit, kriecht Konrad mit seinem zwei Jahre jüngeren Bruder Hugo in einen Stall, um dort im Stroh ein Nachtlager zu finden, während die meisten Flüchtlinge am Lagerfeuer auf freiem Feld übernachten. Als die beiden Jungen am Morgen aufwachen, sind sie alleine. Die anderen, darunter ihre Mutter und die Geschwister, sind spurlos verschwunden. Der Vierzehnjährige und sein Bruder können es nicht fassen. Doch egal, wie viel sie weinen, rufen und klagen, sie sind allein. Schneeverwehungen machen es ihnen nicht einfacher, einen Weg zu finden, und so stapfen sie tagelang ziellos umher. Immer wieder treffen sie auf Rotarmisten, die ein ums andere Mal kein Erbarmen zeigen, sondern sie verjagen, knapp an ihnen vorbei schießen und sich über die verängstigten und hungernden Kinder lustig machen. Von Tag zu Tag schwinden ihre Kräfte, verlässt sie der Mut, werden sie lethargischer. Mit letzter Anstrengung schaffen die beiden Buben es, sich nach Litauen zu retten.

Agota Žilinskienė, eine fromme Bäuerin im Dorf Gižai bei Marijampolė, nimmt sich schließlich ihrer an. Doch sie kann unter keinen Umständen für zwei Jungen sorgen und schickt Hugo weiter. Agota bedeutet Konrad, der kaum Litauisch kann, so zu tun, als sei er stumm, wenn Soldaten kämen. Und tatsächlich erhält sie häufig Besuch von Rotarmisten. Konrad muss immer wieder regungslos mit ansehen, wie seine Ziehmutter beleidigt, misshandelt und ausgeraubt wird. Ihr Onkel war General in der litauischen Armee, und er wird unter den Waldbrüdern vermutet. Agota hat aber auch Angst, dass wegen Konrad alle beide nach Sibirien verbannt werden könnten. Immer wieder hat sie von derlei Fällen gehört.

Bernhard Keusling ist neun Jahre alt, als er 1947 seine Mutter und die jüngere Schwester verliert. Den Hungertod der beiden musste er mit ansehen, ohne etwas dagegen tun zu können. Bernhard legt ein Leintuch über die beiden, dann zieht er die Tür hinter sich zu und macht sich auf den Weg. Doch wohin? Gepeinigt von Hunger und Trauer lässt er sich die ersten Tage treiben.

Auf der Suche nach Nahrung findet er bald eine halb verfaulte Futterrübe, beinahe eine Delikatesse, und etwas Schwarte – auch das isst er in seiner Verzweiflung. Gemeinsam mit anderen Jungs macht er sich auf die Suche nach Pferdekadavern. Die Russen werfen sie bevorzugt in Bombentrichter. Dort hinein klettern sie nun. Mit Taschenmessern schneiden sie sich Stücke ab und essen sie noch an Ort und Stelle. Zuerst machen sich die Rotarmisten lustig über die Kinder, die häufig ungeschickt in den Trichter purzeln, bevor sie wie wilde Tiere über die Kadaver herfallen. Doch dann bereiten sie dem Treiben ein Ende und schütten Chlorkalk über die Kadaver – ob zum Schutz der Kinder oder um ihnen auch noch die letzte Chance auf Nahrung zu nehmen, woher sollen diese es wissen?

Die Jungen, die Bernhard nur flüchtig kennt, erzählen, dass sie mit ein paar Frauen in den kommenden Tagen nach Litauen fahren werden. Er beschließt, sich ihnen anzuschließen. Sie gelangen mit dem Zug bis Tilsit, wo sie am Bahnhof übernachten. Am nächsten Tag geht die Fahrt weiter nach Kibarten. Dort ist Bernhard jetzt auf sich allein gestellt. Er kann kein Litauisch, und oft wimmeln die Leute ihn ab, weil er sich nicht verständlich machen kann. Erst mit der Zeit lernt er die Sprache so weit, dass er hier ein bisschen Brot, dort ein wenig Suppe erhält.

Eines Tages kommt er an einen kleinen Hof, den ein Memeldeutscher bewohnt. Bernhard kann sein Glück kaum fassen. Endlich jemand, der ihn versteht! Den ganzen Abend und fast die ganze Nacht erzählt Bernhard, was ihm widerfahren ist. Er ist froh, endlich einen Menschen gefunden zu haben, dem er sein ganzes Leid anvertrauen kann.

Mikas Pelgius ist schon ein alter Mann, bietet ihm aber an zu bleiben, und voll Dankbarkeit nimmt Bernhard das Angebot an. Der Bäuerin tut der Junge leid. Er ist nach wie vor sehr schwach, und sie will ihn aufpäppeln. Dabei kommt er in den zweifelhaften Genuss von Lebertran und Schlangenschnaps, was ihn kräftigen soll. Das gelingt zwar nach einer Weile, doch bis heute erinnert sich Bernhard daran, dass er vom Schlangenschnaps vor allem eines war – betrunken.

Auf einem Nachbarhof kann Bernhard Kühe hüten, und so hat er nun nicht nur ein Dach über dem Kopf und etwas zu essen, sondern kann sich auch nützlich machen. Doch das Kühehüten ist gar nicht so einfach. Die Weidestücke sind klein und nicht eingezäunt. Bernhard muss aufpassen, dass das Vieh nur auf den Wiesenstreifen des Eigentümers grast, neben den drei Kühen auch Pferde und eine Handvoll eigensinniger Lämmer. Einmal schläft er ein. Als er wieder erwacht, ist das Vieh in alle Himmelsrichtungen verstreut – keines grast mehr, wo es soll. Jetzt gilt es, die Tiere einzufangen, aber Bernhard weiß nicht, wie er das alleine bewerkstelligen soll. Ein paar Landarbeiter, die zufällig vorbeikommen, helfen ihm schließlich, sodass sich der Ärger des Bauern in Grenzen hält.

Mikas Pelgius' Hof steht am Waldrand. Oft kommt nachts eine Gruppe fremder Männer und erhält eine warme Mahlzeit – es sind Waldbrüder. Anfangs ist Bernhard noch so erschöpft, dass er es gar nicht mitbekommt. Nach ein paar Wochen wacht er jedoch eines Nachts auf und hört, wie sich der Alte mit den Männern in der Küche auf Litauisch bespricht. Bernhard hat Angst, entdeckt zu werden, zumal die Männer sich scheinbar über ihn unterhalten – so gut kann er die Sprache inzwischen. Seine Gedanken rasen, und er überlegt, wie er ihnen entkommen kann, sollten sie ihn sich tatsächlich holen wollen. Vorsichtshalber öffnet er leise das Fenster …

Doch dann hört er die Stimme von Mikas' Frau. Sie ist empört und nimmt ihn in Schutz. »Wenn ihr dem Kleinen auch nur das Geringste antut, könnt ihr mit unserer Unterstützung nicht mehr rechnen«, sagt sie. Es geht noch eine Weile hin und her, dann gehen die Waldbrüder, ohne sich an Bernhard zu vergreifen. Am nächsten Morgen fragt er Mikas, wer die Männer waren. Der ist wortkarg, sagt ihm aber, dass er keine Angst haben solle, bei ihnen sei er sicher. Langsam begreift Bernhard auch, weshalb er immer so früh, direkt nach dem Abendessen, schlafen gehen muss. Kaum liegt er in seinem Nachtlager, klopft es an die Türe, dann kommen die Männer herein. Die Bäuerin bewirtet sie und tischt ihnen auf, was vom Tage übrig ist.

Doch die Hilfe fliegt auf. Eines Tages im Sommer 1949 umringen NKWD-Männer den Hof, als die Waldbrüder zu Tisch sitzen. Alles geht ganz schnell. Die Männer werden festgenommen, einer beim Versuch zu fliehen erschossen. Bernhard versteckt sich und läuft in einem günstigen Augenblick in den nahen Wald. Die ganze Familie wird festgenommen, und Mikas erhält später eine zehnjährige Gefängnisstrafe dafür, dass er den Waldbrüdern geholfen hat. Die Vertreter des Volkskommissariats für Innere Angelegenheiten der UdSSR kennen keine Gnade.

Manche Wolfskinder werden nicht nur zu Mitwissern, sondern zu Komplizen der Waldbrüder. Auch Joachim Pose aus Tilsit, dessen Eltern 1947 von Sowjetsoldaten grundlos verhaftet werden, zieht es über die Grenze nach Litauen. Er ist zwölf Jahre alt und schon ein halbes Jahr als Hütejunge auf einem Bauernhof, als er eines Spätnachmittags bei seiner Herde sitzt und seltsame Geräusche hört. Als er sich umdreht, erschrickt Joachim. Hinter ihm treten ein paar Männer in einem seltsamen Aufzug mit Maschinenpistolen aus dem Gebüsch. Sie tragen unterschiedliche Uniformteile, zum Teil deutsch, zum Teil sowjetisch, dazu gelb-grün-rote Armbinden an den Unterarmen und überkreuzte Patronengurte um die Schultern. Zwar sehen sie unheimlich aus, aber Joachim begreift schnell, dass es Partisanen sind und er wohl nichts zu befürchten hat. Stattdessen geben sie ihm einen Auftrag. Er soll einem Bauern im Nachbardorf ihr Kommen ankündigen. Nur einen Satz darf er sagen: »Wir kommen heute Nacht.« Nichts weiter. Danach müsse er sofort zurückkommen, denn diese Mission sei geheim und gefährlich. Keinesfalls dürfe irgendjemand davon erfahren. Sie würden in der Zwischenzeit die Herde bewachen. Joachim reitet wie ein Blitz ins nächste Dorf und kehrt alsbald zurück. Die Waldbrüder haben ihn kommen sehen und sind schon verschwunden, als er vom Pferd steigt. Obwohl ihm nach wie vor etwas mulmig zumute ist, fühlt er ein bisschen Stolz, Partisanenkurier gewesen zu sein. Ein klein wenig Rache an der Sowjetmacht für den schlimmen Verlust der eigenen Familie.

Immer wieder trifft Joachim auf die sogenannten Stribai, sowjetische Milizen, die auf der Jagd nach den Waldbrüdern sind. Wie grausam deren Gebaren ist, wird ihm vor Augen geführt, als sie eines Tages aus Lust und Laune die Hofkatze ins Visier nehmen und erschießen – aus einem einzigen Grund: weil niemand sie daran hindern kann. Die Bauern trauen sich auch in solchen Fällen nicht, sich zu beschweren. Sie werden ohnehin ständig beschimpft, bedroht und schon aus nichtigstem Grunde abgeholt.

Mal hört Joachim Schießereien aus seinem Weidewald, mal aus anderen Waldungen – manchmal sind die Kämpfe so nah, dass ihm die Kugeln nur so um die Ohren pfeifen. Seine große Hoffnung ist, dass die »Stribai« in einen Hinterhalt geraten und die Partisanen sie am Ende vielleicht sogar besiegen. Eine Hoffnung, die sich freilich nicht bewahrheiten wird.

Die Brüder Heinz und Arno Willuweit verdingen sich in Litauen, wann immer es sich anbietet. Sie helfen seit ihrer Ankunft im Frühling 1946 auf Höfen, die Arbeiter wie sie suchen. Eines Tages treffen sie auf einen Bauern, der ihnen anbietet, einen von ihnen dauerhaft als Hütejungen und Ziehsohn aufzunehmen. Aber er könne auf keinen Fall beide Brüder nehmen, zu groß sei das Risiko, dass die beiden »kleinen Deutschen« entdeckt würden und er seine Existenz in Gefahr brächte – die Russen seien mit Deportationen nach Sibirien nicht zimperlich. Der zwölfjährige Heinz bleibt auf dem Hof, während der zehnjährige Arno alleine weiterzieht. Acht Jahre werden sie einander nicht mehr sehen.

Hungrig und verlaust ist Heinz hier angekommen. Die Bauersleute verbrennen als Erstes seine Kleider und lassen ihn zwei Tage schlafen. Auch wenn sie nicht viel besitzen, gewinnen sie Heinz doch schnell lieb und teilen das wenige, das sie haben, gerne mit ihm.

Doch fortan darf Heinz nicht mehr Deutsch sprechen. Nach nur drei Schuljahren in Ostpreußen hat er die Hoffnung, dass er vielleicht doch noch ein paar Jahre in Litauen die Schule besuchen darf. Aber der Bauer winkt ab, das wäre viel zu gefährlich. Mit der Zeit vergisst Heinz tatsächlich seine Muttersprache. Er hat eine gute Auffassungsgabe und eignet sich das Litauische schnell an.

Auch sein Pflegevater unterstützt die Waldbrüder. Zu Heinz' Aufgaben gehört später die Versorgung der Männer im Wald. Als er ihnen eines Nachts Milch bringt, fangen ihn sowjetische Milizen ab. Doch er hat gelernt, den Mund zu halten. Unter keinen Umständen darf er etwas verraten. Er hält sich daran, auch als sie beginnen, ihn zu foltern und ihm die Arme aufzuschneiden, um ihn langsam verbluten zu lassen. Irgendwann lassen die Milizionäre von ihm ab, und mit letzter Kraft schleppt sich Heinz auf den Hof zurück. Seine Pflegeeltern wissen seine unabdingbare Loyalität zu schätzen und haben bis zu ihrem Tod in den Siebzigerjahren ein inniges Verhältnis zu ihrem deutschen Ziehsohn.

Der Kampf zwischen den bewaffneten sowjetischen Kräften und den Waldbrüdern dauerte viele Jahre und kostete beide Seiten Zehntausende Menschenleben. Der Widerstand war in der waldreichen Region Dzūkija im südlichen Litauen am besten organisiert, wo Partisanengruppen lange größere Gebiete des ländlichen Raumes kontrollieren konnten. Ihre große Hoffnung blieb die Befreiung ihrer Heimat von der sowjetischen Besatzung. Um den Aufständischen die logistische Basis zu entziehen, schreckten die Soldaten der Roten

Armee auch nicht davor zurück, komplette Dörfer zu deportieren und durch russische Kolonisten zu ersetzen. Große Waldgebiete wurden eingeäschert, um den Partisanen die Rückzugsräume abzuschneiden. Die Spuren des Kahlschlags sind noch heute im ländlichen Litauen deutlich zu sehen.

In den frühen Fünfzigerjahren hatten die sowjetischen Truppen die Oberhand im Kampf mit den Waldbrüdern gewonnen. Geheimdienstwissen, welches sowjetische Spione im Westen und NKWD-Agenten innerhalb der Widerstandsbewegung zusammengetragen hatten, führte 1952 zu Säuberungen im großen Maßstab und zur Ausschaltung der meisten übrig gebliebenen Partisanengruppen. Viele der verbliebenen Waldbrüder legten 1953 ihre Waffen nieder, als ihnen nach dem Tod Josef Stalins von den Behörden eine Amnestie versprochen wurde. Einzelne unabhängige Partisanen blieben bis in die Siebzigerjahre im Untergrund und entgingen so ihrer Gefangennahme. Bis heute empfinden viele der überlebenden ehemaligen Waldbrüder Bitterkeit darüber, dass der Westen trotz der unrechtmäßigen Besetzung des Baltikums die Konfrontation mit den Sowjets scheute.

8 Bettler und Bauern

Ziellos und völlig ausgezehrt läuft Dora Müller durch die Straßen einer kleinen Stadt. Die Zwölfjährige weiß überhaupt nicht mehr, wo sie sich befindet, nachdem sie Anfang 1947 eher zufällig mit dem Zug nach Litauen gelangt ist. Verzweifelt lässt sie sich in einem Torbogen nieder. Plötzlich wird sie von einem Jungen angesprochen, der kaum älter ist als sie selbst. »Bist du allein? Wie heißt du denn? – Ich bin Artur.« Der Junge streckt die Hand aus und schaut sie mitleidvoll an. Ohne zu wissen, wie ihr geschieht, steht Dora auf und fällt dem fremden Jungen um den Hals. Die Worte bleiben ihr im zugeschnürten Hals stecken. Stattdessen schluchzt sie hemmungslos. »Wer wird denn gleich …«, murmelt Artur verlegen.

Den Jungen hat, gemeinsam mit seiner Schwester und anderen Kindern, ebenfalls die verzweifelte Suche nach Lebensmitteln hierher getrieben. »Einfach ist es nicht, aber bis jetzt haben wir es noch ganz gut geschafft, weil wir zusammenhalten«, tröstet er Dora. Diese folgt ihm vor die Tore der Stadt in die notdürftige Unterkunft, die sich die Kinder in einer verfallenen Scheune mitten auf freiem Feld gebaut haben.

In den folgenden Tagen wird Dora in die Kunst des Bettelns eingewiesen. In Zweiergruppen ziehen die Kinder los.

Das erste Mal an einer fremden Tür zu klopfen kostet Dora große Überwindung. Doch am Ende ist es leichter als gedacht. Eine freundliche Bäuerin erwartet sie schon und bittet sie herein. Obwohl sie offensichtlich kein Wort versteht, weiß die Bäuerin bereits, was die Bettelkinder von ihr wollen. Sie betreten ein winziges Haus, das aus einem einzigen Raum besteht, mit einem Boden aus gestampftem Lehm und einem großen Ofen. Ansonsten gibt es kaum Möbel. Fast schämt sich Dora, dass sie, die aus einer behüteten Familie stammt, bei so armen Leuten betteln gehen muss. Für die Kinder gibt es einen Teller warme Suppe. Als Dora und ihre Begleiterin satt sind, erhalten sie jeder noch ein bisschen Proviant. Auf die gleiche Weise besuchen sie Hof um Hof in der Umgebung, und allmählich füllt sich ihr Krebsch, wie die Umhängebeutel der Kinder genannt werden. Zwei rohe Kartoffeln hier, ein hartes Brot dort – für Dora ist jede Gabe ein kleiner Schatz, den es zu hüten gilt.

Artur hat ihr erzählt, dass es in den Städten immer wieder zu Schlägereien unter Kindern kommt, die versuchen, einander die »Beute« abzujagen. Es gilt das Recht des Stärkeren. Hier auf dem Land ist die Ausbeute zwar geringer, dafür geht es nicht so erbarmungslos zu. Vergangenheit und Zukunft zählen für die Kinder nicht mehr. Sie leben im Hier und Jetzt.

Schon nach wenigen Wochen hat Dora ihren Platz in der Gemeinschaft der Wolfskinder um Artur gefunden. Gemeinsam mit den acht anderen Kindern verbringt sie die nächsten Monate. Nicht immer beherrscht die Nahrungssuche alle und alles. Häufig lenken sie sich mit phantasievollen Spielen ab, die ihnen helfen, das Elend und die dauernde Not wenigstens für kurze Zeit zu vergessen. Freilich nur, wenn sie sich in Sicherheit wähnen. In einer kleinen Mulde abseits eines Forstweges im Wald haben sich die Kinder einen neuen Unterschlupf aus Ästen, Zweigen und Blättern gebaut. Zum nächsten Dorf ist es eine halbe Stunde. Am Forstweg schiebt immer ein Kind Wache, damit sie unentdeckt bleiben. In Zweiergruppen gehen sie nach wie vor auf die umliegenden Höfe betteln und stehlen schon mal den Schweinen das Futter aus dem Trog. Dora ist eine besonders geschickte Eierdiebin. Das Federvieh lässt sie ruhig gewähren, wenn sie in der Morgendämmerung im Hühnerstall nach frisch gelegten Eiern sucht. Damit niemand den Diebstahl bemerkt, nimmt sie nie mehr als zwei oder drei Eier. Zurück im Schutz der Mulde werden sie bis zum Abend in einem Erdloch versteckt. Erst dann können die Kinder wieder gefahrlos ein Feuer machen, über dem die Eier auf einer Metallplatte gebraten werden. Es ist oft auf Wochen die einzige warme Mahlzeit. Weniger als ein halbes Ei für jedes Kind.

Johanna Erlach wird 1934 bei Gumbinnen in Ostpreußen geboren. Auch sie hat ihre gesamte Familie in den Wirren des Nachkriegs verloren. Die Gruppe, mit der sie sich ab Anfang 1947 auf Hamsterfahrten nach Litauen begibt, besteht aus sechs bis acht Kindern. Zu Fuß machen sie sich immer wieder nach Insterburg auf, von wo aus die Züge nach Litauen fahren. Der Hunger ist ein stetiger Begleiter, und zu essen gibt es meist nur zerstoßenes Getreide, gemischt mit Blättern und Gras. Gegen das Hungergefühl muss ein Kieselstein herhalten, der bei Bedarf in den Mund gesteckt wird.

Am Insterburger Bahnhof gilt es, die Dämmerung abzuwarten. Im Schutz der Dunkelheit springen sie auf die langsam rollenden Güterzüge auf. Werden sie von einem Soldaten entdeckt und schubst der sie wieder vom Zug, springen alle ab. Der Zusammenhalt, das haben sie gelernt, ist überlebensnotwendig.

Auf diese Art und Weise gelangen sie mehrfach nach Litauen. Dort teilen sich die Kinder paarweise auf. Johanna ist meist mit ihrer kleinen Schwester unterwegs und zieht mit ihr bettelnd von Haus zu Haus.

Die meisten Menschen geben ihnen etwas, aber auf dem Land werden sie auch oft gebeten, im Gegenzug bei der Haus- oder Feldarbeit zu helfen. Manchmal werden sie auch einzeln für ein paar Tage aufgenommen.

Bevor die Kinder auseinandergehen, machen sie immer einen Tag aus, an dem sie sich wieder treffen wollen. Die Wiedersehensfreude ist jedes Mal groß. Es gilt Erlebnisse auszutauschen, »Schätze« zu vergleichen und die meist ganz und gar nicht passenden Kleiderspenden zu tauschen – hier eine zu große Hose, dort zwei Schuhe, die nicht wirklich ein Paar bilden.

Im Sommer schlafen die Kinder meist im Freien. Alle werden von Läusen geplagt, haben die Krätze. Letztere behandeln sie mit eigenem Urin, da nicht immer Wasser zur Hand ist. Johanna hat auch Probleme mit den Zähnen, die langsam abfaulen. Das ist äußerst schmerzhaft und stinkt.

Die Dreizehnjährige ist die Älteste in der Gruppe und trägt von daher auch die Verantwortung für die Jüngeren. Sie lernt die Kleinen aufzumuntern, wenn sie gar zu traurig sind, aber oft macht sie sich auch einfach Sorgen. Sorgen, die ihr kein Erwachsener nehmen kann, mit denen sie alleine fertig werden muss.

Zu ihrer Gruppe gehören die zehnjährigen Zwillingsmädchen Maria und Hanna. Maria, die Schmächtigere von beiden, verliert zusehends an Kraft. Als sie zu Beginn der Herbstfröste wieder einmal eine Rast am Straßenrand einlegen, bleibt Maria einfach liegen, obwohl die Kinder wegen der Kälte eigentlich weiter wollen. Plötzlich erscheinen ihr wunderbare Dinge direkt vor den Augen. Verwirrt blicken die anderen Kinder einander an. Was Maria ihnen detailreich und euphorisch schildert, kann außer ihr niemand sehen. Die Kinder flehen sie an, mit ihnen weiterzuziehen, doch Maria will an diesem für sie seit Jahren schönsten Ort unter allen Umständen bleiben, für immer.

Eine entrückte Seligkeit umgibt die Sterbende. Sie zieht die anderen Kinder geradezu in ihren Bann und vermittelt ihnen das Gefühl, dass Sterben auch etwas Tröstliches haben kann. Bis zum Schluss bleiben die Kinder bei ihr und beten einfache Kindergebete und das Vaterunser, streicheln sie. Dann schließt Maria die Augen, um sie nie wieder zu öffnen.

Sechs Wochen später, als die Kinder erneut an der gleichen Stelle vorbeikommen, sind sie überrascht. Maria liegt immer noch fast unverändert unter dem Baum, an dem sie einst Rast machten. Sie scheint gar nicht tot, nur wie eine Schlafende, die ein wenig rütteln zurück ins Leben befördern könnte.

Nichts ersehnen sich die Wolfskinder mehr, als wieder Anschluss zu finden: Menschen, die sich dauerhaft um sie kümmern, ihnen eine Heimat geben. Während viele einfache Litauer ihnen kurzfristig helfen, ist es schwieriger, den einen Platz zu finden, an dem sie bleiben können.

Ursula Hundrieser wird 1933 in Königsberg geboren. Die Erinnerungen an den Vater verblassen schnell, nachdem er im Krieg geblieben ist. Auch die älteren Brüder sind gefallen. Ursula bleibt mit ihrer Mutter und dem kleinen Bruder zurück.

Als die Rote Armee nach Ostpreußen kommt, vergewaltigen die Soldaten die Mutter im Beisein der Kinder, dann kommen Hunger und Typhus über die Familie. Als die Mutter sich gar nicht mehr erholt, bringt Ursula die völlig Entkräftete in ein Lazarett. Doch die Ärzte machen ihr keine Hoffnung. Sechs Tage nach der Aufnahme ins Krankenhaus stirbt die Mutter – Ursula darf sich nicht einmal mehr von ihr verabschieden. Die Ärzte fürchten, dass sie sich anstecken könnte. Auch Ursulas kleiner Bruder, gerade ein Jahr alt, verhungert kurz darauf. Sein qualvolles Sterben treibt Ursula fast in den Wahnsinn. Sein Bäuchlein ist aufgequollen, doch immer noch findet er die Kraft, unaufhörlich laut zu weinen und zu klagen. Als er tot ist, scheint Ursula dies wie eine Erlösung. Mit der Beerdigung des Kleinen in einem Massengrab wird ihr allmählich klar, dass sie nun ganz allein ist auf der Welt.

Kaum zwölfjährig flieht Ursula in die nahen Wälder Litauens, beginnt zu betteln und, wenn es sein muss, zu stehlen. Als sie Aufnahme in einer Bauernfamilie findet, hofft sie, jetzt würde sich alles wieder zum Besseren wenden. Auch die schwere Arbeit im Haus und beim Viehhüten ist sie bereit klaglos zu ertragen.

Fast beginnt sie schon zu vergessen, was sie in dieses Land gebracht hat und dass sie eine Fremde ist, als sich eines Tages auf der Weide ein Pferd frontal vor ihr aufbäumt und sie mit einem Huftritt schwer verletzt. Im Krankenhaus wird Ursula nicht als Angehörige einer litauischen Familie betrachtet – sondern als Deutsche. Trotz der inständigen Bitten des Bauern weigert sich der sowjetische Militärarzt, das »Faschistenkind« zu behandeln. Selbst den mitfühlenden Krankenschwestern verbietet er unter Androhung einer Dienststrafe, das blutende Mädchen zu verbinden.

Weil der verängstigte Bauer Repressalien für die eigene Familie fürchtet, lässt er Ursula im Krankenhaus zurück. Trotz ihrer Verletzung versucht sie, allein zum Hof des Bauern zurückzufinden, doch sie verirrt sich hoffnungslos. Die Wunde bleibt über Monate entzündet und heilt nur schwer – Ursula trägt eine tiefe Narbe davon, die bis heute zu sehen ist.

Nur durch den Anschluss an eine Gruppe von Wolfskindern gelingt ihr das Überleben. Als sie schon nicht mehr an das Gute im Menschen glauben mag, wird sie im Sommer 1947 von einer Familie als Magd zu sich genommen. Hier wird sie gut behandelt – und hier wird sie bleiben.

Eva Briskorn verbindet dagegen mit einem litauischen Krankenhaus eine der glücklichsten Zeiten ihres Lebens. Es ist September 1947, als die Vierzehnjährige unfreiwillig nach Vilnius kommt. Sie ist völlig verzweifelt, weil sie es doch nicht nach Deutschland geschafft hat. Stattdessen, so ist ihr klar, steckt sie nun fest – in einem fremden Land, an einem Ort, von dem sie noch nicht einmal weiß, wo genau er eigentlich liegt. Doch mehr als alles andere ist sie hungrig und muss sich etwas zu essen besorgen. Eine alte Markthalle mit wunderbaren, fast schon vergessenen Gerüchen zieht Eva magisch an. Es duftet nach Obst, Gemüse, frisch gebackenem Brot, Kaffee und Gewürzen. Das knallige Rot der Tomaten, das satte Grün der Gurken, es wirkt auf Eva alles surreal. Aber Eva hat kein Geld. So kann sie nur betteln und hoffen, dass ihr der eine oder andere Händler, die eine oder andere Marktfrau, ein wenig vom aus ihrer Sicht märchenhaften Überfluss abgibt. Eva ist kaum bewusst, wie sehr sie zum Fürchten aussieht. Ihr Bauch ist aufgedunsen, ihre Augen sind eingefallen, die Kleider hängen in Fetzen an ihr herunter.

Eine alte Frau hat schließlich Erbarmen mit ihr und nimmt sie bei der Hand. Eva versteht nicht, was die Alte will, ist aber zu erschöpft, um sich zu wehren. Als sie eine Gaststätte betreten, weist die Frau Eva einen Tisch zu. Das Mädchen schämt sich entsetzlich, doch sie ist zu hungrig, als dass sie sich jetzt noch um Äußerlichkeiten kümmern kann, und lässt sich nieder. Als die Frau kurze Zeit später mit einer Tasse heißem Tee und einem Butterbrot an den Tisch zurückkehrt, bricht Eva in Tränen aus. Der ganze Druck weicht für einen Moment von ihr. Sie ist dankbar für die freundliche Geste und fühlt sich das erste Mal, seit sie mit der Mutter von zu Hause fliehen musste, wieder an einem Ort willkommen. Doch das Misstrauen überwiegt. Was, wenn die Alte etwas Böses im Schilde führt? Eva ist so ängstlich, dass sie sich in einem günstigen Moment davonstiehlt. Freilich kommt sie nicht weit – geschwächt wie sie ist, verliert sie schon nach wenigen Schritten das Bewusstsein.

Als sie wieder erwacht, liegt sie in einer Klinik. Die dortigen Ärzte versuchen, sich mit ihr zu verständigen, etwas über sie herauszufinden. Doch Eva versteht kein Wort. Schließlich kommt ein Arzt, der etwas Deutsch spricht. Er befragt sie nach ihrer Herkunft und ihren Geburtsdaten. Eva, noch vollkommen benommen, gibt ihren Geburtstag falsch an. Was sie nicht wissen kann – es ist das Datum, unter dem sie künftig in der Kartei des Kindersuchdienstes der Roten Kreuzes geführt wird. Ihre Familie, die später in Westdeutschland lebt, hat so keine Chance, sie wiederzufinden.

Die Ärzte und Krankenschwestern gewinnen das deutsche Mädchen schnell lieb und beschließen, sie auf unbestimmte Zeit in der Klinik zu belassen. Nach längerer Bettruhe fällt es Eva schwer, wieder gehen zu lernen. Doch immer hat sie Hilfe, findet sich jemand, der mit ihr übt und ihr gleichzeitig noch etwas Litauisch beibringt. Nach 18 Monaten ist sie fließend in der Sprache – und hat sich prächtig erholt. Eines Tages beraten die Ärzte, wann und vor allem wohin Eva entlassen werden soll. Doch die will gar nicht weg aus der Klinik. Hier gibt es zu essen, alle sind nett zu ihr und kümmern sich um sie.

Auch wenn Eva der Abschied aus dem gewohnten Umfeld nicht leichtfällt, versteht sie, dass sie nicht für immer in der Klinik bleiben kann. Eine Medizinstudentin im höheren Semester nimmt sich ihrer schließlich an und bringt sie zu sich nach Hause. Ihre Eltern wünschen sich ein Dienstmädchen, und vielleicht eignet sich ja Eva, die inzwischen fast 16 ist, dafür. Doch der Versuch endet böse. Eva kann es ihrer Herrschaft nicht recht machen und wird innerhalb kurzer Zeit grün und blau geschlagen. Als sie es nicht mehr aushält, flieht sie zurück ins Krankenhaus. Und schon bald bietet sich zu Evas Glück eine neue Gelegenheit – ein älterer Herr nimmt sie mit zu seiner Frau. Die beiden wohnen etwas außerhalb der Stadt. Es sind gütige Menschen, die zu Eva freundlich sind und ihr helfen, sich in Litauen einzugewöhnen. Fünf Jahre lebt sie in deren Haushalt, kümmert sich als Dienstmädchen um Haus und Hof. Sie führt dort ein gutes Leben, und vor allem hat sie immer genügend zu essen.

Erika Rieß aus Rudau, einer Kleinstadt im Samland, sitzt im Februar 1947 gemeinsam mit ihrem Bruder frierend und zitternd am Straßenrand. Die Zehnjährige und der zwei Jahre ältere Heinz befinden sich irgendwo in Ostpreußen in einer ihnen ganz unbekannten Gegend, ohne Familie, ohne Orientierung und eine Ahnung, wie es weitergehen soll. Zwei Frauen greifen die verzweifelten Kinder auf, nehmen sie vorerst mit zu sich in ein leeres Bauernhaus. Am nächsten Morgen bringen sie Erika und Heinz zum Bahnhof und reden ihnen eindringlich zu, dass sie es bis nach Litauen schaffen müssten, um zu überleben. Zuerst verstecken sich die Geschwister im Waggon, doch schon nach wenigen Stationen werden sie entdeckt und aus dem Zug geworfen. Immer wieder ist es Heinz, der seine Schwester ermutigen muss. Sie ist kraftlos und resigniert. Gemeinsam mit ein paar anderen Jungen gelingt es Heinz schließlich, Erika in einen Viehwaggon zu heben. In ihm gelangen die Kinder endlich in das gepriesene Nachbarland. Der Zug endet in Kibarten, von wo aus die beiden Geschwister übers Land ziehen.

Schon an einem der ersten Bauernhöfe haben sie Glück. Sie bekommen Bratkartoffeln und Milch, doch Erika kann gar nichts mehr bei sich behalten. Ihre Beine weisen Erfrierungen auf, die Zehen sind ganz schwarz, wahrscheinlich abgefroren – das Mädchen spürt sie schon lange nicht mehr. Der Bauer ist überzeugt davon, dass sie ins Krankenhaus muss, und bringt das widerwillige Mädchen schließlich dorthin. Die Ärzte sehen nur einen Ausweg: die Amputation beider Unterschenkel. Doch Erika kämpft mit letzter Kraft gegen die medizinische Diagnose an – sie schreit und wehrt sich, bis das Personal sie schließlich in Ruhe lässt. Sie darf erst einmal bleiben und sich ein wenig erholen, während ihr Bruder auf dem Bauernhof zu arbeiten beginnt. Zwei Monate bleibt Erika im Krankenhaus, dann wird sie entlassen, aufrecht auf beiden Beinen stehend. Auch wenn sie noch etwas humpelt, sie ist froh, die Amputation abgewendet zu haben. Ohne Beine hätte sie wohl kein Bauer mehr zu sich genommen, doch so kann sie auf den Hof zu ihrem Bruder zurückkehren. Da sie sich nicht für schwere Feldarbeit eignet, schickt die Bäuerin Erika fortan mit einem Beutel zum Betteln über die Dörfer.

Im Herbst 1947 ziehen die Geschwister weiter, weil sie nicht mehr gebraucht werden. Sie finden eine neue Bleibe bei der Familie eines Waldbauern. Gemeinsam mit ihm gehen sie nun jeden Morgen etwa vier Kilometer in den Wald zur Arbeit. Erst wenn es dunkel ist, kehren sie nach Hause zurück. Es sind Tage schwerster Plackerei. Erika hört auf nachzudenken. Das Ziel ist jetzt nur noch, einfach durch jeden Tag zu kommen – immer wieder. Der Waldbauer ist streng und verängstigt die beiden Kinder täglich von Neuem. Wenn sie nicht aufs Wort gehorchen, so droht er, würden sie deportiert oder gar erschossen werden. Wenn sie in seinen Augen zu wenig arbeiten, werden sie geschlagen. Als Erika einmal besonders hart drangenommen wird, hält sie es nicht mehr aus und läuft weg. Doch wohin? Auch die nächste Bauersfamilie, die sie aufnimmt, behandelt sie schlecht. Erika erträgt es nicht, sich immer nur zurücknehmen zu müssen und sich nicht wehren zu können. Sie zieht erneut weiter und findet schließlich eine Pflegefamilie, die Mitgefühl mit der inzwischen Zwölfjährigen hat.

Die zehnjährige Christel Nitsch, die schon seit einigen Monaten bei Sofia und ihrem Mann Josef lebt, hat inzwischen eine gute Beziehung zu beiden. Sie ist froh, dass sie ihre Geschwister nicht erwähnt hat, denn nach wie vor fürchtet sie, dass das kinderlose Ehepaar sie sonst vielleicht wieder weggeschickt hätte. Trotzdem hat sie schreckliche Sehnsucht nach den anderen, und auch ein tiefes Heimweh schleicht sich immer wieder bei ihr ein. Manchmal malt sie sich in ihrer Phantasie ein Wiedersehen aus wie im Märchen. Oft weint sie sich abends in den Schlaf, muss an die Mutti denken und die schönen ersten Lebensjahre, als alle noch beieinander waren. Und egal, wie gut sie behandelt wird, das Gefühl des Fremdseins bleibt Christel erhalten.

Inzwischen ist sie elf Jahre alt, hat aber mit anderen Kindern in ihrem Alter nur wenig Kontakt. Die verspotten sie nämlich oft als Deutsche und wissen genau, wie sie Christel ärgern können. Immer wieder kommt es vor, dass russische Kommunisten nach Deutschen suchen. Dann verstecken Sofia und Josef sie. Von ihnen weiß Christel auch, dass Litauer, die Deutsche verstecken, weggebracht werden – ins Gefängnis oder noch schlimmer, nach Sibirien. Diese andauernde Bedrohung ist auch der Grund, weshalb Christel nicht in die Schule darf. Dabei wünscht sie sich nichts sehnlicher, als endlich lesen und schreiben zu lernen.

Josef wird wie ein Vater für Christel, deren eigener Papa eigentlich nie für sie da war. Doch 1948 kommt es zu einem folgenschweren Zwischenfall: Josef, der in Vilnius als leitender Ingenieur arbeitet, wird der Veruntreuung verdächtigt. In der Firma, in der er arbeitet, sind Papiere mit seiner gefälschten Unterschrift aufgetaucht. Obwohl er seine Unschuld beteuert, landet die Angelegenheit vor Gericht. Josef wird zu 25 Jahren Strafgefangenenlager verurteilt und nach Sibirien geschickt. Für Christel bricht erneut eine Welt zusammen. Sie ist untröstlich, und auch Sofia weiß nicht, wie sie ihrem Schützling wieder Lebensmut geben soll. Einmal läuft Christel weg, kehrt aber aus Verzweiflung am gleichen Tag wieder zurück. Einige Male versucht sie sich das Leben zu nehmen – mit Essig, mit Waschpulver, mit Streichholzköpfen und anderen Dingen versucht sie, sich zu vergiften. Mehr als ein verdorbener Magen kommt bei keinem der Versuche heraus. Ohne dass sie genau weiß, wo Deutschland liegt oder wie es dort inzwischen aussieht, hat sie den fixen Gedanken, dorthin zurückzuwollen. Vielleicht gibt es, so überlegt sie, doch einen Zug, der von Vilnius aus dorthin fährt?

Für die jüngeren Wolfskinder eröffnen sich Ende der Vierzigerjahre immer noch neue Auswege. Manche werden, wie sie selbst sagen, »für eigen angenommen«, also adoptiert, andere dürfen als Hütekinder für Gänse und Kleinvieh bleiben. Doch auf dem Land ist es besonders schwierig für die älteren Kinder, deren Niedlichkeit langsam der Pubertät weicht. Sie können auf Mitleid nicht mehr zählen und bekommen nur dann eine Chance bei den litauischen Bauern, wenn sie über eine kräftige Konstitution verfügen und es als vollwertige Arbeitskraft mit den Erwachsenen aufnehmen können.

Nachdem der schwer misshandelte fünfzehnjährige Bruno Klein im Herbst 1945 aus der sowjetischen Kommandantur in Königsberg entlassen wurde, meidet er Menschen, so gut er kann. Er lebt auf der Straße, sucht sich das Essen aus den Abfällen der Neusiedler. Hin und wieder bekommt er Almosen, aber meist bleibt ihm nur das, was sich im Müll findet. Oft wird er auch von den Milizen wie ein räudiger Hund verjagt. Im folgenden Winter schließt er sich Frauen und Kindern an, die nach Litauen fahren wollen. Gemeinsam mit seinen Leidensgenossen versteckt sich Bruno als blinder Passagier unter den Sitzen in der Eisenbahn. Immer wieder werden sie entdeckt und hinausgeworfen. Insgesamt sind sie eine gute Woche nach Kaunas unterwegs. Dort kommt es Bruno anfangs vor wie im Paradies. Zwar muss er auch hier betteln, aber die Leute geben, was sie können. Und nicht nur Essen, sondern sogar Kleidung. Brunos Körper ist nicht mehr an regelmäßige Mahlzeiten und fettes Essen gewöhnt.

Eines Tages verliert er das Bewusstsein. Fremde Menschen bringen ihn ins Krankenhaus, dort nimmt sich der Heizer des Jungen an und päppelt ihn wieder auf. Bruno ist gerührt von der Fürsorge des einfachen Mannes, der ihn einige Wochen wie seinen eigenen Sohn behandelt.

Freilich will Bruno dem alten Mann nicht dauerhaft zur Last fallen. Als er sich erholt hat, zieht er weiter, um auf dem Land nach Arbeit zu suchen. Bruno hat gehört, dass die Bauern Helfer für die Landwirtschaft brauchen. Auf seiner Wanderschaft gelangt er ins Dorf Pašilė in der Nähe der Kleinstadt Jonava. Es ist Frühling 1946, als ein Bauer namens Rapsikevičius Bruno anbietet, Hütejunge zu werden und sich bei ihm vor allem um die Kühe zu kümmern. Bis zum Herbst 1949 führt Bruno dort ein ruhiges Leben. Langsam vergisst er die letzten Monate in Königsberg, den Hunger und die schlechten Erfahrungen mit den Sowjets. Die Familie behandelt ihn wie einen der ihren. Bruno erhält Kleidung und immer genügend zu essen.

Doch eines Tages beginnt die Schikane durch den Dorfältesten, einen strammen Kommunisten. Bruno ist ihm ein Dorn im Auge; seinetwegen drangsaliert er die ganze Familie. Sie sollen endlich »den Faschisten« wegschicken, oder er werde sie bei den Behörden anzeigen. Bauer Rapsikevičius ist betrübt und ratlos. Er weiß sich nicht zu helfen, und eigentlich geht es ihm mächtig gegen den Strich, dass seine Gastfreundschaft von außen angegriffen wird. Immer wieder überlegt er mit seiner Frau, was sie tun sollen. Wochenweise verkriecht sich Bruno bei Nachbarn, oft schläft er aber auch in Scheunen und unter freiem Himmel. Endlich hören Verwandte von Bauer Rapsikevičius vom Schicksal des Deutschen und bieten an, dass er zu ihnen kommen kann. So zieht Bruno, der inzwischen schon ein junger Erwachsener ist, zu Jonas Grivačiauskas ins Dorf Naujasodis bei Kaunas. Jonas ist Waldarbeiter und nimmt Bruno fortan mit in den Wald, während seine Frau den Haushalt versorgt. Kinder haben die beiden keine und freuen sich umso mehr an dem zupackenden jungen Mann.

Der fünfzehnjährige Gerhard Gudovius hat das Glück, zumeist auf freundliche und hilfsbereite Bauersleute zu treffen. Der pfiffige Junge merkt schnell, wie wichtig es ist, sich wenigstens mit ein paar Brocken Litauisch verständigen zu können. Es ist häufig der gleiche Dialog, und Gerhard wird mit seinen Antworten immer besser. »Wie heißt du? Wie alt bist du? Woher kommst du?« sind die drei Standardfragen der Litauer. Gerhard fragt immer höflich, ob es für ihn eine Übernachtungsmöglichkeit gibt. Manchmal zieht er das große Los und darf auf der Ofenbank in der Küche schlafen. Aber auch im Kuhstall oder der Scheune wird ihm gelegentlich ein Nachtlager bereitet. Im Winter wärmt ihn schon mal ein kuscheliges Fell. Morgens steht er mit den Bauern auf, wäscht sich bei jedem Wetter am Brunnen, um einen halbwegs ordentlichen Eindruck zu machen, und frühstückt noch mit, wenn es ihm angeboten wird – was fast immer der Fall ist. Dann zieht er weiter. Gerhard ist ein Einzelkämpfer und bettelt ausschließlich allein. Wo er unterwegs ist, in Suvalkija, einer der wohlhabenderen Gegenden Litauens, trifft er nur selten auf andere Wolfskinder.

Ein halbes Jahr ist er schon unterwegs, als die Nächte länger und kühler werden. Langsam beginnt der Blondschopf sich Gedanken um seine Zukunft zu machen, jedenfalls die ganz nahe Zukunft, den bevorstehenden Winter. Doch auch hier verlässt ihn das Glück nicht. Die Bauersfamilie Dambrauskas in der Nähe von Kalvarija nimmt ihn gerne zu sich.

Die Familie hat weitere Kinder, und Gerhard scheint sich gut in die Sippe einzufügen. Bald genießt er das Vertrauen des Bauern. Gerhard stellt sich geschickt an, ist fleißig und zuverlässig. So wird ihm die Aufgabe übertragen, täglich mit der Kutsche die Milch in die Molkerei nach Kalvarija zu fahren. Die Aufgabe macht Gerhard Spaß und auch ein bisschen stolz. Er arbeitet von Sonnenaufgang bis Sonnenuntergang, ohne dies als lästig oder Sklaverei zu empfinden. Wie alle am Hof trägt er seinen Teil bei und wird mit Essen, einem Schlafplatz und, wenn nötig, neuer Kleidung entlohnt.

Im darauffolgenden Frühjahr kommen russische Einheiten ins Dorf. Sie schnüffeln herum und sind bei den Bauern nicht sehr beliebt. Um sich die Lebensmittelbeschaffung zu erleichtern – und ihre unbeschränkte Macht zu demonstrieren –, werfen die Soldaten häufig Glasflaschen mit Karbid in die umliegenden Teiche. So fangen sie zwar die Fische für ihre nächste Mahlzeit, doch die Gewässer sind danach auf längere Sicht biologisch tot. Diese sinnlose Zerstörungswut ärgert Gerhard ungemein. Doch er muss sich zurückhalten, um nicht aufzufallen – das ist ihm klar.

Manchmal wird Gerhard zum »Nachtdienst« eingeteilt: beim Schnapsbrennen. Zweimal pro Woche brennt der Bauer schwarz, jeweils acht bis zehn Liter. Der Schnaps ist stark. Unter 50 Prozent Alkoholgehalt fängt man auf dem Land gar nicht erst an, sich an den Korn zu machen. Kartoffelschnaps, der eigentliche »Arme-Leute-Schnaps«, ist hier, zu Gerhards großer Verwunderung, so gut wie unbekannt.

Gerhards Nachtdienst beinhaltet zweierlei Aufgaben. Er hütet das Feuer und legt immer wieder Holz nach. Außerdem muss er probieren, ob das Destillat stark genug gebrannt ist. Das verlangt viel Fingerspitzengefühl und auch etwas Erfahrung. Diese muss sich Gerhard durch viel Verkosten erst »erarbeiten«. Nach diesen Nachtschichten ist er immer reichlich beschwipst. Und so fängt er mit dem Trinken viel zu früh an und wird auch bei litauischen Gelagen schnell trinkfest. Es ist ein gefährliches Spiel, das die meisten Bauern, häufig mit ihren noch minderjährigen Schützlingen, wagen.

Schwarzbrennen ist streng verboten und wird von den Sowjets hart bestraft. Deshalb werden die Flaschen nach dem Brennen im Stroh oder in Heuballen versteckt. Dabei müssen Geheimzeichen hinterlassen werden, damit sie die Flaschen hinterher auch wiederfinden. Mithilfe eines Metallstabes, an dessen Ende ein Haken ist, können sie dann zurückgeholt werden.

Da Gerhard immer weiß, wo die Flaschen versteckt sind, bedient er sich gelegentlich aus dem Vorrat und tauscht den Schnaps in der Stadt zum Beispiel gegen parfümierte Seife. Zwar wundert man sich gelegentlich in der Familie, woher Gerhard wohl das eine oder andere seltene Gut hat, doch weil er immer große Vorsicht walten lässt, fliegen die kleinen Diebstähle nicht auf. Er selbst sieht sich keineswegs als Gauner, sondern als Warenbeschaffer, und teilt zudem das Erworbene großzügig mit den Bauern.

Für die jugendlichen Mädchen und jungen Frauen, die ebenfalls Litauern ihr Überleben verdanken, wird es bis ins hohe Alter meist ein Tabu bleiben, darüber zu sprechen, wie schwer sie es in den Anfangsjahren in der neuen Heimat hatten. Beschimpfungen, aber auch sexuelle Übergriffe und Vergewaltigungen, nicht selten in den Bauersfamilien, die sie aufgenommen haben, sind eher Regel als Ausnahme.

Christel Plonus wird im August 1930 in Karlsrode im Kreis Labiau geboren. Nach zwei schweren Jahren unter russischer Besatzung in Ostpreußen flieht sie im Juni 1947 nach Litauen. Zu diesem Zeitpunkt ist sie schon mehrmals von russischen Soldaten vergewaltigt worden, beim ersten Mal war sie gerade 14 Jahre alt.

Christel hat sich daran gewöhnt, »Hure«, »Faschistin« oder »deutsche Sau« genannt zu werden. Selbst in Litauen ergeht es ihr anfangs nicht besser. Sie ist schon zu alt, um noch als Kind Mitgefühl zu erregen. Oft wird sie als Diebin beschimpft, obwohl sie gar nichts gestohlen hat. Und auch hier ist sie mehrmals sexuellen Übergriffen ausgesetzt. Bauern, die sich unbeobachtet fühlen, schleppen sie in den Stall oder werfen sie der Einfachheit halber direkt auf der Weide ins Gras, um sich an ihr zu vergehen. Trotz solcher Erfahrungen vermeiden es die meisten Opfer bis heute, darüber zu sprechen. Zu groß ist die Dankbarkeit gegenüber denen, ohne die sie längst nicht mehr am Leben wären. Dennoch sind es Erinnerungen, die Christel Plonus, wie alle anderen, nie wieder loslassen. Der Preis des Überlebens ist hoch.

9 Am Scheideweg

Über Monate hofft Hildegard Horn im Herbst 1945, es möge ein Wunder geschehen. Seit Rotarmisten das kleine Mädchen alleine in der verwüsteten Wohnung in Gerdauen zurückgelassen haben, sind die Tage endlos lang geworden. Nie hat sie sich so einsam gefühlt. Wenn sie bei Nachbarn anklopft und um ein bisschen Essen bettelt, schütteln diese jetzt immer häufiger den Kopf. Es reicht kaum, die eigene Familie durchzubringen, Hilde ist da nur eine zusätzliche Belastung, die jeder vermeiden will – und so hat sie niemanden mehr, der sich um sie kümmert. Als ein paar Frauen sich auf den Weg nach Litauen machen, nehmen sie Hilde aber mit, wohl auch in der Hoffnung, sie dort besser versorgt zu wissen. So kommt diese 1946 im Alter von neun Jahren erstmals nach Tauroggen. Das Betteln auf dem Marktplatz ist ihr anfangs entsetzlich peinlich, aber bald versteht sie, dass es die einzige Möglichkeit ist, um zu überleben.

Hilde spricht zunächst noch kein Litauisch und wird deshalb häufig für eine kleine Gaunerin gehalten. Viele Wochen findet sich keine Familie für sie, obwohl sie oft von anderen Kindern hört, die Aufnahme gefunden haben. Doch Hilde ist stets so verlaust und schmutzig, dass niemand sie mitnehmen mag. Schließlich nimmt sich ein Bauer des schmächtigen Mädchens an. Er hilft ihr, sich ein wenig menschlicher herzurichten, und vermittelt ihr eine Familie, die sich vorstellen kann, Hilde als Kindermädchen zu nehmen – sie ist überglücklich. Wenige Monate später will eine andere Familie das blonde Mädchen sogar adoptieren, weil sie selbst keine Kinder bekommen kann. Dort wächst sie fortan auf und hat es gut. Familie Jesaitis lebt in einem kleinen Holzhäuschen am Rande von Tauroggen. Aus Angst vor Repressalien sind sie dagegen, dass Hilde die Schule besucht. Niemand soll wissen, dass sie eine kleine Deutsche ist.

Stattdessen pflegt Hilde die bettlägerige Großmutter, wenn die Eltern auf dem Markt die geringe Ausbeute der eigenen Landwirtschaft feilbieten. Außerdem wird sie auf dem Resthof eingesetzt, je nach Jahreszeit, wo ihre Arbeitskraft gebraucht wird. Hilde lernt nicht lesen, nicht rechnen und auch nicht die litauische Schriftsprache. Doch sie bleibt ihrer Pflegefamilie ewig dankbar. Hilde ist sich absolut sicher – ohne diese hätte sie nicht überlebt.

Eines Tages nimmt Vater Jesaitis sie zur Seite, um ihr einen Vorschlag zu machen. »Du gehörst jetzt zu uns, sollst nun auch heißen wie eine richtige Litauerin, was meinst du?« Doch mit Hildes heftigem Widerstand hat er nicht gerechnet. »Ich bin Hildegard und ich bleibe Hildegard«, erklärt sie empört.

Unter den Wolfskindern ist dies die absolute Ausnahme. Die meisten erhalten schon aus rein praktischen Gründen häufig ungefragt neue Namen und damit auch eine neue Identität. Das geschieht häufig ohne Zwang, denn es erleichtert das Überleben – nicht nur der Kinder, sondern auch ihrer Pflegeeltern. Litauen ist in diesen Jahren bereits Teil der Sowjetunion, und noch steht die Aufnahme von Feinden unter

Strafe. Doch die litauischen Namen helfen, die Wolfskinder nicht länger verfolgte Außenseiter sein zu lassen.

Gerade den älteren Kindern wird an dieser Stelle häufig eine Entscheidung abverlangt, deren Konsequenzen sie nicht übersehen können, die sie kaum aus freien Stücken treffen – und die dennoch den Rest ihres Lebens entscheidend prägen wird: Deutsch bleiben oder sich in Litauen assimilieren? Es bleibt ein Spagat zwischen der Hoffnung auf eine mögliche Rückkehr nach Deutschland und einem Sicheinlassen auf ein komplett neues Leben, in dem das alte keinen Platz mehr hat, vergessen oder verdrängt werden muss. Und so nehmen viele der Wolfskinder nicht nur litauische Namen an: Viele werden umgetauft, treten zum Katholizismus über. Sie lernen neue Sitten und Bräuche, machen sie sich zu eigen und erhalten für hohe Festtage manchmal sogar eine litauische Tracht.

Gisela Launert weiß nicht, in welchem Jahr sie geboren wurde. 1939? 1940? Und sie weiß auch nicht, woher in Ostpreußen ihre Familie stammt. An die Flucht hat sie nur wenige Erinnerungen, aber sie denkt, dass sie mit der Großmutter Anfang 1946 nach Litauen gelangt sein muss. Zuvor sind Mutter und Großvater auf der Flucht umgekommen, als ihr Treck bombardiert wurde. Weil die Großmutter sich nicht imstande sieht, neben Gisela auch noch für die einjährige Karin zu sorgen, lässt sie Giselas Schwester bei einer fremden Familie in Ostpreußen zurück, die sich des Kindes annimmt. Bettelnd ziehen Großmutter und Gisela bis nach Pogegen in Litauen, am Nordufer der Memel. Hier finden sie zwar gemeinsam mit anderen Flüchtlingen Unterkunft in einem alten Schulgebäude, doch Essen gibt es kaum.

Im Laufe der Monate zieht Gisela immer weitere Kreise

auf ihrer Suche nach Brot und verirrt sich irgendwann zwischen den Gehöften im Memelland. Den Weg zurück nach Pogegen findet sie ebenso wenig wie den zur Großmutter. Anfangs ist sie tief bestürzt, doch irgendwann geht es nur noch ums nackte Überleben. »Ich wusste einfach, dass ich mir selbst helfen musste, um satt zu werden. Da konnte mir auch die Oma nicht mehr helfen.«

Die nächste Station in Giselas Leben wird das Dorf Natkiskes. Dort findet sie eine Familie, deren Kinder sie fortan betreut. Diese sind nur wenig jünger als sie selbst. Im Jahr darauf nimmt eine Familie in Mädewald Gisela als Tochter an, adoptiert sie. Die einst evangelische Deutsche wird katholisch getauft und erhält den Nachnamen ihrer Pflegefamilie. Nun heißt sie Irena Jakstaitė – »Gisela Launert«, so sagt sie heute, »blieb in der Vergangenheit«.

Mit 15 Jahren geht sie als Hausmädchen nach Plikiai, dem früheren Plicken, in der Nähe von Klaipėda. Hier lernt sie auch ihren späteren Mann kennen, den sie schon im Alter von 18 Jahren heiratet – die Sehnsucht nach wahrer Liebe und einer eigenen Familie ist groß.

Auch Hans Gladstein ist viel zu klein, um sich für oder gegen seine deutschen Wurzeln entscheiden zu können. Seine litauische Identität hat anfangs noch etwas Spielerisches, dann kommt es ihm ganz natürlich vor, dass er in Litauen dazugehören soll. Dies ermöglicht ihm sogar den Besuch der Schule – ein seltener Glücksfall, wie sich an den Schicksalen vieler Wolfskinder zeigt.

Wie Gisela Launert weiß auch Hans nicht genau, in welchem Jahr er geboren wurde. Bei Kriegsende, so schätzt er, war er wahrscheinlich noch keine fünf Jahre alt. Wo er in Ostpreußen aufwuchs, kann er nicht sagen. Nachforschungen zufolge wahrscheinlich in Groß Holstein. Sicher weiß er nur, dass seine Großmutter in Königsberg lebte. Und dass er einen etwa zwei Jahre jüngeren Bruder namens Alfred hatte, der wie die Mutter blond war.

Nur noch schemenhaft erinnert sich Hans an einen Strafmarsch um Königsberg, an die Toten in den Straßen und am Wegesrand, an einen Schrebergarten, in dem sie eine Zeit lang lebten, und daran, dass die Mutter mehrmals von Russen vergewaltigt wurde, während sie, die Kinder und die Großmutter, ohnmächtig zusehen mussten. Und er erinnert sich, wie die Mutter schwanger wurde, einen kleinen Sohn gebar, der bald darauf starb. Er erinnert den Hunger und die Nesselsuppe, die kaum mehr war als warmes Wasser, die aber von der Mutter täglich aufs Neue angesetzt wurde. Er erinnert die Wärme der Mutter, die ihn herzte und küsste und gar nicht gehen lassen wollte. Doch eines Tages ist dies der einzige Ausweg. Sie schickt Alfred und Hans nach Litauen zum Betteln. Sie selbst will bei der im Sterben liegenden Großmutter bleiben. Noch ein letzter Kuss der Mutter, eine letzte liebevolle Umarmung, dann machen sich die beiden Jungen auf den Weg. Hans ist vielleicht vier, Alfred sechs Jahre alt.

Sie tun sich mit ein paar älteren Jungen zusammen, für die Hans große Bewunderung hegt. Die wissen, wie sie nach Litauen kommen. Auf Güterzügen erreichen sie mit Unterbrechungen Schaulen. Dort lässt Alfred den kleinen Bruder bei fremden Menschen zurück. Hans hat kaum noch Kraft, kann nicht mehr gehen, und Alfred kann ihn nicht mehr tragen. Es folgen Monate in der freien Natur. Die Jungen strotzen vor Schmutz und trauen sich nur noch manchmal in die Stadt. Auf den Höfen um Schaulen erhalten sie gelegentlich eine warme Mahlzeit, mal einen Kanten Brot oder ein Stück Speck. Ansonsten übernachten sie in Erdhöhlen, essen Blätter von den Bäumen, trinken aus Bächen.

Bettelnd kommt Hans eines Tages alleine nach Plungė in Niederlitauen. Er ist schwach und verliert das Bewusstsein. Ein litauisches Ehepaar findet ihn am Straßenrand liegend. Sie nehmen den kleinen Wilden mit zu sich nach Hause, päppeln ihn auf und – er darf bleiben. Als er etwas besser Litauisch spricht, schickt ihn die Familie in die Schule, er kann schließlich zumindest den Volksschulabschluss machen.

Christel Scheffler, genannt Kitty, ist 1947 bei ihrer ersten Hamsterfahrt mit einer Bekannten der Mutter in Litauen zurückgeblieben. Sie hat es nicht mehr rechtzeitig geschafft, auf den Zug zurück nach Königsberg aufzuspringen. Ein Mann, der wenig später sieht, wie sie sich im Gebüsch erleichtert, nimmt das Mädchen mit zu sich nach Hause. Er spricht ein wenig Deutsch und fragt, woher sie kommt. Dann bringt er sie auf einen kleinen Bauernhof bei Jonava. Zum Abschied sagt er zu Kitty: »Hier wird fortan deine Heimat sein. Bleib also schön hier und sei brav.« Folgsam, wie sie ist, vergisst sie diesen Satz nicht mehr. Er prägt ihr weiteres Leben.

Die litauische Familie, die sie nun aufnimmt, behandelt Kitty wie eine Leibeigene. Die Frau ist Weißrussin und schlägt Kitty, die oft nicht versteht, was von ihr gewollt wird, bei jeder Gelegenheit, bis diese ohnmächtig wird. Trotzdem will das Paar sie behalten. Sie besorgen ihr Papiere und lassen beurkunden, dass Kitty ihre eigene Tochter sei. Sie bekommt einen neuen Namen, ein neues Geburtsdatum, eine neue Identität – jetzt heißt sie Aldona. Deutsch zu sprechen ist ihr streng verboten, aber es mangelt sowieso an Gelegenheiten. Innerhalb weniger Jahre vergisst Aldona ihre eigentliche Muttersprache. Andererseits, immerhin vier Jahre besucht Aldona die Schule in Litauen.

Luise Quitsch, einem einfachen Mädchen vom Lande, wird in Kaunas eine ganz andere Anpassungsleistung abverlangt. 1940 in Schwesternhof im Kreis Labiau geboren, kommt sie in kleinbürgerliche Verhältnisse, deren Regeln wenig mit dem Leben litauischer Bauern zu tun haben.

Luise lebt 1945 bei einem russischen Kompaniekoch in einer Kaserne in Kaunas. Der Koch hat Gefallen gefunden an der Fünfjährigen, deren einziges Spielzeug eine kaputte Puppe und ein Holzstück sind. Damit spielt sie oft in der Nähe des Zauns, wenn er arbeiten muss. Im Zaun ist ein Loch. Dorthin kommt manchmal eine junge Frau, die Luise Süßigkeiten schenkt. Das kleine Mädchen freut sich immer über die Aufmerksamkeit. Eines Tages lockt die junge Frau Luise wieder einmal mit Bonbons zu sich. Dieses Mal schlüpft das Mädchen durch das Loch im Zaun und geht einfach mit ihr mit. Bis heute muss Luise darüber schmunzeln: »Die haben mich gemaust, oder aber ich bin ausgebüchst. Jedenfalls war ich dann erst mal weg.«

Auch für Luise ist die Anfangszeit noch wie ein einziges Abenteuer. Die ersten Monate wird sie, wohl aus Angst vor den Russen, in einem nahen Dorf versteckt – sie heißt jetzt nicht mehr Luise, sondern Alfreda, und sie darf unter keinen Umständen mehr Deutsch sprechen. Schon ein Jahr später wohnt sie bei der Familie in Kaunas und wird eingeschult – nicht als Deutsche, sondern als Waisenkind von Verwandten im Memelland, die in den Kriegswirren umgekommen sind. Ihr litauischer Vater ist von Beruf Schuhmacher, die neue Mutter Lehrerin. Die beiden haben bereits zwei erwachsene Kinder und wollen nun auch gute Eltern für die kleine Alfreda, ihr Nesthäkchen, sein.

Wenn Luise alleine ist, denkt sie oft daran, wie es früher war, als sie noch nicht Alfreda hieß. Ihr ist immer schmerzlich bewusst, dass sie Deutsche ist. Und doch kommt es nicht infrage, darüber zu reden. Das weiß sie auch. Sie will nicht undankbar sein, und so versucht sie immer mehr, die wenigen Erinnerungen, die sie noch an Ostpreußen hat, zu vergessen. So bleibt ihr lange Jahre das Gefühl erhalten, ein Doppelleben zu führen. Über ihr wahres Ich muss sie Stillschweigen bewahren. »Als Kind fühlte ich mich in Litauen immer fremd. Als ob ich eben nicht hierher gehörte.«

Die Eltern erwarten von Luise Mithilfe im Haushalt. Sie hilft der Mutter beim Putzen und Kochen. All das macht sie gerne, nur eine Aufgabe hasst sie zutiefst: das Parkett von Hand abzuschleifen. Die Stahlwolle greift die Fingerkuppen an, und man blutet schnell. Doch Luise ist dabei nie allein, die ganze Familie ist im Einsatz, wenn es an die Böden geht. Überhaupt macht das Parkett Luise immer wieder Kopfzerbrechen. Wenn sie von draußen hereingestürmt kommt, hört sie den spitzen Ausruf der Mutter: »Füße!« Luise soll die Schuhe ausziehen, um das Parkett zu schonen.

Luises litauische Eltern legen viel Wert auf eine gute Erziehung und ein gutes Benehmen. Bildung ist für sie ein hohes Gut, und so wird nicht nur auf die Zensuren in der Schule geachtet. Luise lernt zum Beispiel auch Tennis spielen. Eine nutzlose Ertüchtigung, wie sie findet. Im Hof muss sie üben, eine wahre Qual. Warum soll sie in der sommerlichen Hitze immer von der einen in die andere Ecke laufen und einem Ball hinterherjagen? All das macht für sie wenig Sinn.

Und noch eine Sache verstört Luise von klein auf. Immer wenn sie etwas angestellt hat, reden die Erwachsenen in ihrer Anwesenheit, als wäre sie Luft. Es ist stets der gleiche Dialog. »Was machen wir jetzt mit dem Kind?«, fragt die Mutter. Im gleichen Atemzug gibt sie schon die Antwort: »Wir werden einen Sack nähen, ihn Alfreda um den Hals hängen und sie zum Betteln auf die Straße schicken.« Luise sitzt wie betäubt daneben, hat einen Kloß im Hals und kann die Tränen kaum unterdrücken. Es ist die schlimmste Form der Ablehnung für sie, ein schwerer Liebesentzug, der ihre Fähigkeit, Menschen zu vertrauen, nachhaltig beeinflussen wird.

Während die meisten anderen deutschen Kinder in Litauen kaum oder gar nicht die Schule besuchen können, ist das für Luise möglich, aber nicht immer das reine Vergnügen. Im Herbst 1950 soll sie in die fünfte Klasse kommen. Doch ihre Rechtschreibung ist mangelhaft, und so muss sie den ganzen Sommer über Diktate üben. Während sie die Kinder der Nachbarschaft draußen spielen hört, hat Luise Besuch von einer Nachhilfelehrerin, die ihr täglich diktiert. Die junge Frau schafft es schließlich, Luise für die litauische Sprache und ihre Eigenheiten zu begeistern. Am Ende ist Luise auch in Litauisch eine gute Schülerin und weiß »die Strafe« schon beinahe zu schätzen.

Doch auch Luises Familie hat Sorgen. Bereits 1947 wird der erwachsene Sohn verhaftet und als politischer Gefangener in ein Lager nach Sibirien deportiert. Die Eltern haben auch ihre Ziehtochter auf die Möglichkeit vorbereitet, dass sie alle abgeholt werden. Für diesen Fall der Fälle sind Vorbereitungen getroffen. In der Speisekammer stehen einige Säcke mit getrocknetem Brot und ein paar Gläser mit ausgelassenem Fett für die lange Reise. Wenn es spät am Abend an die Tür klopft, erstarrt Luise jedes Mal, bevor sie sich im Schrank hinter den Kleidern versteckt. Die Angst, abgeholt zu werden, steckt ihr tief in den Knochen. Wenn sie Milizen auf der Straße begegnet, wechselt sie die Straßenseite; wenn sie Russisch hört, läuft sie, so schnell es geht, nach Hause. Viele Jahre bestimmen diese Ängste Luises Leben.

Zwischen Herbst 1948 und Frühjahr 1950 gab es eine Reihe Transporte aus Litauen in die DDR. Während die Ausweisungen der verbliebenen Deutschen aus dem Kaliningrader Gebiet gut dokumentiert sind, gibt es kaum noch Unterlagen in den litauischen Archiven. Die Historikerin Ruth Leiserowitz vermutet daher, dass man vermutlich »glaubte, das Problem der Ostpreußen in Litauen rasch zu lösen, indem man eilig einige Güterzüge zur Abfahrt bereitstellte«. Doch das Misstrauen der Litauer gegenüber diesen Transporten war groß. Denn etwa im gleichen Zeitraum erreichten die Massendeportationen ins Innere der Sowjetunion ihren Höhepunkt. Für viele war es also höchst fraglich, dass die Transporte wirklich in die DDR gehen sollten. Besonders auf dem Land kursierten wildeste Gerüchte von Deportationen und gar Sprengungen ganzer Züge. Viele Wolfskinder berichten, dass ihnen abgeraten wurde, auf die Transporte zu gehen. Andere, wie Kitty, erfahren nie auch nur von der Möglichkeit, wieder nach Deutschland zu kommen.

Margot Dudas, die ihre ersten Lebensjahre in Königsberg-Ponarth, im gleichen Viertel wie Kitty, verbracht hat, wird beim Einmarsch der Roten Armee brutal von ihren Eltern getrennt. Die Zehnjährige verbringt fast zwei Jahre mit anderen Kindern in der freien Natur Ostpreußens, bevor sie Anfang 1947 auf dem Dach eines Güterzugs nach Litauen kommt. Die Endstation des Zugs ist Kaunas. Die ersten Wochen bettelt sie, zumeist alleine, weil das mehr bringt.

Irgendwann erbarmt sich eine Bauersfamilie und nimmt sie als Magd zu sich. Margot ist froh. Zum ersten Mal, seit sie von zu Hause flüchten musste, hat sie nun ein Dach über dem Kopf.

Etwa zwei Jahre dauert das Glück, das im Wesentlichen aus harter Feldarbeit für Margot besteht. Doch sie beklagt sich nicht. Alles ist besser als das Leben unter freiem Himmel, als die Kälte und der Hunger. Als 1949 die Nachricht ins Dorf kommt, dass alle deutschen Kinder auf einen Transport nach Deutschland kommen, glaubt das Margots Pflegefamilie nicht. »Die bringen euch nach Sibirien«, meint der Bauer. Und bedeutet ihr zugleich, dass sie nicht länger bei ihnen bleiben kann – es sei zu gefährlich. Margot ist schockiert. Weinend sitzt sie am Straßenrand, weiß nicht ein noch aus. Zu guter Letzt kommen zwei Schwestern, die im selben Dorf wohnen, und laden sie zu sich ein. Margot kümmert sich fortan um den Haushalt, die beiden Frauen besorgen ihr litauische Papiere – jetzt ist sie offiziell ein litauisches Findelkind aus Klaipėda.

Ruth Deske aus Gerdauen ist gerade 13 Jahre alt, als sie mit ihrem jüngsten Bruder, Karl-Heinz, in Litauen ankommt. Zu Fuß hat sie den Kleinen mehrere Wochen bis nach Schaulen im Norden Litauens getragen.

Die beiden finden Aufnahme beim Kleinbauern Antanas Tamutis. Der hat nur noch ein Bein und ist in seiner Landwirtschaft auf Hilfe angewiesen. Ruth arbeitet für zwei, immer in der Hoffnung, irgendwann mehr als nur Kartoffelsuppe zu essen zu bekommen. An Tagen, an denen sie Futterrüben für die Schweine kocht, isst auch sie davon und bringt dem Bruder, der immer noch das Krankenlager hüten muss, ein Schälchen. Sie weiß nicht, ob sie ihn durchbringen wird. An manchen Tagen wirkt er mehr tot als lebendig. Doch Antanas und seine Frau haben selbst kaum genug zum Leben. Das bisschen Land und eine Kuh ernähren die kleine Schicksalsgemeinschaft mehr schlecht als recht, seit die Kollektivierung den einfachen Kleinbauern die Lebensgrundlage entzogen hat.

Eines Sonntags, die Bäuerin ist in der Kirche, sitzen Ruth, Karl-Heinz und der Bauer beim Gebet am Küchentisch, als der Hofhund anschlägt und Milizionäre hereingestürmt kommen. Wo er die Deutschen versteckt hielte, wird Antanas lautstark gefragt. Der deutet nur stumm auf die beiden Kinder. Einen Moment lang bleibt Ruth das Herz stehen. Jetzt ist es aus. Doch Karl-Heinz, nur ein Schatten seiner selbst, lässt selbst den polternden KGB-Mann Mitleid haben. Mit knappen Worten ordnet der den Rückzug an.

Die Bäuerin ist Mitglied in der kommunistischen Partei. Mithilfe guter Beziehungen erhält Ruth 1950 ordentliche Papiere. Sie heißt jetzt Birutė-Ruta Tamutytė.

Als 1951 alle Deutschen aufgefordert werden, sich für einen Transport in die DDR bereitzuhalten, verstecken sich Ruth und Karl-Heinz noch einmal ein paar Wochen im Wald. Es gehen wilde Gerüchte um von Erschießungskommandos und Deportationen nach Sibirien. Erst Jahre später erfahren sie, dass die Transporte tatsächlich nach Deutschland geführt hätten. Auch ihre anderen Geschwister bleiben in Litauen, keines von ihnen hat es gewagt, mitzufahren.

Doch es sind nicht nur die Befürchtungen und Ratschläge der Bauern, die manches Wolfskind von der Ausreise abhalten. Die Reise ins Ungewisse, das Sichausliefern an sowjetische Beamte, wecken Erinnerungen an Krieg und Flucht. Trotzdem ergreifen viele die Chance und hoffen auf ein besseres Leben in Deutschland. Dabei erfolgen die Rücktransporte in die DDR keineswegs freiwillig und werden rigoros umgesetzt.

Für Dieter Gröning wird es die längste Fahrt seines Lebens – in einem Güterzug. Im Herbst 1947 wird er in Tilsit nahe der litauischen Grenze von Milizionären aufgegriffen, zum nächsten Bahnhof gebracht und gemeinsam mit anderen Kindern in einen Waggon gesperrt. Als die massive Schiebetür ins Schloss fällt, wird diese von außen verplombt – Dieter beobachtet alles ganz genau durch einen Schlitz in der Holzverkleidung. Im Innern haben sie ein paar Kannen Milch und gesalzenes Fleisch als Verpflegung. Wie lange sie unterwegs sein werden, wissen die Kinder nicht. Am Ende sind es zehn Tage, ohne frische Luft, ohne Wasser und ohne Toilette. Als der Waggon in Ostdeutschland geöffnet wird, sind die Insassen lebensgefährlich dehydriert. An einem Brunnen löschen sie ihren Durst wie wilde Tiere. Der Achtjährige ist an Keuchhusten erkrankt und wird umgehend in ein Krankenhaus gebracht. Dort muss er zwei Wochen behandelt werden, bevor er in ein Waisenhaus kommt.

Gerhard Gudovius hat sich gut eingelebt in seiner litauischen Familie, wo er wie der eigene Sohn behandelt wird. Nur äußerlich ähnelt er seiner Pflegefamilie so gar nicht. Während in dieser alle dunkelhaarig sind, ist Gerhard strohblond und hat blaue Augen.

Als er eines Tages im Frühjahr 1950 die Milch bei der Molkerei in Kalvarija abliefern will, wird er schon von zwei russischen Beamten erwartet. Als Deutscher habe er sich am nächsten Tag zur Abholung bereitzuhalten, heißt es. Deutschland ist zu diesem Zeitpunkt für Gerhard, der inzwischen Gerhardas genannt wird, kein Thema mehr. Jetzt ist er wie vor den Kopf geschlagen. Zurück am Hof erzählt er der Familie, was vorgefallen ist. Keiner kann es fassen, die Frauen weinen. Doch Gerhard weiß sich keinen anderen Rat und hält sich am nächsten Tag bereit. Mit dem Zug geht es in den folgenden Tagen in die DDR – nach Bischofswerda. Vergessen wird Gerhard die prägenden Jahre seiner Jugend in Litauen nicht.

Im Mai 1950 werden in einer groß angelegten Zählung 3274 »Kaliningrader Deutsche« in der Litauischen Sowjetrepublik registriert. Unter ihnen befinden sich 770 Kinder in Begleitung mindestens eines Elternteils sowie weitere 365 elternlose Kinder. Die tatsächlichen Zahlen dürften aber weitaus höher gelegen haben, da die Erfahrungen der meisten Waisenkinder mit den Behörden nicht die besten waren – und es ihnen besser erschien, ihre neue litauische Identität nicht zu enttarnen. Selbst für die Jüngsten unter ihnen traten die prägenden Jahre von Krieg und Nachkrieg durch eine neue Lebenswirklichkeit in den Hintergrund. Die entwickelte sowjetische Gesellschaft stalinistischer Ausformung bildete den Rahmen ihrer neuen Heimat, mit dem sie zurechtkommen mussten.

Ursula Haak ist etwa zehn Jahre alt, als sie nach dem Tod der Mutter mit ihren beiden Brüdern Horst und Willy zurück in die Gegend von Tilsit kommt. Doch nichts ist, wie es einmal war. Ursula beschließt, nach Litauen auf Bettelfahrt zu gehen, und muss schweren Herzens Horst in Tilsit zurücklassen. So sehr sie auch bei ihrer Rückkehr sucht, Horst bleibt verschwunden. Für Ursula folgen schwere Monate und Jahre, in denen sie sich am Tod des kleinen Bruders schuldig fühlt, auch wenn sie keine Gewissheit über sein Schicksal hat.

Willy und Ursula kehren Tilsit den Rücken und fahren erneut nach Litauen – diesmal wollen sie bleiben; für immer. Willy findet schnell eine Bauersfamilie, die ihn als Hütejungen aufnimmt. Für Ursula dauert die Suche länger, aber auch sie findet schließlich in der Gegend von Tauroggen einen Unterschlupf.

Als die Ausreiseorder kommt, bespricht sich Ursula mit der Bauersfamilie. Die glaubt nicht an eine Ausreise nach Deutschland. »Das gibt es doch gar nicht mehr«, sagt das Familienoberhaupt. »Ist doch jetzt alles sowjetisch.« Und meint damit wohl Ostpreußen, vielleicht auch die DDR. Er kennt zu viele Menschen, die abgeholt wurden, um in einem Arbeitslager in Sibirien zu enden. Ursula würde sich am liebsten mit Willy beraten, doch der hat inzwischen die Stellung gewechselt, und Ursula kann auch ihn nicht mehr finden. Sie entscheidet sich, kein Risiko einzugehen und in Litauen zu bleiben.

Dass die Befürchtungen der Bauern nicht ganz aus der Luft gegriffen sind, bewahrheitet sich für Ursula, als sie einige Jahre später noch einmal beginnt, nach ihren Brüdern zu suchen. Über einen Kontakt zum Roten Kreuz erfährt die mittlerweile erwachsene Ursula zumindest, was mit Willy geschehen ist. Der noch nicht einmal volljährige Junge ist in ein Arbeitslager bei Smolensk deportiert worden. Dort musste er in einem Kohleschacht arbeiten. Bei einem Grubenunglück verlor er in den Fünfzigerjahren sein Leben.

Bernhard Keusling ist elf, als Bauer Mikas im Sommer 1949 von Beamten des NKWD wegen Unterstützung der Waldbrüder festgenommen wird. Bernhard selbst kann sich

*Richard Rudi Lindenau, *1932 in Königsberg*

*Waltraut Minnt, *1939 in Uderwangen*

*Herbert Klein, *1931 in Weidenhof*

*Eva Briskorn, *1933 in Königsberg*

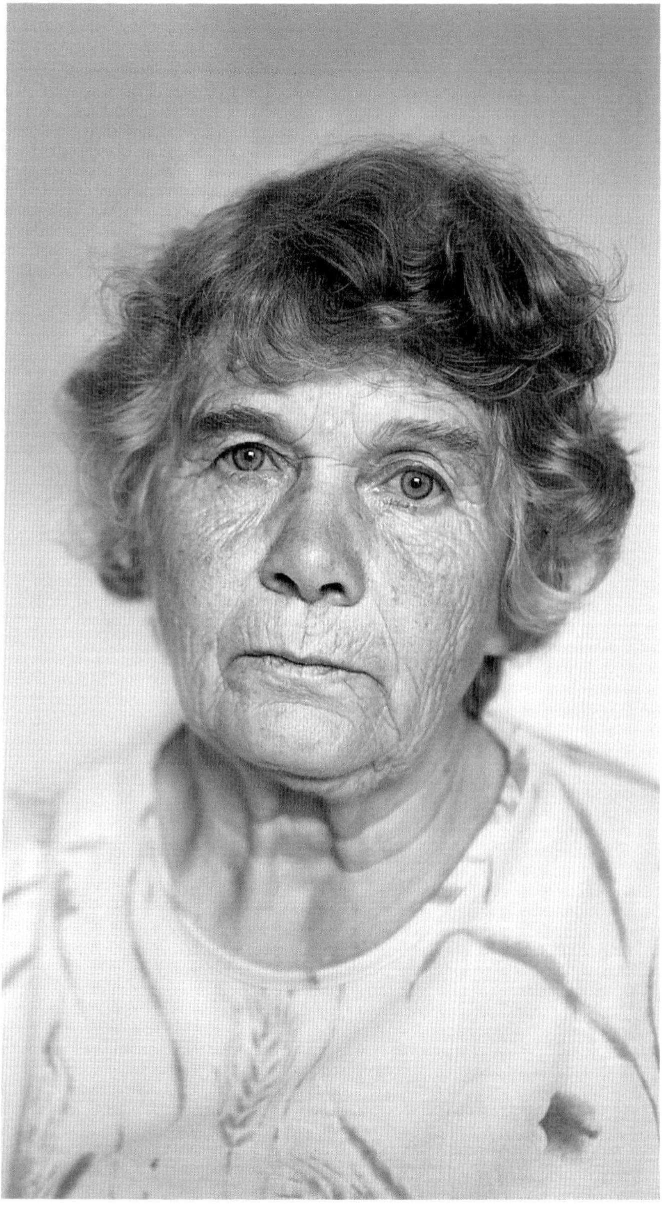

*Christel Scheffler, *1939 in Königsberg*

*Bruno Klein, *1931 in Königsberg*

*Käthe Rehberg, *1937 in Labiau*

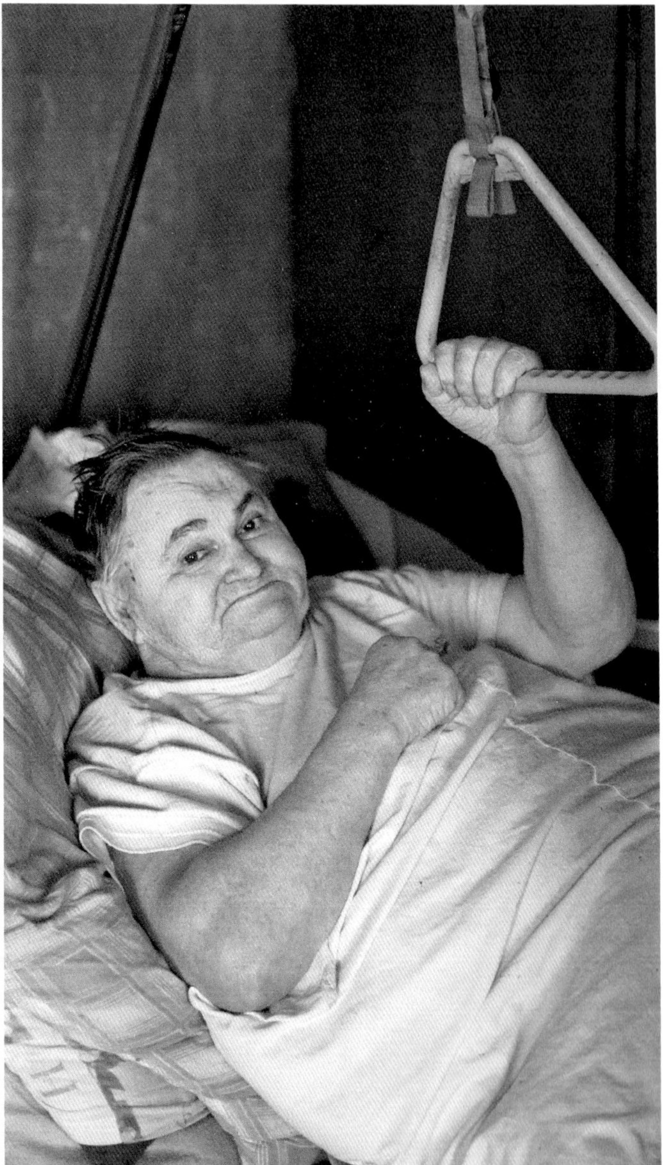

*Kurt Grävert, *1938 in Insterburg*

*Ruth Deske, *1933 in Ellernbruch*

*Anna Ranglack, *1938 in Gerdauen*

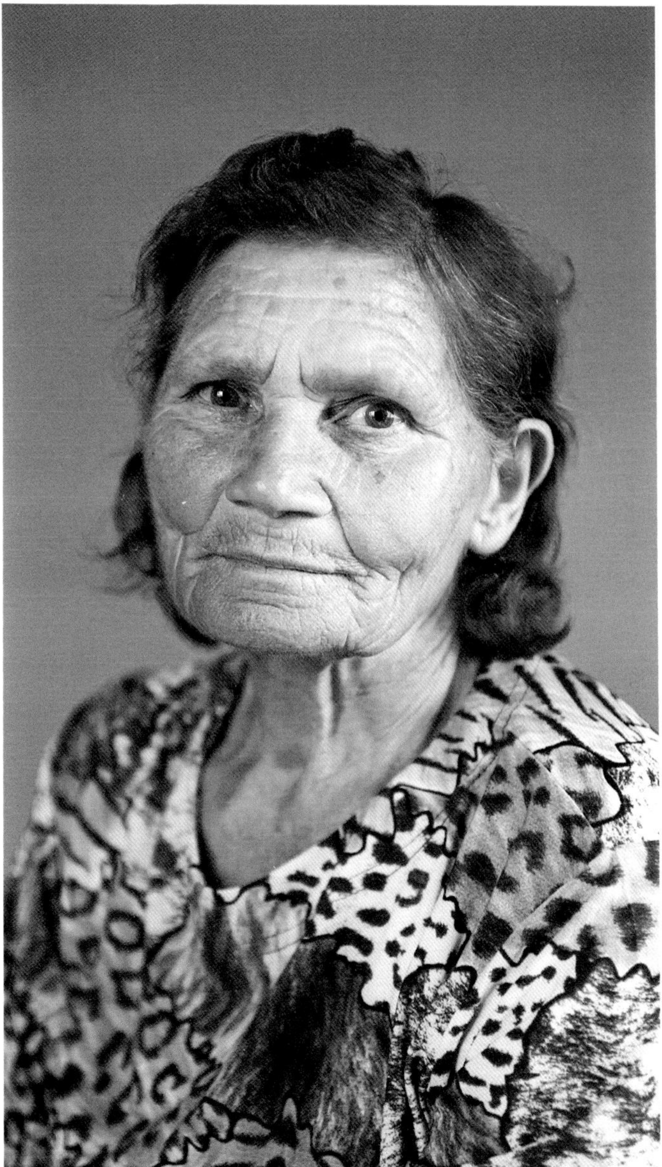

*Ursula Haak, *1935 in Birjohlen*

*Elfriede Müller, *1934 in Stallupönen*

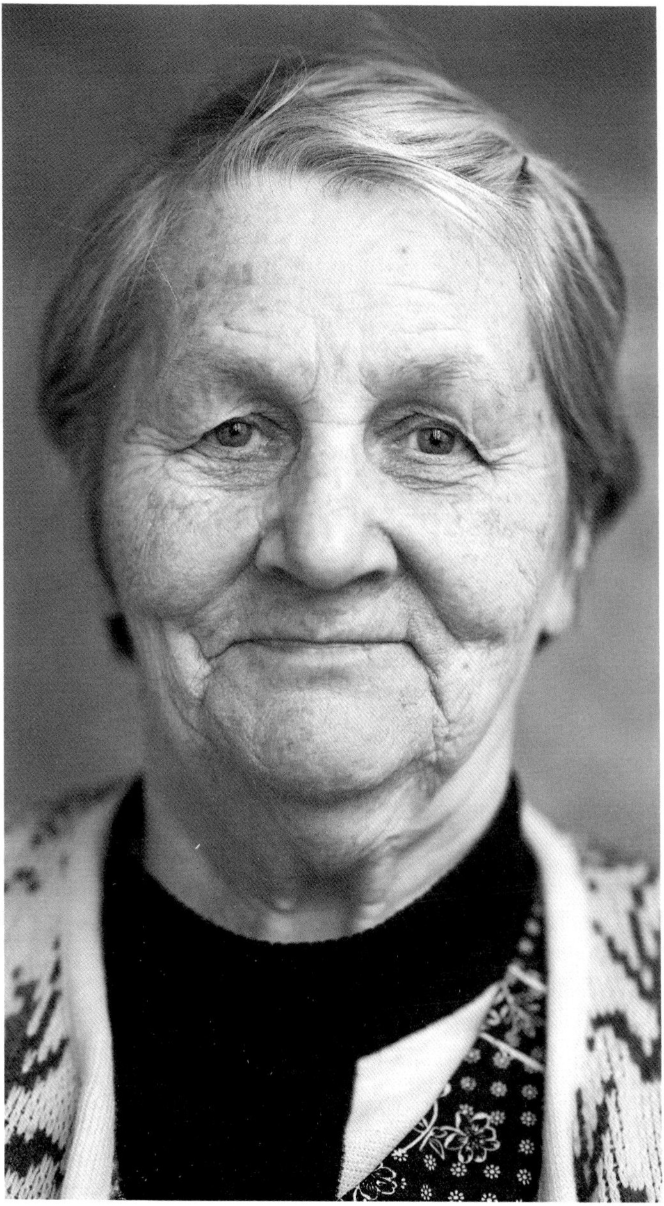

*Margot Dudas, *1935 in Königsberg*

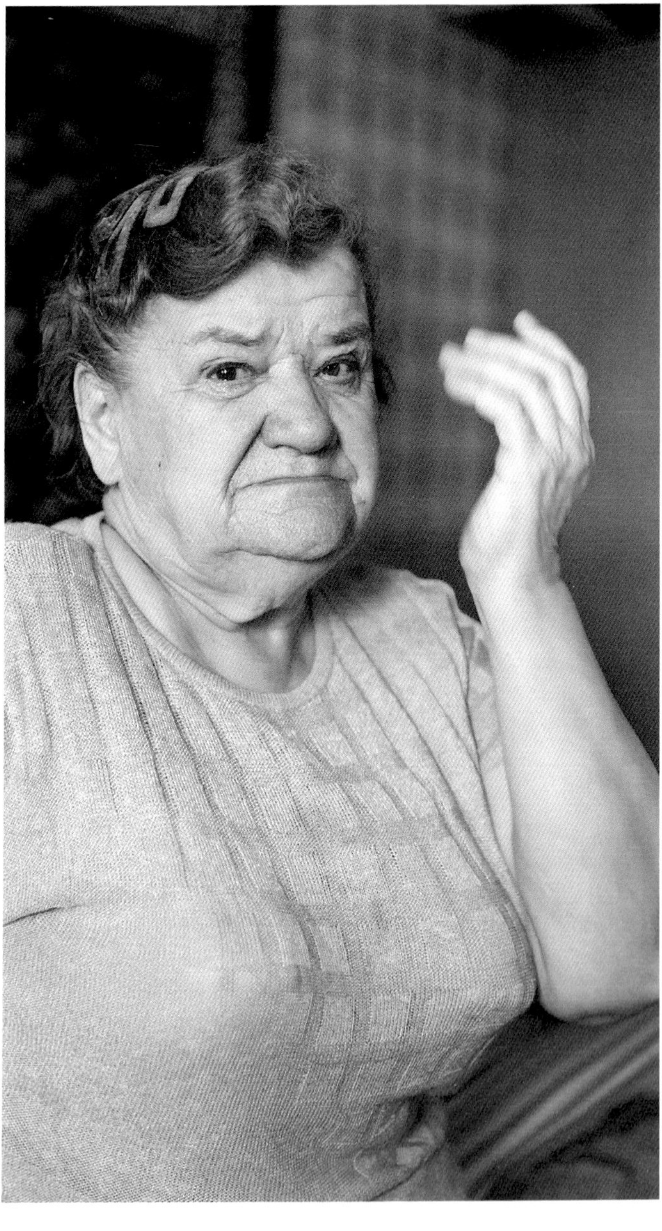

*Annemarie Haupt, *1936 in Tilsit*

*Bernhard Keusling, *1937 in Gerdauen*

*Karl Heinz Methee, *1937 in Ragnit*

*Renate Kösling, *1938 in Ludwigsburg/Ostpreußen*

*Gislinde Luttkus, *1940 in Klein Marienwalde*

*Erika Sauerbaum, *1928 in Königsberg*

*Hildegard Horn, *1936 in Gerdauen*

*Luise Quitsch, *1940 in Schwesternhof*

*Uwe Fritz, *1939 in Allenburg*

*Liesbeth Dejok, *1931 in Prudimen/Elchniederung*

Uwe Fritz mit seiner litauischen Familie um 1947/48

rechtzeitig im nahen Wald in Sicherheit bringen. Als die Luft rein ist, kehrt er auf den Hof zurück. Anfangs versorgt er weiter die kleine Landwirtschaft und hütet beim Nachbarn das Vieh. Auch die Bäuerin und ihre beiden Töchter finden sich wieder ein, gegen sie wird nicht weiter ermittelt. Doch es fehlt der Mann auf dem Hof, und so bittet die Bäuerin Bernhard, bei ihnen zu bleiben, um Mikas, so gut er kann, zu ersetzen. Etwa zur gleichen Zeit setzt die Kollektivierung ein. Wer sich, wie Mikas' Frau, dieser widersetzt, muss hohe Abgaben leisten. Fast die gesamte Butter, die sie am Hof herstellen, müssen sie künftig abgeben. Doch sie können der Kollektivierung nicht auf Dauer entgehen. Bernhard, gerade einmal zwölf, arbeitet ab 1950 in der Kolchose. Da er selbst keinen Ausweis hat, werden seine Arbeitsleistung und die Rentenzeit Mikas Frau zugeschrieben. Es wird noch einige Jahre dauern, bis er dank guter Beziehungen litauische Papiere bekommt. Das Militär will ihn nicht, als eingebürgerter Deutscher ist er ihnen suspekt.

Mit knapp 20 verlässt Ruth Deske den Hof der Tamutis, um fortan in der Kolchose zu arbeiten. Karl-Heinz bleibt dem Bauern als Knecht erhalten. Wie auch Bernhard Keusling hat Ruth als Deutsche mit litauischem Pass immer wieder Probleme. So wird ihr zum Beispiel nicht erlaubt, in der Industrie zu arbeiten, wo die Arbeitsbedingungen etwas besser sind als in der Land- und Forstwirtschaft.

Im Frühling 1953 macht Vacys Gorys, ein Litauer aus einfachen Verhältnissen, Ruth den Hof. Er ist Feuer und Flamme für die junge Frau, die nicht nur hübsch ist, sondern auch furchtlos scheint und zupacken kann. Einer Ehe steht schließlich einzig Ruths Bekenntnis im Wege – sie ist Protestantin. Damit sie kirchlich heiraten können, lässt Ruth sich umtaufen, wird katholisch – und tröstet sich damit, »dass es im Himmel doch eh nur den einen Gott gibt«.

Die beiden bauen sich eine kleine Existenz auf, neben dem Stück Land, das sie aus der Kolchose erhalten, besitzen sie nach einem Jahr bereits eine Kuh. Es geht aufwärts. Die Sorge in diesen Jahren gilt ihrer kleinen Tochter Irene, die 1954 krank zur Welt kommt. Anfangs erhalten sie keine Diagnose, erst nach Jahren der Ungewissheit steht fest, dass sie an Multipler Sklerose leidet.

Die Sowjets haben Ruth indes nicht vergessen. Jeden Monat muss sie sich bei den Behörden melden. Sie darf den Landkreis nicht verlassen, wird immer wieder bedroht. Um ihr Einkommen etwas aufzubessern, gehen die Eheleute ab 1958 als Waldarbeiter in die Forstwirtschaft. Die folgenden 16 Jahre wird Ruth wie ein Mann im Wald schuften, dabei mit primitivstem Werkzeug Bäume fällen und Holz spalten. Die kleine Familie hält zusammen, Ruth hat in Litauen schließlich Fuß gefasst.

Christel Scheffler erträgt ihre gesamte Jugend hindurch tapfer die üblen Launen ihrer Pflegemutter. Sie will auf keinen Fall mehr betteln müssen, fürchtet den Hunger, bleibt still, zurückgezogen, erduldet, was immer ihr auferlegt wird – Hauptsache, ein Dach über dem Kopf. Kurz nach ihrem achtzehnten Geburtstag verliebt sich Christel in einen jungen Litauer. Bald schon halten die beiden Hochzeit. Doch es ist keine segensreiche Verbindung. Christel, die eigentlich mit der Heirat den Schlägen der Pflegemutter entfliehen wollte, ist vom Regen in die Traufe gekommen. Ihr frisch angetrauter Ehemann ist ein Säufer, der sie ebenfalls verprügelt. Manchmal drischt er bis zur Besinnungslosigkeit auf sie ein, sogar dann noch, als Christel bereits mit dem ersten

Kind schwanger ist. Die Hoffnung, dass sich ihr Mann als junger Vater mäßigen und Verantwortung übernehmen wird, erweist sich ebenfalls als falsch. Christel wird ein weiteres Mal schwanger, trennt sich aber schließlich kurz nach der zweiten Geburt von ihrem Mann – um erneut ins Haus ihrer einstigen Pflegeeltern zu ziehen.

Während die meisten Wolfskinder in den Fünfzigerjahren erwachsen werden und manche bereits heiraten, erlebt Konrad Fischer ein anderes Schicksal.

Gut zwei Jahre wohnt er nun schon bei seiner Ziehmutter Agota, als diese 1949 an einer schweren Tuberkulose erkrankt. Es bleiben ihr nur wenige Wochen zu leben, in denen der gerade Achtzehnjährige sie liebevoll pflegt. Sie hat ihm das Leben gerettet, und nur zu gerne würde er nun das ihre bewahren. Doch am Ende siegt die Krankheit. Zu Agotas Begräbnis reist ihre einzige Schwester aus Kaunas an. Gerührt von Konrads Treue nimmt sie den jungen Mann mit zu sich in die Stadt. Jadwyga Wolodkienė ist verheiratet, doch ihr Mann wird bald schon nach Konrads Ankunft unter dem Verdacht der Kollaboration in Kaunas verhaftet.

Das Leben in der Stadt erweist sich für Konrad als schwierig, da er keine Papiere hat. Über Freunde findet sich die Identität eines verstorbenen Litauers in Vilkaviškis – Jonas Laimonas. Dessen Geburtsurkunde ist verschwunden, weshalb Konrad fortan mit der falschen Identität weiterleben kann. Sein Alter wird aufgrund der fehlenden Dokumente von einer Ärztekommission festgestellt – angeblich ist er nun erst 1936 zur Welt gekommen. Statt ein 18-jähriger Erwachsener zu sein, wird Konrad plötzlich zum 13-jährigen Kind. Nun kann er als »Jonas« zwar arbeiten, aber ohne eine

Schulbildung und ohne Beruf beschränken sich seine Möglichkeiten weiterhin nur auf Hilfsarbeiten.

Auch das Alter von Horst Fischer, der mit Konrad nicht verwandt ist, wird von einer Ärztekommission bestimmt. Der 1937 in Friedrichsdorf bei Wehlau im Kreis Tapiau geborene Junge hat das Wüten der Roten Armee in Ostpreußen in seiner schlimmsten Form miterlebt. Die Vergewaltigungen, Erschießungen, Plünderungen und blinde Zerstörungswut haben sich tief in sein Bewusstsein eingegraben. Als er für sich und seinen dreijährigen Bruder Manfred die Chance sieht, nach Litauen zu fliehen, ergreift er sie beherzt.

Die beiden betteln in Dörfern und auf den vereinzelt gelegenen Gehöften entlang der Memel, mal mit mehr, mal mit weniger Erfolg. Gemeinsam sind sie fast ein Jahr unterwegs, einen zweiten Winter ohne feste Unterkunft kann sich Horst aber nicht mehr vorstellen. Im Dorf Stolaukėlis im Bezirk Vilkaviškis nimmt ihn schließlich eine Familie zu sich. Simas Galinaitis und Marija Galinaitienė zögern nicht lange, als sie den völlig verwahrlosten kleinen Deutschen das erste Mal sehen. Manfred kommt bei einer anderen Familie unter, doch die beiden Brüder verlieren sich aus den Augen – zu gefährlich erscheint den Pflegefamilien der Umgang, der sie allzu leicht verraten könnte.

Horst wird von Simas und Marija wie ein eigener Sohn behandelt. Sie nennen ihn Kostas und geben ihm ihren Nachnamen Galinaitis. Er darf sogar die siebenjährige litauische Volksschule besuchen.

Erst im Jahr 1956, als es darum geht, dass er einen Ausweis benötigt, legt eine Ärztekommission fest, dass er am 3.1.1939 in Litauen geboren worden sein soll – und macht ihn so um zwei Jahre jünger. Es sind entscheidende zwei

Jahre, die ihm helfen, sich auf den Militärdienst in der Roten Armee vorzubereiten, jene verhasste Armee, die seine Familie, seine Heimat und seine Vergangenheit ausgelöscht hat. Von 1961 bis 1964 wird er ein Teil von ihr.

Günther Roscher aus Krefeld ist 14 Jahre alt, als er erstmals mit seiner Mutter zum Betteln nach Litauen fährt. Als Evakuierte aus dem Rheinland sind sie in Ostpreußen zwischen die Fronten geraten und nicht mehr rechtzeitig zurück nach Westdeutschland gekommen.

An einem nebligen und bitterkalten Januarabend erreichen sie Kibarten. Am Bahnhof herrscht dichtes Gedränge, und Günther verliert die Mutter schließlich aus den Augen. Der Junge ist außer sich und kann nicht glauben, dass er jetzt ganz alleine ist. Er versteht die fremde Sprache nicht, hat kein Geld. Bei Marijampolė findet auch er Aufnahme bei einem Bauern. Hier lernt er die Sprache, Gebräuche und Traditionen und wird schließlich selbst ein echter Litauer – niemand kann ihn mehr von einem Einheimischen unterscheiden. Erst 1952, als er zum Militär eingezogen werden soll, fliegt der Schwindel beinahe auf, denn Günther hat keine litauischen Papiere. Der Bauer hilft ihm in letzter Minute, gefälschte Dokumente und einen litauischen Namen zu bekommen: Ģediminas Griška. Kurz darauf rückt er in die Rote Armee ein, um seinen dreijährigen Militärdienst zu absolvieren.

Auch Arno Willuweit kommt nicht um den Militärdienst herum, als er das wehrfähige Alter erreicht. Unweit von seinem Bruder Heinz ist er auf einem Hof in Sartininkai untergekommen. Kontakt haben die beiden keinen. Auf diesem Hof arbeitet Arno bis 1953 in der Landwirtschaft. Sein Bauer hilft ihm schließlich, eine Geburtsurkunde mit litauischem Namen zu bekommen. Jetzt heißt er Pranas Miliauskas. Als Litauer wird er mit 19 Jahren in die Rote Armee einberufen. Er ist ein starker Kerl und weiß, dass er nur dann eine Chance im Leben haben wird, wenn er diese Zeit übersteht. Es sind keine einfachen Jahre, aber als Arno aus dem Militärdienst entlassen wird, erfüllt er sich seinen Berufswunsch und wird Schmied.

Sein Bruder Heinz kommt um den Militärdienst herum. Dass er jene Nacht, in der ihn die Milizen gefoltert hatten, überhaupt überlebt, grenzt an ein Wunder. Für seine Pflegeeltern ist Heinz ein Held – sie hüten ihn wie ihren Augapfel, und er dankt es ihnen täglich mit dem Einsatz seiner vollen Arbeitskraft.

Doch mit zunehmendem Alter findet Heinz auch unter den litauischen Burschen auf den Nachbarhöfen Freunde. Einmal, er ist gerade 20, wird er zu einer Dorfhochzeit bei Tauroggen eingeladen. Dort trifft er ein hübsches, blondes Mädchen, in das er sich schon nach wenigen Minuten verliebt. Sie stammt wie er aus Ostpreußen, hat Ähnliches erlebt: die Flucht aus Königsberg und die Betteljahre in Litauen. Die junge Frau heißt Hilde Horn – und wird ihn binnen Jahresfrist heiraten.

10 Gefangen und verschleppt

Die geografische Größe der Sowjetunion war für die meisten Litauer nach dem Krieg fast ebenso unvorstellbar wie für die Wolfskinder. Um das Riesenland zusammenzuhalten, schuf das stalinistische Regime ein flächendeckendes Netz aus Straflagern unterschiedlicher Größe und Funktion. Es reichte von der Westgrenze der Ukraine bis nach Ostsibirien, vom nördlichen Eismeer bis an die Grenzen Chinas. Nicht nur in politischer Hinsicht sollten die Lager das totalitäre System stabilisieren, vielmehr bildeten sie einen Wirtschaftsfaktor ersten Ranges zum Beispiel für die Rohstoffgewinnung und den Straßenbau.

Das sowjetische Lagersystem wird auch als GULAG bezeichnet, ausgehend von der russischen Abkürzung für Glawnoe Uprawlenije LAGerei, zu deutsch »Hauptverwaltung der Lager«. Der Begriff GULAG bezeichnet einerseits den administrativen Verwaltungsapparat und wurde andererseits zum Sinnbild des Zwangsarbeitssystems in seiner Gesamtheit.

In den Gulag kam man nicht, weil man etwas getan hatte, sondern weil man etwas war, resümiert die amerikanische Journalistin Anne Applebaum in ihrem Standardwerk *Der Gulag*. Was man war, konnte sich auf den gesellschaftlichen Status, die Herkunft oder die Nützlichkeit als Arbeitskraft beziehen. So hatte jede Sowjetrepublik Quoten an Gefangenen zu erbringen, die als Teil der sozialistischen Planwirtschaft bilanziert wurden. Allein aus Litauen wurden in den Jahren 1945 bis 1953 rund 111 400 Personen deportiert, darunter etwa ein Viertel Kinder.

Die Gründe für ihre Inhaftierung waren oft willkürlich und teilweise geradezu absurd: antisowjetische Agitation, Spionageverdacht oder Verwandtschaft mit einem Volksfeind. Unzählige Menschen wurden allein aufgrund ihrer Nationalität verurteilt, dies betraf auch viele der Deutschen, die nach Litauen geflohen waren oder aus dem Memelland stammten. Wie viele Wolfskinder dieses Schicksal betraf, ist unbekannt. Nur wenige Zeugnisse haben sich erhalten, und nur wenige der Kinder haben die Entbehrungen in den Lagern überlebt.

Als der elfjährige Hans Joachim Petereit im Frühling 1946 mit anderen Deutschen in Königsberg in einen Viehwaggon mit unbekanntem Ziel verladen wird, ist die Hoffnung trotzdem groß, dass sie nach Deutschland geschickt werden. Tagelang geht die Reise durch weite Landschaften, die die Zuginsassen allerdings nur durch einen winzigen Spalt in der Waggonwand sehen können – der Zug ist verplombt. Je länger sie unterwegs sind, desto mehr sinkt die Stimmung – zumindest den Erwachsenen ist klar, dass sie dieser Zug mitnichten in die Freiheit, sondern ins Innere der Sowjetunion, wohl in ein Lager, bringen wird. Auch Hans Joachim findet die lange Fahrt unerträglich. In den Nachkriegswirren hat er Mutter und Schwester in Königsberg verloren, nun sitzt er zwischen Fremden auf dem Weg ins Nirgendwo. Als der Zug endlich sein Ziel erreicht hat, sind sie im sibirischen Krasnojarsk angekommen. Auf dem Bahnsteig müssen sich die Insassen des Zuges aufstellen, Hans Joachim bleibt in einer hinteren Reihe am Rand stehen – bis ihn ein Lokführer sieht und ihn ganz selbstverständlich zu sich holt. Er hat Mitleid mit dem kleinen Jungen, der zwischen all den Erwachsenen verloren wirkt, und nimmt ihn mit in die Kabine seiner Dampflok. Es ist ein Litauer, der kurze Zeit später mit dem Zug wieder in Richtung Heimat aufbrechen wird – diesmal mit einem blinden Passagier im Führerstand. Die wenigsten haben so viel Glück. Für viele wird Sibirien zum Synonym der Trennung von den verbliebenen Angehörigen, meist der Mutter oder den Geschwistern. Die anderen erfahren am eigenen Leib, was es heißt, in der Verbannung zu leben.

Seit Lieselotte Schulz aus Königsberg ihre vier jüngeren Geschwister, die Großeltern, Tanten und Cousinen den Hungertod hat sterben sehen, ist nichts mehr, wie es einmal war. Gemeinsam mit der Mutter und ihrer zwei Jahre jüngeren Schwester Hannelore kommt die Zwölfjährige im Frühjahr 1947 nach Litauen – aus der Großfamilie mit einst zwölf Personen sind sie die einzigen Überlebenden. Hier in Litauen hofft die Mutter, wenigstens ihre beiden Mädchen durchzubekommen. Doch schon bald werden sie getrennt, die Mutter von Rotarmisten festgenommen. Ist sie nach Russland verschleppt worden? Wurde sie umgebracht oder ist sie noch am Leben? Was mit ihr geschieht, wissen die beiden Schwestern lange Jahre nicht.

Etwa zur gleichen Zeit kommt Elfriede Müller mit ihrer Mutter und ihrem Bruder Gustav in die Gegend von Kaunas. Elfriede ist fast 13, Gustav 15 Jahre alt. Bald schon ist klar, dass sie nicht zusammenbleiben können. Ein Bauer nimmt schließlich Elfriede zu sich, Gustav und die Mutter kommen auf einem Hof im Nachbardorf unter. Auch wenn sie hart arbeiten und von der Familie getrennt leben muss, ist Elfriede dankbar für die Aufnahme. Doch schon nach wenigen Wochen der Schock: In der Nacht wurden im Nachbardorf einige Familien festgenommen, darunter Elfriedes Mutter und Bruder Gustav. Elfriede ist verzweifelt.

Alle noch in Litauen verbliebenen Deutschen müssen sich jetzt registrieren, und kein Litauer will Deutsche bei sich anmelden. Alle haben Angst. Auch ihre Bauersfamilie wird nervös, und die Bäuerin bringt Elfriede schließlich zu einer Familie am Stadtrand von Kaunas. Hier soll sie als Kindermädchen arbeiten, obwohl sie selbst noch ein Kind ist. Doch es ist Elfriedes einzige Chance, ohne Angehörige und ohne Papiere in dem ihr fremden Land. Die neue Familie ist freundlich – nur an eines muss sich Elfriede halten: Unter keinen Umständen darf sie Deutsch sprechen.

Elfriede hat keine Vorstellung davon, wohin Mutter und Bruder gebracht wurden. Die Erwachsenen sprechen immer von Sibirien, einer kalten Region weit im Osten der Sowjetunion. Aber warum? Was haben sie denn getan und weshalb kamen sie nach Sibirien? Dies wird für Elfriede zur alles beherrschenden Frage in den folgenden Jahren. Eine Erklärung findet sie nicht, eine Antwort wird sie nie erhalten.

Nach zehn Jahren, im Herbst 1957, erhält Elfriede schließlich Besuch von der Bäuerin, die sie einst nach Kaunas brachte. Sie bringt einen Brief für Elfriede – aus Sibirien. Es ist ein Schreiben der Mutter, die sich in all den Jahren nach ihren Kindern gesehnt hat und nun zum ersten Mal einen Brief schreiben darf. Der Brief ist in Russisch, Elfriede benötigt Hilfe beim Lesen. In knappen Worten erzählt die Mutter darin, dass sie noch bis vor Kurzem in einem Arbeitslager bei Karaganda in der Kasachischen Sowjetrepublik inhaftiert war. Inzwischen ist sie zwar entlassen, doch jetzt ist sie in einer Kolchose zwangsverpflichtet, unterliegt einer strengen Ausgangsbeschränkung und darf weder reisen noch umziehen. Der Brief enthält einen Antwortschein, auf dem Elfriede der Mutter die erste Nachricht seit ihrer Trennung vor zehn Jahren zukommen lässt. Eine Bekannte hilft ihr, die kyrillischen Buchstaben zu schreiben, ein zeitaufwendiges Unterfangen, da Elfriede in Litauen nie lesen und schreiben und schon gar nicht Russisch gelernt hat.

Im gleichen Jahr erhält Elfriede auch erstmals Nachricht vom Roten Kreuz. Wie die Organisation sie gefunden hat, ist ihr bis heute nicht klar. Gustav hat aus einem sibirischen Jugendlager einen kurzen Brief geschrieben, in dem er nach ihr und der Mutter sucht. Schon gleich nach der Verhaftung war er von der Mutter getrennt worden, hat sie seither nicht mehr gesehen. Elfriede ist froh, dass beide noch am Leben sind. Und verzweifelt, je mehr sie von deren Schicksal erfährt.

Gustav hat ein Passbild mitgeschickt. Darauf erkennt Elfriede den zwei Jahre älteren Bruder kaum noch. Er wirkt verhärmt, krank, sieht wie ein Fünfzigjähriger aus und ist doch erst Mitte 20. Dagegen scheint Elfriede das eigene Schicksal, sie arbeitet seit einigen Jahren als Näherin in einer Trikotagefabrik, geradezu paradiesisch.

Waltraut Minnt aus Uderwangen gehört 1945 zu denjenigen, die direkt von zu Hause aus nach Sibirien verschleppt werden. Die Neunjährige ist starr vor Schreck, als Rotarmisten an ihr und ihren Geschwistern vorbei ins Haus laufen, geradewegs durch die offene Tür zur Mutter. Die Kinder hören nur noch deren Schreie und müssen von Nachbarn zurückgehalten werden, nicht selbst ins Haus und so in ihr Verderben zu laufen. Die Mutter wird vergewaltigt, weinend und blutig kommt sie nach Stunden wieder aus dem Haus. Sie kann sich kaum noch auf den Beinen halten und taumelt, fällt zu Boden, direkt vor einen Panzer, der die Straße entlangfährt. Was folgt, sind in Waltrauts Wahrnehmung Szenen aus einem Film, dessen einzelne Bilder sich tief in ihre Erinnerung graben und immer wieder Hundertstelsekunde für Hundertstelsekunde abgespielt werden: Die Mutter wird angefahren, doch im selben Augenblick fallen auch Schüsse. Einer der Soldaten hat ihr in die Beine geschossen. Sie schaut ungläubig, sucht den Blick ihrer Kinder. Waltraut will zu ihr laufen und kann sich doch nicht bewegen – im Schock bringt sie keinen Fuß vor den anderen. Ein Soldat wirft die Mutter geradezu sorglos über die Schulter und bedeutet den Kindern mitzukommen.

Es geht zum Bahnhof, dort werden sie mit anderen Familien in einen Güterzug gepackt, der kurze Zeit später losfährt. Es wird eine endlos lange Fahrt. Die Mutter driftet aus einem Dämmerzustand immer wieder in die Bewusstlosigkeit. Ihre Blutungen sind nicht zu stillen, Waltraut liegt neben ihr auf dem nackten Holzboden des Waggons, streichelt ihr übers Gesicht, redet ihr zu, hofft auf ihr Überleben. Doch noch unterwegs erliegt die Mutter ihren schweren Verletzungen.

Das Ziel der langen Fahrt ist ein Arbeitslager in Sibirien. Waltraut hat bereits auf der Fahrt jegliche Orientierung verloren, ist wie benommen und verdrängt fortan jeden Tag das eben Erlebte, so gut es geht. Die Kinder, neben Waltraut auch ihre älteste Schwester, kommen in ein sogenanntes Jugendlager. Es sind prägende Jahre für Waltraut, Jahre, in denen sie die Kontrolle über ihr Leben verliert, unendliche Ohnmacht erlebt und schließlich, wie viele, gebrochen wird.

Agathe Czajka und ihr ein Jahr jüngerer Bruder Bruno wachsen in einer polnisch-deutschen Familie im Kreis Allenstein auf. Die Großeltern sprechen zu Hause polnisch, doch die beiden Kinder besuchen die deutsche Schule in Teerwalde. Die Eltern sprechen mehr deutsch als polnisch, meist mit einem preußischen Einschlag, dem sogenannten Ermländischen. Der Krieg wird für die sechzehnjährige Agathe erst im Januar 1945 wirklich spürbar, als Vater Johann zum Volkssturm eingezogen wird. Doch er kommt nicht weit. Die Volkssturm-Männer werden von der Roten Armee gefangen genommen und nach Allenstein gebracht, wo sie auf dem evangelischen Friedhof erschossen werden. Es ist der 20. Januar, als die Russen nach Teerwalde kommen.

Es ist ein Sonntagnachmittag, an dem Agathe mit der Mutter die Tante besucht. Der Besuch endet tragisch. Die Russen marschieren in den kleinen Ort ein und nehmen große Teile der Bevölkerung gefangen, darunter Agathe. Am Tag darauf wird das junge Mädchen Zeugin, wie elf Menschen auf grausame Weise ermordet werden. Während eine Reihe Frauen und Mädchen Opfer von Massenvergewaltigungen werden, hat Agathe zuerst noch Glück. Sie wird in Ruhe gelassen. In einer einzigen Nacht wird der Ort in Schutt und Asche gelegt, fast alle Höfe werden in Brand gesteckt, die Lebensgrundlage der Bevölkerung zerstört.

Schon kurze Zeit später geht es auf einen langen Fußmarsch – zuerst nach Schwedrich, dann nach Hohenstein, von dort weiter nach Mohrungen und Bartenstein, bis sie schließlich ganz erschöpft in Insterburg ankommen. Hier besteigen die Verschleppten einen Güterzug – Bestimmungsort unbekannt. Gemeinsam mit drei anderen Mädchen kauert sich Agathe unter eine Pferdedecke, um möglichst nicht aufzufallen. Etwa 50 Frauen befinden sich in ihrem Waggon.

In der Mitte steht ein Trog, in dem sie ihre Notdurft verrichten können, eine Heizung gibt es nicht, und so gefrieren Harn und Kot zu einem Haufen, der wenigstens nicht, stinkt. Nach einer guten Woche kommt der Zug zu einem ersten Halt. Das Gerücht geht um, dass sie in der Nähe von Moskau seien. Die große Schiebetür öffnet sich für kurze Zeit. Sie befinden sich inmitten einer Eiswüste. Soldaten schaufeln gestoßenes Eis auf den Boden des Waggons und werfen ein paar harte Brote hinterher. Dann schließen sie die Türe wieder, kurze Zeit später fährt der Zug an. Wie lange sie fahren, kann Agathe nicht mehr sagen. Mehr als eine Woche, vielleicht auch zwei oder drei. »Man verliert das Gefühl für Zeit und Raum«, sagt sie. Das Wertvollste, was Agathe noch bei sich hat, sind ihre gefütterten Gummistiefel. Doch eine der Frauen hat ein Auge darauf geworfen und reißt sie ihr irgendwann im Schlaf von den Füßen. Es gibt keinerlei Solidarität unter den Gefangenen, einzig das nackte Überleben zählt. Fortan geht Agathe nur noch barfuß.

An den Namen des Lagers in Sibirien erinnert sie sich nicht mehr. Nur an den Ort Tscheljabinsk. »Dort gab es drei oder mehr Lager.« Hier kommt Agathe in einer Kohlengrube zum Einsatz. Sie wohnt in einer Baracke, die sie sich mit rund 100 Frauen teilt. Sie schlafen auf Etagenpritschen, Decken gibt es nicht. Bei 40 Grad unter Null werden die Frauen krank, und viele sterben. Als der Sommer kommt, sind es die Mücken, die sie quälen und viele Gefangene an Malaria erkranken lassen. Zwei Jahre geht Agathe ohne Schuhe – sommers wie winters, auch bei der Arbeit in der Grube. Harte Hornhaut, Blasen und Furunkel haben sich an den Füßen gebildet, mit dreckigen Lumpen umwickelt Agathe die Wunden.

Die Versorgung bei härtester Arbeit im Drei-Schicht-System ist minimal und besteht täglich aus dreimal einem halben Liter Suppe oder Gerstenbrei und etwa einem Pfund Brot.

Agathe bricht mit der Spitzhacke das Erz aus dem Fels. Mit bloßen Händen werfen die Arbeiterinnen es auf Schubkarren. Diese werden dann über schmale Bretterstege balanciert – ein Kraftakt, das schwere Gestein, die Felsbrocken zum Sammelplatz zu bringen. Immer auch die Befehle der Aufseher im Nacken: »Tempo! Tempo!« Die Zufuhr darf nicht ins Stocken geraten. Oder »Karren«. »Wo bleiben die Karren?«, schreien die Wachleute. Wird die Norm nicht erfüllt, gibt es keine Essensration. Ständige Angst bestimmt einen Großteil von Agathes Daseins.

Erst als im zweiten Winter in Sibirien wieder eine Frau stirbt, traut sich Agathe, die anderen Frauen um die Schuhe der Toten anzubetteln. Sie darf die Schuhe haben und wird mit ihnen im Sommer 1947 gen Westen fahren. Die Russen entlassen die völlig abgemagerte junge Frau, als sie ihnen nicht länger nützlich ist. Sind die Insassen zu schwach und finden Gnade, werden sie zurückgeschickt. Doch es bleibt die Ausnahme. Von den 3000 Frauen, die mit Agathe nach Tscheljabinsk gekommen sind, kehren in den folgenden Jahren nur etwa 300 nach Polen zurück.

Agathe wird nicht nach Polen, sondern in die sowjetische Besatzungszone nach Deutschland gebracht. Diesmal ist die Fahrt erträglich, die Türen bleiben während der Fahrt geöffnet. Ein warmer Sommerwind begrüßt sie »zurück im Leben«. In Ostdeutschland sammeln die Sowjets Insassen verschiedener Lager. Agathe hat nur eine ungefähre Vorstellung, wo Hoyerswerda in Sachsen liegt. Gemeinsam mit einer Nachbarin ist sie hier in einem Übergangslager, bis die Mutter sie über das Rote Kreuz findet und Agathe nach Teerwalde zurückkehren kann, das jetzt wieder polnisch ist und Stara Kaletka heißt. Doch das Haus ihrer Kindheit ist abgebrannt. Die Mutter lebt bei einem Kleinbauern, der ihr ein Zimmerchen vermietet. Das Geld dafür verdient sie sich mit dem Sammeln von Beeren und Pilzen im Sommer und Brennholz im Winter.

Ihren Bruder Bruno wird Agathe nie wiedersehen. Er war nur kurz nach ihrer Verhaftung nach Königsberg verschleppt worden und ist dort unter nicht geklärten Umständen umgekommen. Nichts ist mehr, wie es einmal war, und Agathe findet sich nur schwer in der alten Heimat zurecht – zu schwer wiegt die Erinnerung an das Erlittene. Ihre deutsche Identität hat sie in Sibirien gelassen.

Lieselotte und Hannelore Schulz, die sich über Jahre hinweg bettelnd in der Gegend um Tauroggen aufhalten, werden Mitte der Fünfzigerjahre sesshaft. Etwa zu dieser Zeit erhalten sie auch Nachricht vom Roten Kreuz, dass ihre Mutter aus einem Arbeitslager in Sibirien in die DDR entlassen wurde. Es folgt ein kurzer Briefaustausch mit der Mutter, die jetzt in Borna lebt. Doch plötzlich bricht auch dieser Kontakt wieder ab. Erst 1957 findet Lieselotte heraus, dass die Mutter bereits sechs Monate nach ihrer Rückkehr aus Sibirien an den Folgen der Lagerhaft gestorben ist.

Elfriede Müllers Bruder Gustav kehrt Ende der Fünfzigerjahre aus Sibirien nach Litauen zurück. Er ist schwer krank, hat Lungenprobleme, kann kaum atmen. Gustav findet eine Frau, die beiden heiraten und sind doch nur eine kurze Zeit glücklich, bevor er die Diagnose Tuberkulose erhält. Seine Lunge ist nicht mehr funktionsfähig, 1965 stirbt er an den Folgen seiner Krankheit.

Erst 1990 kann Elfriede ihre alte Mutter aus Sibirien zu sich nach Litauen holen, um sie zu pflegen. Dafür ist sie fünf Tage im Zug unterwegs, um nach Karaganda zu fahren und die Mutter mit ihren Habseligkeiten auf die lange Reise mit zurück nach Kaunas zu nehmen. Es bleiben ihnen vier gemeinsame Jahre, in denen Elfriede mit der Mutter eine Nähe nachholt, die ihr als Kind so plötzlich genommen worden war.

Hans Joachim Petereit darf nach der abenteuerlichen Rückfahrt mit dem mitfühlenden Lokführer nach Litauen ohne Dokumente im Land bleiben, wo er erst einmal die Sprache lernt. Als Deutscher muss er sich in den folgenden Jahren alle zwei Monate bei der Polizei melden. Irgendwann erhält er als junger Mann die Vorladung vor eine Ärztekommission, die sein Geburtsjahr mit 1936 festlegt, nun ist er ein Jahr jünger als in Wirklichkeit, dafür hat er Papiere und darf offiziell arbeiten. Doch er verliert ein Ziel nicht aus den Augen: eines Tages wieder nach Deutschland zu dürfen.

Während ihre ältere Schwester die Strapazen im Gulag nicht überlebt, wird Waltraut Minnt Anfang der Fünfzigerjahre aus dem Lager entlassen. Sie wird nach Litauen abgeschoben – in ein Land, in dem sie niemanden kennt und dessen Sprache sie nicht spricht. Sie hat Angst vor den Menschen, will am liebsten allein sein und flüchtet sich in die Natur. Nach Monaten der Wanderschaft findet sie 1956 eine Bauersfamilie bei Tauroggen, die das schwer traumatisierte Mädchen zu sich nimmt. Immer wieder läuft Waltraut davon, traut der Familie nicht. Doch sie kommt auch immer wieder zurück. Dann hilft sie bei der Gartenarbeit und auf dem Feld. Nur reden, das will Waltraut nicht. Viele Jahre, Jahrzehnte bleibt das so.

11 Ankommen im neuen Deutschland

Am 20. Juni 1951 titelt die auflagenstärkste Vertriebenenzeitung, das *Ostpreußenblatt:* »Königsberger kommen aus Litauen.« In einem moderaten Beitrag, der sich vom teilweise revanchistischen Tonfall späterer Jahre wohltuend abhebt, werden die Umstände beschrieben, unter denen die letzten Ostpreußen ihre Heimat verlassen. »*Eine immer wieder durch schwere Jahre hindurch von vielen Ostpreußen genährte Hoffnung hat sich jetzt endlich verwirklicht: Landsleute, von denen manche lange Zeit hindurch als vermisst galten, und auch solche, von denen ihre Angehörigen niemals etwas gehört haben, sind jetzt aus Litauen in dem bei Göttingen liegenden Lager Friedland eingetroffen. Am 13. Juni waren es 22, am 14. 29, am 15. 40, am 16. 45 und am 18. etwa 60 Personen, im Zeitraum von sechs Tagen also etwa zweihundert. Es sind Ostpreußen, die zum größten Teil aus Königsberg und seiner Umgebung stammen, aber auch solche, die in den ersten Monaten 1945 oder gelegentlich auch noch später aus der Provinz nach Königsberg verschlagen wurden. In den furchtbaren Hungerjahren 1946 und 1947 fuhren viele unserer unglücklichen Landsleute aus Königsberg und aus anderen Teilen unserer von den Russen besetzten Heimat nach Litauen, um sich von dort Lebensmittel zu holen. Es ist bekannt, in welch wirklich menschlicher Weise die Litauer damals unseren Landsleuten geholfen haben. So mancher von denen, die 1948 aus Königsberg und sonst aus unserer Heimat nach dem Westen kommen konnten, verdankt dieser uneigennützigen Hilfe sein Leben. Nicht wenige unserer Landsleute aber blieben in jenen Jahren 1946 und 1947 überhaupt in Litauen; für so manchen war das die Rettung vor dem sicheren Hungertod. Sie arbeiteten bei Bauern oder in Haushalten oder schlugen sich sonst irgendwie durch. Bei der Rückführung der Königsberger 1948 wurden sie natürlich nicht erfasst.*

Anfang 1949 wurden die in Litauen lebenden Deutschen von den sowjetischen Stellen aufgefordert, sich registrieren zu lassen. Es wurde ihnen gesagt, dass sie nach Deutschland ausreisen könnten, wenn sie eine Zuzugsgenehmigung beibringen würden. Sie waren misstrauisch geworden, aber sie trugen sich doch ein.

In den letzten Monaten wurden dann in Litauen tatsächlich Transporte zusammengestellt, und es haben etwa 3500 Deutsche, fast alles wohl Ostpreußen, dieses Land in Richtung nach Westen verlassen können. In Viehwagen kamen sie durch unsere ostpreußische Heimat; sie gelangten in die sowjetisch besetzte Zone und schließlich dort in eines der drei großen Quarantänelager: Wolfen bei Bitterfeld, Bischofswerda und Fürstenwalde.« Und weiter heißt es: »*Die meisten unserer Landsleute müssen nun in der sowjetisch besetzten Zone bleiben. Denn viele wissen nichts von ihren Angehörigen und suchen sie, aber diese von den dortigen Quarantänelagern aus zu finden, ist sehr schwer. Bei anderen wiederum werden die Zuzugsgenehmigungen für die Bundesrepublik als unzureichend erklärt und nicht anerkannt. Besonders die elternlosen Kinder und Jugendlichen – es soll sich um beinahe tausend handeln – müssen dort bleiben; sie wurden bereits in Heime nach Sachsen und Thüringen gebracht.«*

Schon diese Meldung allein macht die humanitäre Dimension der Ausreise der letzten in Litauen verbliebenen Deutschen deutlich. Bereits im Jahr 1947 waren mit Transporten aus Königsberg rund 1600 elternlose Kinder nach Thüringen gekommen. Wurde der erste Kindertransport nach Ostdeutschland von sowjetischer Seite noch verhältnismäßig gut organisiert, herrschten bei den nachfolgenden des Jahres 1947 miserable Zustände: »2386 Kinder im Alter von 2–16 Jahren kamen in Güterwagen ohne Stroh, teilweise mit Öfen und Heizmaterial, teils ohne versehen, in sehr erschöpftem Zustand an. Die Fahrtdauer betrug vier Tage und vier Nächte. Abortanlagen waren nicht vorhanden.« Manche Transporte waren deutlich länger unterwegs, und immer wieder kam es zu Todesfällen, allein im siebenten Transport waren 15 Tote zu beklagen. Jene Kinder, die lebend ankommen, sind meist so unterernährt, dass sie noch nicht einmal dringend notwendige Impfungen erhalten können. Sie bestehen nur noch aus Haut und Knochen.

Rund 100 000 Deutsche jeden Alters wurden insgesamt in den Jahren 1947/48 aus der Region Königsberg ausgesiedelt.

Joachim Pose ist 14 Jahre alt, als er im Mai 1951 mit auf den Kindertransport in die sowjetische Besatzungszone nach Fürstenwalde kommt. Hier werden in einem Durchgangslager noch die Personalien der Kinder aufgenommen, bevor sie getrennt werden in diejenigen, die Verwandte in Westdeutschland oder der DDR haben, und diejenigen, wie Joachim, ohne Angehörige.

Die elternlosen Kinder werden mit zwei Autobussen in das Kinderdorf Kyritz in Brandenburg gebracht. Schon auf der Fahrt wird ihnen eröffnet, dass sie nun zu guten Sozialisten erzogen würden. In Joachims Ohren klingt dies eigenartig; sozialistischer als in der Sowjetunion, glaubt er, kann es nicht mehr werden.

Die Volkssolidarität ist Träger des Kinderdorfes und hat ein pädagogisches Konzept, das für die damalige Zeit durchaus als fortschrittlich bezeichnet werden darf. Die einzelnen Wohngruppen sind in sogenannten Familien mit je zehn Kindern unterschiedlichen Alters organisiert. Auch Joachim erhält so einen Platz in einer Familie – und hat zum ersten Mal seit Langem das Gefühl, »wieder ein geordnetes Zuhause zu haben«.

Die Neuzugänge werden getestet, um ihren jeweiligen Wissensstand zu ermitteln und sie einer Schulklasse zuteilen zu können. Sechs Jahre hat Joachim nicht mehr die Schulbank gedrückt, doch den Test besteht er mit Bravour und darf als Einziger aus seiner Gruppe in die vierte Klasse gehen. Um den älteren Kindern zu einem vollwertigen Abschluss zu verhelfen, wird pro Klassenstufe lediglich ein halbes Jahr veranschlagt. Der Druck ist dadurch enorm, die Hausaufgaben wollen überhaupt kein Ende nehmen. Andererseits bieten die Lehrer vielfach zusätzliche Hilfen für die Nachzügler an.

Als Joachim eines Tages überraschenden Besuch erhält, liegen Freud und Leid nah beieinander. Eine ältere rundliche Dame in Schwesterntracht mit gestärkter weißer Haube stellt sich dem Jungen als Tante Bertchen vor. Es ist die älteste Schwester seiner Mutter, eine Diakonisse, die ihn jetzt herzt und fest in den Arm nimmt. Sie leitet ein Feierabendheim in Heiligendamm an der mecklenburgischen Ostseeküste.

Der Besuch der Tante bedeutet, dass er nicht ganz allein ist auf der Welt, denkt Joachim im ersten Augenblick. Ob

Tante Bertchen mehr über den Verbleib seiner Eltern und seiner Brüder weiß? Über die Rundfunkausstrahlung des Kindersuchdienstes hat die Tante von Joachims Suche nach Angehörigen erfahren. Sie geht behutsam vor bei der Überbringung der Nachrichten.

Von der Mutter gibt es Nachricht aus einem Frauen-Gefangenenlager bei Solikamsk in der russischen Region Perm. Die Nachricht ist nur kurz, ein Kassiber, herausgeschmuggelt und der Tante zugespielt. Peter, der zehn Jahre ältere Lieblingsbruder, der kurz vor Kriegsende eingezogen worden war, hatte selbst noch an der Schlacht um Berlin teilgenommen und war dann in britische Gefangenschaft geraten. Eigentlich nicht das Schlimmste, doch schwer an Tuberkulose erkrankt, ist er entlassen worden. Ohne Hilfe, ohne Geld und ohne zu wissen, ob er noch Angehörige hatte oder wo diese waren, verlor er 1947 schließlich den Kampf gegen die heimtückische Krankheit. Für Joachim bricht in diesem Moment eine Welt zusammen. Der Gedanke an ein Wiedersehen mit Peter hatte ihm stets Auftrieb und Überlebenswillen gegeben. Der innere Halt, die Sicherheit in all den Stunden der Einsamkeit und Verzweiflung lösen sich jetzt in Nichts auf. Und vom mittleren Bruder Klaus gibt es ebenso wenig Nachricht wie vom Vater.

Es folgen die ersten Sommerferien im Kinderdorf. Es geht ins Zieten-Schloss Wustrau bei Neuruppin, wo Joachim gemeinsam mit den anderen Kindern einen sorglosen Sommer mit Toben, Baden und Ballspielen verbringt.

Nach den Ferien ändert sich das Leben in Kyritz von Grund auf. Die Familien werden aufgelöst; stattdessen leben die Kinder jetzt in Gruppen nach Alter und Geschlecht getrennt. Der Staat leitet nun das Kinderheim und organisiert das Leben entsprechend den sozialistischen Vorstellungen.

Joachim fällt die Umstellung anfangs schwer, doch er lernt schon bald, der neuen Ordnung seine gute Seite abzugewinnen. Die Familien, so legt es sich der bald Sechzehnjährige zurecht, waren sowieso nur eine Illusion. Die leiblichen Familien sind unwiederbringlich verloren, und dafür kann es auch keinen Ersatz geben.

Die neue Gruppe in Kyritz ist für Joachim eine tragende Schicksalsgemeinschaft. Häufig sprechen die Jugendlichen über das Erlebte und finden auch in den Erziehern verständnisvolle Gesprächspartner. Hier erlebt er prägende Jugendjahre und das Bemühen, ihm bei der Verarbeitung des Erlebten zu helfen.

Einzig mit der sozialistischen Erziehung will es bei dem Jungen nicht so recht klappen. Zu tief sitzen die Erfahrungen, die er selbst in der stalinistischen Sowjetunion nach dem Krieg sammeln musste. Die Parole »Von der Sowjetunion lernen, heißt siegen lernen!« ist für Joachim untrennbar mit brutaler Gewalt und Wodkafahnen verbunden. Für ihn haben die Rotarmisten die sozialistischen Ideale mit Füßen getreten, sie unglaubwürdig gemacht.

Das Kinderheim Kyritz wird aufgrund des Engagements und Einfühlungsvermögens von Leitern und Erziehern für viele Wolfskinder zu einem zweiten Zuhause, in dem sie die verlorene Kindheit ein wenig nachholen dürfen und zugleich behutsam auf ein späteres Berufsleben vorbereitet werden. Die meisten Wolfskinder empfinden eine lebenslange, tiefe Dankbarkeit für die in Kyritz verbrachten Jahre, eine Dankbarkeit, die sich bei vielen auch auf den gesamten Staat DDR überträgt. Noch als Erwachsene kehren sie immer wieder nach Kyritz zurück, verbringen hier ihre Ferien und kümmern sich um die neuen Zöglinge des Kinderheimes.

Dies gilt auch für die Geschwister Liedke aus Wehlau, deren Schicksal in dem Buch Von *Ostpreußen nach Kyritz* von Ruth Leiserowitz eindrücklich dokumentiert ist.

Nach dem Tod der Mutter im Sommer 1947 ziehen die fünf Kinder im Alter zwischen sechs und 13 Jahren nach Litauen, wo sich ihre Wege nach und nach trennen. Rudolf, der Älteste, kommt recht schnell als Arbeitskraft auf einem Bauernhof unter. Irmgard wird bei einem Erntefest von einem Bauern kurzerhand auf eine Pferdekutsche geladen und mitgenommen. Nicht einmal richtig verabschieden können sich die verbliebenen Kinder von ihrer Schwester, und doch sind sie froh, dass diese versorgt ist. Auch die achtjährige Waltraud kann auf einem Hof unterschlüpfen, während Sieglinde und der kleine Ulrich lange Wochen weiter bettelnd durchs Land ziehen müssen, ohne eine Familie zu finden, die sie beide zusammen aufnehmen könnte.

Eines Tages steht der vom Hungertyphus ausgezehrte, mehr tote als lebendige Ulrich vor Waltraud auf dem Hof. Er hat die ältere Schwester verloren, sich jedoch mit traumwandlerischem Instinkt an den Ort erinnert, wo sie Waltraud zurückgelassen hatten. Die gütigen Bauern kümmern sich nun auch um Ulrich, versorgen die beiden Kinder, die im Gegenzug Gänse hüten und den Säugling der Familie betreuen, mit Essen und Kleidung. Doch schon nach wenigen Wochen endet das Asyl; die litauische Familie muss ihren Hof aufgeben. Bettelnd ziehen die beiden Kinder nun von Ort zu Ort, monatelang, bis sie schließlich im Dorf Pilviškiai ihren Bruder Rudolf wiederfinden. Der rät ihnen, mit dem Zug nach Königsberg zu fahren. Von dort würden Transporte nach Deutschland abgehen. Er selbst käme später nach. Bis nach Insterburg können sich Waltraud und Ulrich auf einem Zug schmuggeln. Dort werden sie von der russischen Miliz aufgegriffen und freundlich behandelt. Als sie nach ihren Namen gefragt werden, sagt Waltraud: »Ich heiße Schumpelchen«, und Ulli erklärt: »Ich heiße Ullimatz.« So sind sie zu Hause von ihren Eltern gerufen worden. An ihr Alter und ihren Geburtstag können sie sich nicht erinnern. Die Kinder landen in einem sowjetischen Kinderheim in Königsberg, wo sie von deutschen Erziehern betreut werden, die sie schließlich auch auf dem Transport begleiten.

Im Quarantänelager Eggesin treffen Waltraud und Ulrich ihren Bruder Rudolf wieder, der sein Versprechen wahr gemacht hat. Nur das Schicksal ihrer Schwestern Irmgard und Sieglinde bleibt ihnen nach wie vor unbekannt. Über mehrere Stationen landen die Geschwister schließlich im Kinderheim Kyritz. Hier gibt es neben einer eigenen Schule auch eine Landwirtschaft mit Kühen und Pferden, dazu eine Tischlerei, einen Schuster, eine Nähstube und eine Bibliothek. Besonders begeistert sind die Kinder vom kleinen Zoo mit Wildschweinen, Füchsen und Nutrias. Im Winter wird eine Eisbahn für die Kinder gegossen. Das Freizeitangebot in Kyritz ist beeindruckend: Es gibt nicht nur Sport-, Mal- und Fotozirkel, sondern auch Tanzgruppen, Chöre, Orchester und sogar Unterricht im Segelflug. Zu Weihnachten und zum Geburtstag wird den Kindern etwas geschenkt, an das sie sich fast nicht mehr erinnern können: eigenes Spielzeug.

Bruder Rudolf sorgt umfassend für die beiden Jüngeren. Er achtet darauf, dass sie in der Schule gute Zensuren bekommen, sich gut benehmen, und versucht, ihr Interesse für Kultur zu wecken. Er selbst ist ein fleißiger und guter Schüler, der zum ersten Jahrgang derer gehört, die die neu eingeführte Oberschule besuchen dürfen. Einziger Wermutstropfen ist die trotz zahlreicher Anfragen beim Roten Kreuz vergebliche Suche nach den verschollenen Schwestern.

Doch im Sommer 1954 meldet sich Sieglinde beim Suchdienst des Deutschen Roten Kreuzes in Hamburg, der den Kontakt zu den Geschwistern in Kyritz herstellt. Die inzwischen Neunzehnjährige ist 1947 bei einer russischen Familie erst im Dorf Kazlų Rūda, später im städtischen Kaunas untergekommen. Als das Paar 1953 zurück nach Moskau zieht, bietet es dem Mädchen die Adoption und die Annahme einer fingierten ukrainischen Identität an. Zu diesem Zeitpunkt hat Sieglinde die deutsche Sprache bereits vollständig verlernt, kann sich nur noch auf Russisch verständigen. Dennoch hält sie trotz aller Nachteile an ihrer deutschen Herkunft und ihrem Namen fest und bleibt in Litauen zurück, wo sie Arbeit in einer Pharmafabrik findet. Eigentlich darf der Direktor sie nicht anstellen, da sie keine gültigen Papiere besitzt. Doch er deckt das Mädchen – wichtig ist ihm vor allem, fleißige und geschickte Arbeiterinnen zu haben. Nunmehr im Besitz einer Arbeitsstelle, ist es Sieglinde jetzt auch möglich, den Teufelskreis zu durchbrechen, ihre Existenz zu legalisieren. Nach erfolglosen Anfragen beim Roten Kreuz in Vilnius und Moskau erhält sie von einer litauischen Arbeitskollegin den Tipp, sich nach Hamburg zu wenden.

Durch den Erfolg angespornt, nutzt Sieglinde nun ihren Urlaub im Sommer 1955 für die Suche nach Irmgard. Wochenlang fährt sie mit Bussen litauische Dörfer an, fragt Bauern, Pastoren und Bürgermeister nach einem deutschen Mädchen. Als sie schon aufgeben will, erhält sie den entscheidenden Hinweis: Irmgard wird seit 1947 auf einem Bauernhof wie eine Sklavin gehalten. Nicht einmal ein Bett besitzt sie. Dass die junge Frau, die vor ihr steht, wirklich ihre Schwester ist, will Sieglinde nicht glauben. Die Hoffnung, die Geschwister wiederzusehen, hat sie schon lange aufgegeben – die Wölfe hätten sie alle getötet, hat ihr der Bauer eingeredet. Die Verständigung ist schwierig, denn so wie Sieglinde nur noch Russisch spricht Irmgard lediglich Litauisch. Erst durch Familienfotos lässt sie sich überzeugen. Der Bauer betrachtet Irmgard als sein Eigentum, will sie nicht ziehen lassen. Erst als die resolute Sieglinde mit den Behörden droht, gibt er nach. Irmgard geht mit der Schwester nach Kaunas. 1956 erhält Sieglinde die Erlaubnis zur Ausreise in die DDR, im Jahr darauf darf Irmgard ihr folgen.

Obwohl sie schon 20 ist, stellt das Kinderdorf in Kyritz Sieglinde ein möbliertes Zimmer zur Verfügung, um sich an das neue Leben gewöhnen zu können. Ulrich geht in Kyritz noch zur Schule, Waltraud und Rudolf absolvieren eine Berufsausbildung. Die Wiederbegegnung der Geschwister ist bewegend und herzlich. Sie helfen einander, wo sie können. Unter dem Vorwand zu hospitieren wird Sieglinde von der Heimleitung in verschiedene Schulklassen geschickt, wo sie, ohne stigmatisiert zu werden, die deutsche Sprache wieder erlernen kann. Bereits nach einem halben Jahr ist sie in der Lage, ein Fernstudium für Heimerzieher aufzunehmen.

Im Kinderdorf lernt Sieglinde den jungen Heinrich Kenzler kennen, der mit Waltraud und Ulrich zusammen aus dem Königsberger Kinderheim nach Ostdeutschland gekommen ist und im Auffanglager Eggesin Rudolfs Bettnachbar war. Die beiden Wolfskinder werden ein Paar, doch eine Heirat ist zunächst nicht möglich. Sieglinde besitzt inzwischen die sowjetische Staatsbürgerschaft und darf keinen

Deutschen heiraten. Erst 1958 wird dieses Gesetz aufgehoben – jetzt steht dieser Liebe nichts mehr im Weg.

Das Kinderheim Kyritz ist ein Sonderfall. Nicht überall wird in gleicher Art und Weise auf die schlimmen Erlebnisse der vertriebenen, elternlosen und traumatisierten Kinder eingegangen.

Nach dem tränenreichen Abschied von seiner litauischen Familie reist Gerhard Gudovius am 15. Mai 1951 in die DDR aus. So schwer ihm der Abschied fällt, so groß ist das Abenteuer, das ihn erwartet. Noch nie ist er in seinem Leben so weit gereist. Er ist gespannt auf Deutschland und darauf, was ihn dort erwartet. Eine genaue Vorstellung hat er nicht. Weder würde er die Grenzen des Landes auf einer Landkarte erkennen noch weiß er, wie es dort aussieht.

Doch nach der mehrtägigen Zugfahrt warten im sächsischen Bischofswerda erst einmal ganz profane Dinge auf ihn: neben der Registrierung und ersten ärztlichen Untersuchungen, die eher einer Fleischbeschau gleichen, werden Gerhard und seine Mitreisenden entlaust. Das ist eine unangenehme Prozedur, bei der sie den ganzen Körper mit einem übel riechenden Entlausungspulver besprüht bekommen.

Bei der Ankunft in der DDR wird auch schnell klar, dass für Gerhard hier erst einmal Endstation ist. Er hat keine Verwandten in Westdeutschland, niemanden, der »drüben« auf ihn wartet. Doch Gerhard hat wenig Lust auf die »Russenzone«. Was das heißt, hat er zur Genüge in Ostpreußen und Litauen erfahren.

Von der Oberlausitz kommt Gerhard, der inzwischen schon 19 Jahre alt ist, bald nach Bitterfeld in Sachsen-Anhalt. Dort soll er zum Agronom ausgebildet werden, um künftig in der Landwirtschaft des Arbeiter- und Bauernstaates eingesetzt zu werden. Das Lernen fällt ihm, der gerade einmal vier Jahre die Grundschule besucht und lediglich Lesen und Schreiben gelernt hat, außerordentlich schwer.

Doch auch in der DDR ist ihm das Glück hold. Im Sommer 1951 plant die SED-Führung ein kommunistisches Großereignis in Berlin: die Weltfestspiele der Jugend. Und Gerhard erhält eine Einladung zur Teilnahme – in die Hauptstadt der DDR. Unterwegs in seiner feschen FDJ-Uniform merkt Gerhard schnell, dass die meisten seiner Genossen weit mehr als nur den Besuch zäher Pflichtveranstaltungen vorhaben. Auf den Massenkundgebungen soll die Jugend der jungen DDR auf die Verbundenheit zur Partei- und Staatsführung eingeschworen werden. Doch die meisten, mit denen Gerhard unterwegs ist, haben eigene Vorstellungen von ihrer Zukunft und stehen nach der Massenindoktrination des Nationalsozialismus der neuen Führung im Osten Deutschlands durchaus kritisch gegenüber. Verheißungsvoller als jegliche Propaganda ist die Metropole Berlin. Hier pulsiert das Leben. Die Großstadt mit all ihren Reizen ruft.

Während die allermeisten Teilnehmer in Zelten und Massenunterkünften Quartier finden, hat Gerhard einmal mehr das große Los gezogen. Ihn erwartet eine Gastfamilie, die ihn beherbergen wird. Es ist der erste private Kontakt zu einer Familie seit seiner Ankunft in Deutschland. Hier wird er mit offenen Armen empfangen, hier erfährt er Mitgefühl und Herzenswärme. Obwohl es ihm eigentlich verboten ist, seine Geschichte von Flucht und Vertreibung zu erzählen, möchten seine Gastgeber alles wissen und Gerhard gar am Ende adoptieren. Der freut sich einerseits über die Gastfreundschaft, ist andererseits vorsichtig – wie schnell eine momentane Stimmung ins Gegenteil umschlagen kann, ist ihm nur allzu schmerzlich bewusst.

Trotz des politischen Anlasses reden die Jugendlichen kaum über Politik. Sie debattieren über Schule, Ausbildung, Mädchen und Freundschaften. Sie erzählen einander Witze, Geschichten und Erlebnisse, singen Lieder oder spielen Karten. Und sie kommen ihren organisatorischen Pflichten nach. Die hat jeder, und auch Gerhard halten diese manchmal davon ab, an Großveranstaltungen teilzunehmen. Doch das ist ihm gerade recht. Für ihn ist dies eine Zeit des Aufbruchs und des Abenteuers – erstmals scheinen ihm alle Türen offen zu stehen. Jetzt liegt es an ihm zu entscheiden, wie es weitergehen soll.

Auch in Ostberlin sind 1951 die Spuren des Krieges noch deutlich zu sehen. Schuttberge und zerbombte Häuser hat der Krieg in der Stadt hinterlassen. Ganz ohne FDJ-Uniform macht sich Gerhard das erste Mal auf nach Westberlin. Von Freunden hat er gehört, dass das gar nicht so schwierig sei. Nur erwischen lassen darf man sich nicht. Doch Gerhard kennt sich gut aus im Katz-und-Maus-Spiel und genießt seinen ersten Spaziergang im Westsektor der Stadt. Es ist nach Jahren der Entbehrungen und des einfachen Lebens das Paradies. Hier gibt es all jene Dinge, die er seit Kindheitstagen in Königsberg nicht mehr gesehen hat: attraktive Waren in den Auslagen, Kuchen und Torten in den Konditoreien, Delikatessen wie Kondensmilch! Das Flair einer Weltstadt liegt in der Luft, die Damen sind hübsch zurechtgemacht. Bei allem, was er der DDR in den letzten Monaten verdankt, hat der Osten für den Heranwachsenden nicht einen Bruchteil des Charmes des Westens. Schon allein hierfür hat sich die Teilnahme an den Festspielen gelohnt, findet Gerhard, der am Ende des Tages wieder in Uniform in die Festivalhymne einstimmt: »Im August, im August blüh'n die Rosen. Im August, im August in Berlin …«

Als das Festival zu Ende ist, bleibt Gerhard noch ein paar Tage bei der Familie, bevor er sich endgültig entschließt, in den Westen zu gehen. Auf Bitterfeld und Agronom hat er keine Lust, auf ein Leben in Westdeutschland sehr wohl. Damit er in den Westen gelangen kann, benötigt Gerhard einen besonderen Stempel in seinem Interzonenpass. Er gibt an, nach Hannover zu Verwandten zu wollen. Ein nettes Mädchen auf dem Amt verfällt dem Charme des jungen Burschen – sie setzt den richtigen Stempel an die richtige Stelle, Gerhard kann in den Westen.

Die Familie von Eva Rapp aus der Nähe von Niederhof im Kreis Elbing will eigentlich schon 1939 in die USA auswandern. Vater Herbert hat bereits längere Zeit in den Staaten gelebt, besitzt einen amerikanischen Pass und ist dabei, den Umzug von Frau und Kindern zu organisieren. Der erste Schwung Umzugsgüter ist bereits auf dem Weg nach Alabama, als Hitler Polen überfällt. Innerhalb weniger Tage werden wichtige Transportverbindungen unterbrochen und die deutschen Grenzen geschlossen. Die Familie sitzt auf gepackten Koffern und kann auf unbestimmte Zeit nicht ausreisen. Eva ist die Jüngste in der Reihe ihrer Geschwister Erwin, Vera, Douglas und Henry. Als Nazideutschland am 11. Dezember 1941 den USA den Krieg erklärt, beginnt für die Familie ein Spießrutenlauf. Der kosmopolitische Vater ist als amerikanischer Staatsbürger nicht mehr länger nur ein Sonderling im Deutschen Reich, er ist der Feind. Mit dem Abbruch diplomatischer Beziehungen endet für ihn auch jeglicher Schutz, jetzt ist er vogelfrei. Selbst die Kinder werden Opfer des offenen Hasses gegen Ausländer. Insbesondere Douglas wird aufgrund seines ausländisch klingenden Vornamens gehänselt und schließlich sogar vom Lehrer öffentlich zum Paria erklärt. Jetzt nennen ihn die Mitschüler nur noch »amerikanisches Arschloch«.

Zwei Jahre wird die Familie von der Gestapo drangsaliert, 1943 schließlich der Vater verhaftet. Eva ist acht Jahre alt, als der Vater Ende 1944 aus der Haft entlassen wird. Die Familie setzt all ihre Hoffnung auf ein baldiges Ende des Krieges und die Auswanderung in die USA. »Das kann doch nicht ewig dauern« ist der Satz, an dem sich die Familie aufrichtet. Doch der lang ersehnte Frieden naht 1945 ganz anders als erwartet. Von Rettung keine Spur.

Die Rapps begeben sich wie Tausende andere auf die Flucht, werden von der Roten Armee eingeholt und leben die ersten Wochen unter sowjetischer Herrschaft, mit all den bekannten Grausamkeiten. Eines Tages werden der Vater und Bruder Erwin von Rotarmisten abgeholt, angeblich zur Registrierung der Arbeitsfähigen, doch bald schon erhält Evas Mutter Gewissheit: Mann und Sohn sind, wie alle Männer in den umliegenden Dörfern, auf dem Weg in ein Arbeitslager nach Sibirien. Es dauert nicht lange, da erkrankt die Mutter an Typhus. Über Wochen versucht die kleine Notgemeinschaft, mit der sie auf die Flucht gegangen sind, Evas Mutter ins Leben zurückzuholen, doch am Ende verliert sie den Kampf. Eva und ihr Bruder Henry sind jetzt auf sich allein gestellt. Die Region ist ab Mitte 1945 unter polnischer Verwaltung, für die Kinder beginnt eine Zeit des Bettelns und Umherziehens. Erst 1947 kommen sie mit einem Vertriebenentransport in die DDR, nach Görlitz.

Es folgen Tage der »Dokumentation« – Eva ist elf und weiß auf viele der ihr gestellten Fragen keine Antwort. Mädchen und Jungen sind getrennt, und Henry, der älter ist und mehr weiß als sie, wird unabhängig von ihr aufgenommen. Die letzte Station ist bei einer älteren Dame, die Eva noch einmal alles vorliest, was sie bis dahin erzählt hat. Die Behörden wollen Gewissheit, dass alle Details stimmen. Nur so kann sichergestellt werden, dass die Familienzusammenführungen gelingen. Eva wird schwindlig vor Freude. Jemand sucht nach ihren Angehörigen! In ihrer kindlichen Vorstellung wird alles gut werden – irgendwo müssen die älteren Geschwister und der Vater doch sein. Keine halbe Stunde später dann erneut ein Schreck. Eine junge Krankenschwester fordert Eva auf, ihre Sachen zu packen, sie würde umziehen – in eine Baracke, in der die Kinder auf den Umzug ins Waisenhaus warten. Doch Eva will nicht ins Waisenhaus. Sie ist sicher, dass sie noch Angehörige hat, und auf die will sie warten! Die Schwester versucht, das aufgeregte Kind zu beruhigen, und erklärt ihr, dass alle Kinder in Heimen wohnen, bis Verwandte gefunden werden. Ein kleiner Trost für Eva, der es jetzt nicht schnell genug gehen kann.

In der Baracke gibt es den Tag über nicht viel zu tun. Hier lernt sie einen Jungen kennen, der, so die Krankenschwester, unter »Granatenschock« leidet. Eva kann sich nichts darunter vorstellen, doch die Schwester erklärt ihr, dass er sehr schreckhaft sei und den ganzen Tag schnitzen müsse, um sich selbst zu beruhigen. Vorsichtig nähert sich Eva dem Jungen, der an einem unförmigen Stück Holz hobelt. »Was soll ich denn daraus machen?«, fragt er Eva, ohne seinen starren Blick vom Holz abzuwenden. »Vielleicht ein Kätzchen?«, schlägt Eva schüchtern vor. »Na, mal sehen, ob sich hier drin ein Kätzchen versteckt …« – Eva beobachtet fasziniert seine Schnitzkunst. Ganz unvermittelt springt er plötzlich auf. »Was starrst du mich so an. Hau ab!« Eva weicht zurück und ist ganz erschrocken. Weinend läuft sie davon. Als sie am Abend zu ihrem Bett kommt, findet sie auf ihrem Kissen ein kleines Holzkätzchen. In dieser Nacht schläft sie mit dem Kätzchen in der Hand und träumt von Schnurribart, der Hofkatze zu Hause in Ostpreußen.

Schon bald folgt der Umzug ins Waisenhaus nach Bautzen. Auch hier werden die Kinder zuallererst untersucht. Die Mädchen müssen sich ausziehen und in einer langen Reihe aufstellen. Eva sieht, dass auch einige der anderen einen aufgedunsenen Bauch haben wie sie. Sie ist überzeugt, dass sich darin ein Baby versteckt. Ob der Arzt es herausschneiden wird? Eva erfährt, dass sich der Bauch wieder von ganz allein zurückbilden wird. Die Mangelernährung hat ihn anschwellen lassen, und mitnichten sind all die Mädchen schwanger. Eva ist sehr erleichtert.

Ihre Bettnachbarin heißt Agnes. Schon am ersten Abend beginnt Eva sich ein wenig heimisch zu fühlen, als Agnes ihr eine gute Nacht wünscht. Hier ist jemand, der ihren Namen kennt und der, wie sie auch, darauf wartet, bald abgeholt zu werden. Doch schon am nächsten Tag wird Eva in den Alltag des Kinderheimes eingeweiht. Agnes' Eltern sind beide gestorben, und so wartet sie darauf, adoptiert zu werden. »Jeden Sonntag ist hier Adoptionssonntag«, erzählt sie der perplexen Eva. »Dann kommen jede Menge Paare und suchen sich ein Kind aus, das sie mitnehmen. Ich hoffe, dass mich auch bald jemand mitnimmt.« Eva gerät ins Grübeln. Ob sie auch irgendwann einfach adoptiert wird, bevor ihre Verwandten sie finden?

Die Nächte im Schlafsaal sind oft unruhig. Viele der Kinder haben Albträume, auch Agnes. Oft wacht Eva auf, wenn Agnes im Schlaf wieder einmal um sich schlägt und weint. Auf der Flucht wurde ihr Treck bombardiert. Agnes und ihre Mutter suchten Schutz in einem Graben, doch einmal war es schon zu spät, eine Granate schlug direkt bei ihnen ein. Vor ihren Augen wurde die Mutter in Stücke gerissen; das Mädchen kann den Anblick nicht vergessen. Eva ist eine gute Freundin, hört Agnes zu, wenn sie von den schrecklichen Erfahrungen berichtet, und hält sie im Arm, wenn sie weinen muss. »Ich will zu meiner Mama …«, schluchzt Agnes. Eva kommen in solchen Momenten auch die Tränen – was würde sie jetzt dafür geben, sich im Schoß ihrer Mutter vergraben zu können.

Zwei Monate sind vergangen, als die Leiterin des Kinderheimes Henry und Eva zu sich holt. Sie hat einen Brief für die beiden von einer gewissen Elsbeth Rapp. Es ist die Tante, die über den Suchdienst ihre Nichte und ihren Neffen gefunden hat. Sie schreibt von ihren Bemühungen und dass sie bereits den Antrag auf Familienzusammenführung gestellt hat. Da sie in Westdeutschland wohnt, wird die Ausreise der Kinder allerdings noch einige Zeit in Anspruch nehmen. Doch Henry und Eva sind überglücklich. Noch am gleichen Tag schreiben sie Tante Elsbeth, die sie einst in Ostpreußen jedes Wochenende besuchten, einen Brief zurück. Evas Antwort beschränkt sich auf zwei kurze Sätze: »Liebe Tante Elsbeth, ich habe Dich so sehr vermisst. Bitte komm und hole uns bald ab.«

Wenige Wochen später ist es so weit. Die Kinder dürfen ihre Sachen packen und für die Fahrt in den Westen bereithalten. Am Abend vor ihrer Abreise hat Eva sich im klaren Sternenhimmel über Bautzen den hellsten Stern ausgesucht. Da oben ist ihre Mutti, die bis jetzt über sie gewacht hat, da ist sie sich ganz sicher. Und hier will sie jetzt alles lassen, was sie die letzten beiden Jahre erlebt hat – die Einsamkeit, den Hunger und das Elend. Morgen soll es in ein neues Leben gehen und all das der Vergangenheit angehören. Kurz vor Weihnachten 1947 kommen Eva und Henry bei Tante Elsbeth im ersehnten Westen an.

Der achtjährige Dieter Gröning aus Mednicken gelangt 1947 in einem Kindertransport ins ostdeutsche Stendal. Dort landet er in einem Heim, das eigentlich für schwer erziehbare Kinder vorgesehen ist und freie Kapazitäten hat. Die Betreuung durch die Heimeltern ist liebevoll. Es gibt viel Zeit zum Spielen, Herumtollen und Singen. Unter den Kindern herrscht jedoch bald ein hartnäckig geführter Wettbewerb um Essen und Zuwendung. Von beidem gibt es immer zu wenig. Die von den Kindern geliebte Heimmutter, Tante Ursel, hat eben nur einen Schoß. Und schon eine Stunde, bevor der Speisesaal aufgeschlossen wird, stehen die Kinder Schlange. Denn wer als Erster an den Tischen ist, erwischt die größte Brotscheibe. Um jeden Krümel wird dabei gerauft. Wenn das Essen wieder einmal nicht reicht, dann spielt der Heimvater Mandoline, Tante Ursel stimmt ein Lied an, und auf diese Weise wird der Hunger »versungen«.

Im November 1948 erhält Dieter schließlich eine Nachricht, mit der er schon längst nicht mehr gerechnet hat: Der Vater lebt. Der Junge erleidet vor Freude einen Zusammenbruch. Aus Goslar in der britischen Besatzungszone schreibt der Vater, ohne vom Schicksal der übrigen Familie zu wissen. *»Mein lieber, lieber Dieter, ich freue mich richtig, dass ich Dich gefunden habe. Hoffentlich kommst du nun bald zu mir und bringst noch wen mit. Ich kann schon gar nicht mehr so lange warten, bis du bei mir bist und mir erzählst, wie es Dir gegangen ist. Ja und wo hast Du Gerhard, Brigitte, Elfriede, Gisela und Mutti gelassen? Es grüßt und küsst Dich herzlich Dein Papa.«*

Dieter weiß gar nicht, was er antworten soll. Er braucht einige Tage Zeit und den Zuspruch der Heimmutter, ehe er sich ans Schreiben wagt: »*Mein lieber Papa, nach langer Zeit haben wir uns beide gefunden. Elfriede, Brigitte, Gisela, Gerhard und meine Mutti sind gestorben. Lieber Papa, ich habe gar keine Hoffnung mehr gehabt, dass Du noch am Leben bist. Ich freue mich schon, wenn Du mich abholen kommst. Ich möchte so gern bei Dir sein. Lieber Papa, ich habe nicht gewusst, wann ich geboren bin, denn meine Mutti hat mir nicht gesagt, wann ich geboren bin, denn Mutti hat gedacht, wir bleiben immer zusammen und wir sind doch nicht zusammengeblieben.*«

12 Der Weg in den Westen

Joachim Pose absolviert in den Fünfzigerjahren seine Schulausbildung in der DDR. Ab der 11. Klasse geht er in Bad Doberan auf die Oberschule und macht im Jahr darauf sein Abitur. Anfangs wohnt er noch bei seiner Tante, später zieht er ins Internat. »Natürlich ging es mir im Vergleich zu den Wolfskindern, die in Litauen geblieben sind, besser«, sagt der heute 75-Jährige. »Ich bekam eine solide Ausbildung, konnte meinen Hobbys nachgehen.« Trotzdem bleibt in dem Jungen eine Melancholie zurück, die sich mit den Jahren in Bitterkeit verwandelt. »Das Jahr 1955 war in mehrerlei Hinsicht bedeutsam für mich. In der Folge von Konrad Adenauers Besuch in Moskau wurde auch meine Mutter aus der sowjetischen Lagerhaft entlassen.«

Nach Jahren der Trennung und der Ungewissheit erfährt Joachim nun von ihr, was mit seinen Eltern nach der Verhaftung in Tilsit 1947 geschehen ist. Beide wurden Opfer eines stalinistischen Geheimprozesses. Dem Vater, einem Kriegsversehrten aus dem Ersten Weltkrieg, wurde die Beinprothese weggenommen. Nach vielen Folterungen ein gebrochener Mann, nahm er widerstandslos das unsinnige Urteil hin: 24 Jahren Lagerhaft im Gulag – als angeblicher »päpstlicher Spion«. Joachims Mutter wurde »wegen Konspiration« zu acht Jahren Gefängnis verurteilt. Das Letzte, was sie ihren Mann zum Abschied sagen hörte, bewegte sie lebenslang: Er, der eigentlich nicht an Gott glaubte, habe durch den Prozess zu Christus gefunden und verstehe nun sein Leiden. 1953 starb Joachims Vater in einem Lager bei Kuibyschew, dem heutigen Samara, an inneren Blutungen. Von einem Mithäftling erfährt Joachim später, dass sich der Vater bis zu seinem Tod die Schuld an der ausweglosen Situation der Familie in Ostpreußen gegeben hatte.

Die ersten fünf Jahre ihrer Haft verbrachte Joachims Mutter in einer Königsberger Anstalt, in der sie beinahe jede Nacht vom Gefängnisdirektor vergewaltigt wurde. Erst nach einem Selbstmordversuch und durch die Initiative einer russischen Ärztin fand das Martyrium ein Ende. Sie wurde vorübergehend auf die Krankenstation verlegt und anschließend in ein Gefangenenlager am Ural gebracht.

Angesichts des eigenen Schicksals und des Leidens der Eltern ist für Joachim schwer nachvollziehbar, weshalb die Deutschen mit einer Kollektivschuld belegt werden, während andere Kriegsverbrecher nicht zur Verantwortung gezogen werden. Existenzielle wie auch historische Fragen bewegen den jungen Mann, der inzwischen in Bad Doberan mit der Mutter in eine Dreiraumwohnung gezogen ist. Joachim trägt eine große Wut in sich, dass Menschen wie seine Mutter in der DDR nach wie vor als Kriegsverbrecher gesehen werden. Überhaupt gerät er immer wieder mit dem Staatsapparat aneinander. Er stellt im Unterricht unbequeme Fragen und macht die eine oder andere vorlaute Bemerkung, mit der er auffällt. Das schlägt sich auch in seinem Abschlusszeugnis nieder: »Joachims charakterliche und politische Haltung entsprachen nicht immer den im ganzen guten Leistungen. Ihm fehlen noch Selbstbeherrschung und der eigene Wille, an sich zu arbeiten.« Unter »Gesellschaftliche Tätigkeit« wird ihm bescheinigt: »Teilweise aktiv in der FDJ und der GST tätig, einsatzbereit beim nationalen Aufbauwerk. In der politischen Haltung jedoch unterentwickelt.«

Mit diesem Zeugnis erweist sich Joachims Bewerbung um einen Studienplatz im Bauingenieurwesen an der Technischen Universität Dresden als chancenlos. Desillusioniert flieht er in den Westen. Wieder kommt es dadurch zu einer Trennung von der Mutter und den Verwandten in Bad Doberan. Im Notaufnahmeverfahren wird Joachim aufgrund seines diskriminierenden Reifezeugnisses und des verweigerten Studienplatzes in der Bundesrepublik schließlich als politischer Flüchtling anerkannt.

Im Westen angekommen, kostet Joachim die neuen Möglichkeiten in vollen Zügen aus. Ob politische Diskussionen, Sport oder das Entdecken von Autoren, die in der DDR verboten waren oder nicht gedruckt wurden – er ist begeisterungsfähig und kommunikativ. In Hannover beginnt er auf dem Bau zu arbeiten, um die fürs Studium notwendige Praktikumsbescheinigung zu erhalten. Bevor er sich an der Technischen Hochschule Hannover für Architektur einschreibt, will er noch ein wenig das neue Deutschland kennenlernen. Gemeinsam mit seinem Freund Rudi reist er in einer Drückerkolonne, die Zeitungsabos verkauft, quer durch Norddeutschland. Schon bald merken die beiden, dass diese Form des Kapitalismus sowohl die Menschen schädigt, denen sie die Abos aufschwatzen, als auch sie selbst – ständig sind sie pleite, obwohl sie doch jeden Tag von morgens früh bis abends spät arbeiten. Eines Tages büchsen die beiden einfach aus und haken das Kapitel ab.

Ab Herbst 1958 studiert der inzwischen 22-Jährige in Hannover. Er tritt einer Studentenverbindung bei, die fortan eine Art Familienersatz wird. Es ist eine verschworene Gemeinschaft junger Männer, von denen viele noch Angehörige in der DDR haben. Das Leben im Verbindungshaus zählt Joachim Pose zu den glücklichsten Zeiten seines Lebens.

1967 macht er seinen Abschluss und beginnt als Architekt zu arbeiten. Er heiratet, wird Vater eines Sohnes, lebt ein bürgerliches Leben in der Bundesrepublik. Was bleibt, ist das, was er selbst »den bitteren Wurm in mir« nennt. Er weiß um das Glück, das er mit seiner Rückkehr aus Ostpreußen hatte, das Glück, die ersten Jahre in Kyritz erlebt und schließlich auch die Mutter wiedergefunden zu haben. Dennoch wiegt der Verlust der einstigen heilen Welt für ihn schwerer.

Die erste Ehe geht in die Brüche, Joachim heiratet ein zweites Mal. Aus dieser Ehe gehen zwei Söhne hervor. Nach der Wende kehrt er nach Bad Doberan zurück, arbeitet dort als Architekt, muss 2006 aber in die Insolvenz gehen. »Ich bin einfach krachen gegangen. Eigentlich war ich schon im Rentenalter, aber dann habe ich noch mal alles verloren.« Es folgen die Trennung von seiner zweiten Frau und sein Umzug nach Düsseldorf. Er beginnt seine Erlebnisse, eine Rückschau auf sein Leben, aufzuschreiben. Darin resümiert er: »Alles, was geschieht und uns zustößt, hat einen Sinn, doch oft ist es schwierig, ihn zu erkennen. Zweifel, ja Verzweiflung ergreifen uns. Schließlich legt sich eine lähmende Erschütterung auf uns.«

Es wird den Wolfskindern nicht leicht gemacht, die sowjetische Besatzungszone und später die DDR als neue Heimat zu akzeptieren. Denn die Integration in die Gesellschaft ist an die Bedingung geknüpft, über das eigene Leid und die

Umstände der Vertreibung aus Ostpreußen eisern zu schweigen. Selbst das Wort »Vertreibung« ist ein Tabu, stattdessen wird von »Umsiedlung« gesprochen, die angesichts der deutschen Kriegsverbrechen als eine »Unbequemlichkeit« beschönigt wird, über die man sich nicht zu beschweren habe. Mehr noch, aus den Opfern werden angebliche Täter, die auf der historisch falschen Seite gestanden und deshalb ihr Schicksal zu Recht zu tragen hätten. Ein Teil der Wolfskinder vollzieht die geforderte Anpassung, lernt zu schweigen oder macht sich die Argumente der SED-Ideologen zu eigen. Andere erfahren dadurch eine neuerliche Traumatisierung und sehen als Ausweg nur, nun auch ihr eben neu gefundenes Zuhause wieder zu verlassen.

Die Gemeinde Friedland in Niedersachsen gilt bis heute als Symbol der Hoffnung für Flüchtlinge und Aussiedler, die nach Deutschland kommen. Ganz in der Nähe stießen nach Ende des Zweiten Weltkriegs die britische, sowjetische und amerikanische Besatzungszone aufeinander. In dem kleinen Ort gab es einen Bahnhof, eine gut ausgebaute Landstraße sowie eine leer stehende Stallung des Veterinärgutshofes der Universität Göttingen. Für Tausende Flüchtlinge, Vertriebene und Kriegsheimkehrer, die auf der Suche nach Angehörigen oder einer neuen Bleibe waren, wurde von der britischen Militärverwaltung hier ein Auffanglager eingerichtet. Nach und nach kamen Wellblechbaracken, sogenannte Nissenhütten, dazu, um das Lager zu erweitern. Verzweifelte Angehörige warteten hier häufig tagelang auf die Transporte mit den entlassenen Kriegsgefangenen. Oft hielten sie Schilder mit Namen und Bildern der Gesuchten in Händen. Die Wände der Baracken waren über und über mit Suchzetteln beklebt, immer wieder spielten sich unbeschreibliche Szenen ab, wenn Angehörige gefunden wurden oder jemand die Nachricht vom Tod eines Gesuchten erhielt.

Solche Momente fremden Leids und Glücks beobachtet auch Gerhard Gudovius täglich, als er im Herbst 1951 in Friedland ankommt. Die Wechselbäder der Gefühle in nächster Nähe überfordern den Halbwüchsigen. Der Ort erscheint ihm wie ein Ameisenhaufen. »Es war ungeheuer viel los, und ich kam mir anfangs ganz verloren vor.« So ist er froh, als er Friedland wieder verlassen kann. Bald schon geht die Fahrt für ihn weiter nach Süddeutschland. Im schwäbischen Biberach lebt er zwei Jahre in einem Lager für »Sowjetzonenflüchtlinge« und Aussiedler. Die Behausung ist einfach und besteht aus Baracken mit dünnen Holzwänden, die eher Gartenlauben ähneln als Häusern. Doch schlimmer als die Unterkunft ist für Gerhard die Langeweile, die hier an die Stelle der aufgewühlten Stimmung tritt, die er in Friedland erlebt hat. »Es gab ja nichts zu tun. Wir durften noch nicht arbeiten, und was macht man dann den ganzen Tag? – Nichts. Langeweile ist schwer zu ertragen. Ganz besonders, wenn man ein tatkräftiger junger Mensch ist.«

Von Biberach geht es 1953 auf die Alb. Auf der Eninger Weide sind Notunterkünfte entstanden, in denen die Aussiedler bleiben können, bis sie im Landkreis Reutlingen Wohnraum gefunden haben. »Da konnte ich schon arbeiten. Und das wollte ich ja dann auch endlich wieder.« Als junger Flüchtling aus Ostpreußen ohne familiäre Bindung hat Gerhard wieder einmal Glück und erhält diesmal einen Platz im Jugendheim. »Da bekam ich in der Woche 20 Mark Taschengeld und war ansonsten versorgt. Für Wohnen, Essen und Wäsche musste ich nichts bezahlen.« Arbeit findet er in einer Buchdruckerei im nahe gelegenen Hochdorf.

»Meine Frau Gerlinde habe ich 1957 kennengelernt. Da war ich schon lange in Reutlingen. Sie kam aus dem Vogtland. Die Schwiegereltern nahmen mich gut auf. Das ergab sich, weil sie selbst ja auch nichts hatten. Die waren geflüchtet und mussten raus, weil dem Schwiegervater gesteckt worden war, dass er möglicherweise aus politischen Gründen verhaftet würde. Die ließen drüben auch alles stehen und liegen.« Der Anschluss an die Familie seiner Verlobten tut Gerhard Gudovius gut. Sie teilen ein Schicksal, über das wenig Worte verloren werden müssen, und doch versteht man einander. »Ich merkte damals, dass ich jetzt meine eigene Familie aufbauen musste. Ich brauchte die Bindung.«

Etwa zur gleichen Zeit schreibt er erstmals an das Rote Kreuz. Er sucht den Bruder seiner Mutter, der ihn und die Großmutter einst in Königsberg am Morgen nach der Reichskristallnacht zur Synagoge geführt hatte, um ihnen das ganze Ausmaß der Zerstörung zu zeigen. Und tatsächlich, der Onkel lebt und ist inzwischen in Kaiserslautern heimisch geworden, wo er einen gut gehenden Friseurladen für die amerikanischen GIs betreibt. Er hat sich auf Afro-Schnitte spezialisiert, und das Geschäft läuft gut.

Doch anders als Gerhard erwartet hätte, will der Onkel plötzlich nichts mehr von ihm wissen. Und bald stellt sich auch heraus, warum. Es geht um den Lastenausgleich, der den Vertriebenen in unterschiedlichem Maß zusteht. »Die Großeltern hatten ja einen Garten mit 13,5 Hektar, und ich musste eine eidesstattliche Erklärung unterschreiben, dass das stimmte. Dadurch bekam er ein bisschen Geld.« Doch offensichtlich nicht genug. Es folgen böse Briefe, die Gerhard vorwerfen, der Onkel hätte einen zu kleinen Anteil bekommen. Gerhard ist vor den Kopf gestoßen: »Und das, obwohl er ja immerhin schon einen Friseursalon hatte! Ich hatte ja gar nichts! Ich hatte ja nicht einmal einen Koffer gehabt, als ich in die DDR kam.« Und auch Mitgefühl für das erlittene Leid kann Gerhard nicht erwarten. Der Kontakt zum einzigen Blutsverwanden, den er noch hat, bricht ab.

»Es war eine harte Zeit. Als ich in den Westen kam, hat kein Hahn nach mir gekräht. Es interessierte ja keinen, woher du kamst oder was du erlebt hattest.«

Es ist eine Zeit, in der jeder sich selbst der Nächste ist, jeder von sich denkt, das Schlimmste im Krieg erlebt zu haben. »Ich habe bis heute nicht verstanden, wie meine Großeltern immer sagen konnten, ›Der Russe ist auch nur ein Mensch.‹ – Natürlich ist der Russe auch nur ein Mensch, er ist vielleicht sogar ein guter Mensch. Also der Zivilrusse. Auf die Leute lasse ich nichts kommen. Aber das russische Militär, das hat mir als Kind die schlimmsten Stunden meines Lebens beschert.«

In diesen ersten Jahren im Westen sehnt sich Gerhard häufig nach Litauen zurück. »Da war eine Zeit lang alles geregelt. Da hatte ich meinen Platz und ein gutes Leben. Mein gesamtes Erwachsenenleben habe ich mich immer wieder gefragt, wie mein Leben gewesen wäre, wenn ich in Litauen geblieben wäre.«

Gerhard bleibt seinem Arbeitsplatz in der Buchdruckerei treu, bis diese geschlossen wird. Veränderungen in den Druckverfahren haben sie unrentabel gemacht. Gerhard, inzwischen Vater, arbeitet die nächsten Jahre als Lackierer in einer Reutlinger Firma, bevor er ins Dacora-Kamerawerk wechselt. Obwohl das Werk als Zulieferer für die großen Namen der aufstrebenden Fotoindustrie gilt, macht es 1972 dicht. Wieder muss sich Gerhard Gudovius einen neuen Arbeitgeber suchen. Er wechselt in den Einzelhandel, in einen Supermarkt. Als er sich um die Stelle bewirbt, wird er gefragt, ob er sich diese Arbeit ohne eine formale Schulbildung überhaupt zutraut. Doch Gerhard weiß zu diesem Zeitpunkt schon lange, wie man neue Herausforderungen meistert, und ist sicher, dass er es auch hier schaffen wird. Es wird seine längste Anstellung, 14 Jahre ist er als Kaufmann beschäftigt. Von seinen Tagen als Wolfskind in Litauen her gesehen ist er am Ende seines Berufslebens, ganz ohne Bildung, weit gekommen. »Als ich mit dem Renteneintritt die Entlassungspapiere bekam, stand da ›Abteilungsleiter‹! Mir war das gar nie so bewusst gewesen. Ich hatte ja drei Frauen und einen Mann, für die ich da verantwortlich war.« Ohne viel Aufhebens erlebt Gerhard jetzt eine Wertschätzung, die ihm eine Würde für das Geleistete gibt. »Da hatte ich das erste Mal das Gefühl, dazuzugehören, auch wenn ich alter Ostpreuße nie ein Schwabe werde.«

Gerlinde, seine Frau, spricht mit einem starken schwäbischen Einschlag, obwohl sie ursprünglich aus dem Vogtland stammt. Sie erinnert sich: »Als wir uns kennenlernten, hat er wenig erzählt. Das ist erst jetzt im Alter, dass er sich wieder erinnert. Jetzt erfahre ich mehr. Damals hat er es verdrängt, es war zu belastend.« Ihr Mann habe immer besonderes Glück gehabt. »Seit dem Tod seiner Mutter hat ihn immer jemand an der Hand genommen.«

Was wusste sie überhaupt von seiner Herkunft, seiner Vergangenheit? »Ich wusste, dass er aus Königsberg stammte und alleine in Litauen gewesen war. Meine Eltern haben ihn dann gut aufgenommen, denn er war ja fleißig. Meine Mutter hat nichts auf ihn kommen lassen, ja, sie hat eigentlich mehr zu ihm gehalten als zu ihren eigenen Kindern.«

Gerlinde Gudovius strahlt eine große Ruhe aus. Wenn Gerhard sich über etwas aufregt, bleibt sie gelassen. Dass es nicht immer einfach war, gibt sie unumwunden zu: »Ich habe es dann auf den Alkohol geschoben. Er hat da ja in Litauen nächtelang quasi immer am Tropf gehangen, wenn der Schnaps gebrannt wurde. Und das habe ich erst jetzt erfahren. Wenn er damals ein bisschen mehr trank, dann gab es kein Ende mehr. Das war ungeheuer schwer.«

Doch an eine Trennung hat sie nie ernsthaft gedacht. »Wir haben immer zusammengehalten. Ich dachte jedes Mal, wenn es Probleme gab, er ist ganz alleine und geht unter, wenn wir das nicht gemeinsam schaffen. Es musste einfach gehen. Wir haben drei Kinder, und die lieben ihren Vater. Da hat man zusammengehalten.«

Es folgt eine kleine Pause, ein liebevoller Blick und dann: »... und jetzt im Alter, jetzt wird er ruhiger.«

Gerlinde ist inzwischen 72 Jahre alt. Seit 35 Jahren leben sie in dem kleinen Reihenhaus mit Garten, das der Gemeinde gehört. Alles ist in Schuss und wird liebevoll von Gerlinde gepflegt.

Eine Sache fällt beiden, Gerlinde und Gerhard, schwer zu verstehen. »Unsere Kinder«, sagt Gerlinde, »das habe ich schon oft bemängelt, die interessieren sich nicht groß für den Lebenslauf ihres Vaters. Vielleicht liegt es daran, dass sie noch zu jung sind oder eben zu sehr beschäftigt. Wir wollten von unseren Eltern damals auch nicht ständig von früher und dem Ersten Weltkrieg hören. Andererseits, das Schicksal ihres Vaters ist schon ein besonderes.« Und Gerhard fügt hinzu: »Die Kinder, die können sich da nicht reinversetzen. Nur unsere eine Enkeltochter, die jetzt Abitur macht, die fragt schon mal nach.«

Und noch etwas beschäftigt Gerhard: »Es ist traurig, wie wenig bekannt in Deutschland die Rolle des litauischen Volkes nach dem Krieg ist. Wie vielen Tausend Kindern haben sie wohl das Leben gerettet?«

Was bleibt, sind die Erinnerungen. Darunter die schlimmste, gleich nach dem Krieg, die Toten und Schwerverletzten der letzten Monate in Königsberg: »Wenn ich heute im Fernsehen Schwerstverletzte sehe, dann sage ich zu meiner Frau, ›das lässt mich kalt‹. Und die kann sich das nicht vorstellen. Ich bin über verkohlte Leichen rüber, über ..., ich weiß nicht, wie viele es waren, aber ich weiß noch, dass es sich weich anfühlte. Die waren alle erstickt. Ich habe kleine verkohlte Kinder und auch Erwachsene gesehen, Menschen ohne Kopf. In der Festung Königsberg. Die Bomben kamen von oben, die Artillerie hat reingeschossen. Man hörte die Panzer und mittendrin – ich. Aber als Kind ist man da so reingewachsen, man war so abgehärtet, und nach dem Krieg kam dann das nächste Elend, die Hungersnot. Danach konnte mich nichts mehr erschüttern. – Wenn ich ein Resümee ziehen müsste, dann vielleicht, dass diese Kindheitserlebnisse mich mein ganzes Leben hindurch begleitet haben.«

Manche der Wolfskinder werden in Westdeutschland nie heimisch. Viele von ihnen wandern weiter aus, darunter in die Schweiz, nach England, Australien und die USA.

Eva Rapp lebt in Westdeutschland, wo sie die Schule besucht, bis sie 16 Jahre alt ist. Die älteren Geschwister, von denen sie seit Ende des Krieges getrennt war, sind bereits in die USA ausgewandert, um ihren Status als amerikanische Staatsbürger nicht zu verlieren. Eva und ihr Bruder Henry werden erst nach dem Schulabschluss nachkommen können. Die Verwandten, die sich um Eva und Henry bis zu ihrer Übersiedlung in die USA kümmern, fühlen sich deren Eltern verpflichtet. Sie achten darauf, dass beide schnell und gut Englisch lernen, damit sie in ihrem neuen Leben zurechtkommen werden. Die Zeit in Deutschland erlebt Eva als eine Zeit des Atemschöpfens, auch wenn die Erinnerungen, das Schulpensum und die einfachen Lebensverhältnisse der Nachkriegszeit keine wirkliche Erholung sind. Doch sie wird geliebt und umsorgt, darauf vorbereitet, in das Leben zu ziehen, das ihr Vater sich für seine Familie immer gewünscht hat.

Bis 1952 bleibt Eva in Deutschland, bevor sie sich auf den Weg nach Chicago macht, um dort ihre Geschwister wiederzutreffen – doch die beiden ältesten Brüder sind bereits wieder im Krieg, dieses Mal als Soldaten der US-Armee in Korea. Ihre Abreise aus Deutschland schildert sie so: »Es war ein seltsames Gefühl. Ich war auf einem Ozeandampfer als alleinreisende Minderjährige unterwegs. Als Amerikanerin, die ich durch die Einbürgerung meines Vaters vor meiner Geburt automatisch geworden war. Und mein Vater war in einem russischen Lager ums Leben gekommen.« Ihr Gepäck besteht aus einer kleinen Überseekiste mit Büchern, einem einzigen Koffer mit Kleidern und »einem ungebrochenen Optimismus, den nur die Jugend an den Tag legt«.

In Chicago lebt sie anfangs bei einem älteren deutschen Ehepaar. Im Wesentlichen ist Eva auf sich allein gestellt. Doch sie beißt die Zähne zusammen, geht arbeiten und sorgt bald schon für sich selbst. »Zeit für Selbstmitleid hatte ich nicht«, resümiert sie heute. »Im Gegenteil, ich hatte das Gefühl, wirklich Glück gehabt zu haben. Ich hatte überlebt und konnte mir jetzt etwas aufbauen. Ich wollte perfekt Englisch lernen, mich gut integrieren, damit ich niemals wieder in eine Notlage käme und Hilfe von irgendjemand bräuchte.«

Es mag wie eine typisch amerikanische Antwort klingen, aber es ist mehr: Die Erfahrungen der Machtlosigkeit und des Ausgeliefertseins können zu unterschiedlichen Reaktionen führen. Während sie manche schwer Traumatisierte in die Depression treiben, arbeiten sich andere aus dieser Situation heraus und versuchen, sich eine neue sichere Basis zu erschaffen.

Eva nennt sich mit der Einreise in die USA wieder Evelyne, wie sie einst der Vater taufen ließ. Sie heiratet jung, in der Hoffnung, die Familiengründung würde neuen Halt geben. Denn immer noch verfolgt sie die Erinnerung. Doch das Gegenteil ist der Fall. Die erste Ehe leidet und geht schon bald in die Brüche. Erst Jahre später, in ihrer zweiten Ehe, beginnt sie die Erlebnisse ihrer Kindheit aufzuarbeiten. Jetzt heißt sie Evelyne Tannehill, der Eiserne Vorhang ist gefallen, und die Vergangenheit kommt wieder ins Bewusstsein, aber nicht mehr so bedrohlich wie einst.

»Als meine Kinder aufwuchsen, sprach ich nie über meine Vergangenheit. Erst als sie erwachsen wurden, begriff ich, dass ich mir die Zeit nehmen musste, es aufzuschreiben. Ansonsten wären die Erfahrungen, wäre die Geschichte für immer verloren.« Mit deutschen Bekannten fährt Evelyne Tannehill noch einmal an die Orte ihrer Kindheit. Hatte sie anfangs noch Zweifel an der eigenen Erinnerung, daran, was sie tatsächlich erlebt hatte und was sie sich vielleicht nur einbildete, öffnet ihr diese erste Reise die Augen. »Ich merkte, dass meine Erinnerungen wirklich stimmten, sie mit Orten verknüpft waren und ich meine Geschichte endlich zu Papier bringen musste. Es war ein langer, schwieriger Prozess, denn er brachte so viele schmerzhafte Erinnerungen zurück ins Bewusstsein. Gerade in meinen Träumen oder besser gesagt ›Albträumen‹.« Sechs Jahre schreibt sie an ihren Memoiren, weitere vier Jahre lässt sie diese liegen, um sie »reifen zu lassen«, wie sie sagt.

Zwei weitere Male kehrt Evelyne nach Ostpreußen zurück und trifft dabei auch auf die polnische Familie, die heute in ihrem Elternhaus lebt. Was empfindet sie gegenüber diesen Menschen? »Ich habe keine Vorbehalte gegenüber Polen oder auch den Russen. Alle Seiten, natürlich auch die Deutschen, haben Kriegsverbrechen begangen. Ich denke heute, dass es jedem Menschen gegeben ist, Gutes oder Böses zu tun, je nachdem in welchen Umständen er sich befindet. Der absolute Wille zu leben und zu überleben lässt Menschen Dinge tun, die sie nie für möglich gehalten hätten.«

Deutschland als Heimat hat sie sich nicht bewahren können. »Ich besuche Deutschland gerne und oft. Aber Amerika ist zu meinem neuen Zuhause geworden, meinem neuen Heimatland – hier fühle ich mich wohl, hierher gehöre ich.«

Evelyne Tannehills Familie ist überrascht, als sie das erste Mal von den Erlebnissen der Mutter im Krieg hört. »Wir sprachen früher nie darüber, und natürlich war es ein Schock, als sie von meiner Höllenerfahrung das erste Mal lasen. Es war einfacher, das neue Leben aufzubauen, ohne ständig an früher zu denken, sich von diesen Erfahrungen runterziehen zu lassen. Ich konnte die Vergangenheit ja nicht mehr ändern, aber ich hatte meine Zukunft in der Hand.«

Was bleibt, sind auch bei Evelyne die Erinnerungen. »Am stärksten waren sie an Mutters Grab in Polen. In Gedanken sprach ich zu ihr: ›Ich will dir von meinem Leben berichten. Ich liebte dich weit mehr, als ich damals ahnte. Und erst als du von uns gegangen warst, wusste ich, wie sehr ich dich geliebt hatte. Und ich werde die Erinnerung an dich immer bewahren …‹«

13 Fremde neue Heimat

Erika Sauerbaum hat sich schon immer gedacht, dass es noch eine andere Deutsche in Jonava geben müsse. Doch in der Sowjetzeit war es zu gefährlich, diesem Gefühl nachzugehen. Erst 1993 zeigt ihr eine Bekannte auf dem Friedhof eine ältere Dame, von der sie vermutet, dass sie auch deutsche Wurzeln hat. »Frag sie doch einfach«, sagt sie zu Erika, und diese, noch nie auf den Mund gefallen, geht hinüber zu der Frau, die sie vom Sehen schon einige Jahre kennt. Beide besuchen täglich den Friedhof. »Entschuldigen Sie, aber sind Sie vielleicht Deutsche?«, fragt sie ohne große Umstände. Wie aus der Pistole geschossen antwortet diese: »Wieso? Sehe ich etwa aus wie eine?«

Heute lachen Erika und Christel, die damals ihren richtigen deutschen Namen noch nicht einmal kannte, über diese Sätze, die sie beim ersten Kennenlernen gewechselt haben. Über die Jahre sind sie enge Freundinnen geworden, und heute können sie sich den Alltag ohne die jeweils andere gar nicht mehr vorstellen.

Erika Sauerbaum, die wie Christel Scheffler aus Königsberg stammt, ist eines der älteren Wolfskinder. »Der Vorteil für die Älteren war, dass sich ihre Muttersprache gefestigt hatte und sie das Deutsch eigentlich nicht mehr ganz vergessen konnten«, sagt die heute 83-Jährige. Das traf auch auf sie selbst zu. Sie, die über viele Jahre die Korrespondenz für manche Wolfskinder führte, Briefe an das Rote Kreuz, Behörden und Verwandte schrieb, ab 1993 tat sie dies dann auch für Christel.

Für die tut sich durch die Begegnung mit Erika eine völlig neue Welt auf. »Natürlich hatte ich den Fall der Mauer mitbekommen und die Unabhängigkeit Litauens, aber ich wusste einfach nicht, wohin ich mich wenden sollte, um selbst nach Verwandten zu forschen oder mich überhaupt als deutschstämmig bekannt zu machen.« Doch Erika will ihr gerne helfen. In vielen Begegnungen fragt sie Christel nach ihren Erinnerungen. Die weiß, dass sie in Königsberg bei Pflege- oder Adoptiveltern lebte, vielleicht Käthe Wind hieß. Die Umstände sind ihr unbekannt. Sie weiß ihr ungefähres Geburtsjahr, erinnert sich an ein Wohnhaus an einem Platz mit Bäumen und Bunkern. Die Erinnerungen an die Bombennächte, an Tote, Verletzte, Elend und Hunger strapazieren sie. Immer wenn sie daran denkt, muss sie weinen, das Darüberreden fällt ihr unendlich schwer.

Auf Drängen ihrer neuen Freundin Erika schreibt Christel schließlich an das *Ostpreußenblatt* und bittet um die Veröffentlichung ihres Aufrufs: »*Gesucht werden Verwandte und Bekannte von Käthe Wind, die jetzt Aldona Žigmantienė heißt, geboren etwa 1940 in Ostpreußen, eventuell Königsberg. Sie kam als kleines Kind 1947 nach Litauen. Die Eltern sind nicht bekannt; es könnte aber sein, dass es einen älteren Bruder gibt. Früher hatte Käthe blondes, lockiges Haar, ihre Augen sind blau, das Gesicht hat eine eher runde Form, und auf der rechten Seite der Rippen befindet sich ein Muttermal. Ein unsichtbares Muttermal ist auch zwischen den Augenbrauen vorhanden.*«

Obwohl Erika eine Reihe Bekannte hat, die auf diese Weise Verwandte in Deutschland gefunden haben, kann sich Christel nicht vorstellen, dass die Anzeige Erfolg haben wird. Doch eines Tages erhält sie Post. Es ist ein Brief aus Deutschland, aber sie versteht kein Wort und kann es daher kaum erwarten, dass Erika ihn übersetzt. Ein Mann, der ihr Bruder sein könnte, bittet um weitere Angaben. Er lebt in der Kleinstadt Waiblingen bei Stuttgart. Sein Name ist Gerhard Windt. Mit Erikas Hilfe antwortet Christel postwendend. Sie erzählt, wie es ihr all die Jahre ergangen ist, und schreibt die wenigen Dinge, an die sie sich erinnern kann, auf. Und tatsächlich erhält sie von Gerhard kurze Zeit später einen langen Brief: »*Hallo, und Guten Tag! Ihren Brief erhielt ich gestern und weiß nicht, wie oft ich ihn gelesen habe, und ich möchte nicht versäumen zu betonen, wie gut er geschrieben ist, fehlerlos, man könnte meinen, Sie sind erst gestern ›ausgewandert‹! Wo wohnten Sie, liebe Frau Erika, in Königsberg? – Doch nun zum Brief und den sich aufdrängenden Fragen. Ich werde versuchen, so gut wie möglich, in der Vergangenheit zu forschen. – Wie Ihr Name von Kitty über Keti zu Käthe Windt entstanden sein kann, schrieb ich bereits. Ebenso, dass Sie Christel Scheffler sein könnten, das Pflegekind meiner Eltern damals. Wie Sie zu dem Namen Windt kamen? Ich könnte mir vorstellen, dass meine Eltern es beim Ende des Krieges in Königsberg leichter hatten, Sie den Russen gegenüber als ihr eigenes Kind auszugeben, schon wegen der Hungerverpflegung. Es muss furchtbar gewesen sein und ich wusste schon lange, dass viele Ostpreußen sich nach Litauen durchschlugen oder es zumindest versuchten. Ihr Schicksal war schlimm, aber was wissen wir, wozu es gut war? Von der Frau, die Sie mitnahm, haben meine Eltern trotz intensiver Suche über das Rote Kreuz nichts mehr gehört. Ebenso wenig über den Verbleib Ihrer leiblichen Mutter. Ich selbst habe diese nur zweimal gesehen, als sie sich nach Ihnen erkundigte. Ihre Mutter war auch noch jung, verheiratet war sie damals nicht, ihren Vornamen und sonstige Daten weiß ich leider nicht.*

Die Eltern sind 1948 ausgesiedelt worden, Vater im Frühjahr nach Sachsen, Mutter Ende Sommer nach Sassnitz a/Rügen, damals DDR. Über das Rote Kreuz fanden sie sich später wieder und wohnten bis zu ihrem Tode in Sassnitz, Vater starb 1972/73, Mutter starb 1974/75. Ich bin erst viel später von privater Seite darüber unterrichtet worden. Beruflich war ich Monteur und immer unterwegs, im In- und Ausland. Ich hatte zwar eine Wohnung in der Nähe von Bremerhaven, war aber sehr selten zu Hause. Beide Eltern sind auch in Sassnitz bestattet.

Papiere von Ihnen hatten sie keine. Was im August 1944 von den englischen Bomben nicht vernichtet wurde, erledigten die Russen 1945. Die ostpreußische Kultur wurde systematisch zerstört, die Leute, die später ausgewiesen wurden, hatten meist nur das, was sie auf dem Leib trugen, und das war den Russen schon oft zu viel.

Und nun zu dem, woran Sie sich erinnern. Zum Beispiel an den Platz. Wir wohnten ja am Fichteplatz, es waren eigentlich zwei Plätze, ein Sportplatz und ein Wiesenplatz, und die große Fichteschule, gerade hundertfünfzig Meter davon entfernt. Ich hoffe, es reicht für den Anfang und wenn noch Fragen auftauchen, ich stehe zur Verfügung!«

Zwischen Gerhard und Christel entsteht ein regelmäßiger brieflicher Austausch; die beiden schreiben sich einmal im Monat, und immer gibt es für Christel neue Mosaiksteine ihrer Vergangenheit zu entdecken. Es gibt keinen Zweifel, dass es sich bei Gerhard um ihren großen Bruder handelt, der sie wie einst in Kindertagen mit ihrem Kosenamen anspricht.

11. April 1994

Liebe Kitty!

Vielen Dank für die netten Ostergrüße, ich war sehr überrascht und natürlich erfreut. Nun muss ich dumm fragen, feiert man in Litauen wieder das Osterfest oder waren die Feiertage während der Fremdherrschaft nicht unterdrückt? Die frühere Einstellung dieser Herrscher zur Kirche war ja bekannt.

Nun naht auch Ihr Geburtstag am 26. April. Ich bitte aber um Verständnis, dass ich noch keine Karte sende, es ist wohl noch etwas verfrüht, obwohl es für mich eigentlich keine Zweifel gibt. Vielleicht dauert es ja nicht mehr lange, dass Ihre wahre Identität anerkannt werden kann.

Seien Sie versichert, dass ich an diesem Tag an Sie denken werde, wie ich es so oft getan habe. Ich hatte vor kurzem auch Geburtstag, meinen 69.; in aller Stille und Zufriedenheit verlebte ich ihn mit meiner Lebensgefährtin. Früher waren wir eine April-Familie, mit Ihnen, Kitty, waren wir zu viert mit den Geburtstagen in diesem Monat!

Und was haben Sie nun geplant? Werden Sie nach Wegen suchen, um Ihren echten Namen zu bekommen, oder sind Sie zufrieden mit den jetzigen Umständen? Ich meine damit, dass Sie wohl wissen, wer Sie wirklich sind. Ich habe mir nur zu oft die Bilder angesehen und verglichen, für mich würde es keinen Zweifel geben, dass Sie es sind.

Einmal in Ihrer Kindheit sind Sie gestürzt und haben sich am Mundwinkel verletzt. Nehmen Sie doch einmal Ihren Finger und fahren Sie damit von unterhalb Ihrer Nase zum rechten Mundwinkel. Dort müssten Sie heute noch eine Narbe fühlen.

Ich hoffe, dass der Brief Sie bei Wohlbefinden erreicht,

und kann mir vorstellen, wie eilig Sie es dann haben werden, ihn von Frau Erika übersetzt zu bekommen. Wie lange ist die Post zu Ihnen eigentlich unterwegs? Und eine Bitte habe ich an Sie! Schreiben Sie mir doch mal einen Satz und wenn er in Litauisch ist, ich würde gerne Ihre Handschrift lesen!

Herzliche Grüße, alles Gute, Ihr Gerhard Windt.

Und tatsächlich trägt Christel eine kaum sichtbare Narbe an der Stelle, die Gerhard beschreibt. Am 27. April 1994 fasst sie sich schließlich ein Herz und schreibt einen Brief an das Standesamt I in Berlin, das die Geburtsurkunden aller im Ausland geborenen Deutschen, auch aus den Kriegsjahren, verwaltet.

Sehr geehrtes Standesamt!

Ich wende mich an Sie mit einer großen Bitte. Ich bin eine Deutsche aus Königsberg. Nach dem Krieg, 1947, als in Königsberg große Hungersnot war, kam ich mit einer unbekannten Frau nach Litauen. Ich war damals ein kleines Kind. Ging zu der Zeit auch noch nicht in die Schule. Ich wurde hier in Litauen von Leuten aufgenommen. Sie hatten mich auch groß gezogen. Ich wohne auch jetzt noch in Litauen, bin verheiratet und heiße jetzt Aldona Žigmantienė. Ich erinnere mich nur an die Namen »Kitty Windt«, es war noch ein größerer Junge in der Familie, ich dachte, es wäre mein Bruder. Da Litauen jetzt ein freier Staat ist, hatte ich die Möglichkeit, an das »Ostpreußenblatt« zu schreiben. Darauf bekam ich nach einiger Zeit einen Brief, sowie auch ein Bild von einem Herrn Gerhard Windt. Er schreibt unter anderem, dass ich der Pflegetochter ähnlich bin, welche seine Eltern Fritz und Gertrud Windt, wohnhaft zu der Zeit in Königsberg-Ponarth am Fichteplatz, aufgenommen hatten. Mein Name sei Christel Scheffler und ich wäre am 26. April 1939 in Königsberg geboren. Ob ich von dem Ehepaar Windt adoptiert worden bin, wissen wir nicht. Es könnte sein. Ich konnte den Namen Christel nicht aussprechen, sagte Kitty und so wurde ich dann auch genannt. Ich erinnere mich sehr gut an »Kitty Windt«. Auch einige Erinnerungen mit Herrn Gerhard Windt stimmen überein. Ich hätte eine große Bitte an Sie, könnte es sein, dass meine Geburtsurkunde bei Ihnen vorhanden ist oder sonst Papiere der Adoption wegen? Würden Sie mir bitte eine Kopie zusenden? Ich würde Ihnen sehr dankbar sein. Ponarth gehörte zum Bezirk II.

Hochachtungsvoll, Aldona Žigmantienė.

Ein weiterer Brief von Gerhard, datiert vom 12. Mai 1994, folgte.

Grüß Gott!

Wenn Sie diesen Brief erhalten, ist vielleicht bei Ihnen genauso schönes Wetter wie zur Zeit hier. Ich habe heute mit süddeutschem Gruß begonnen, aber deshalb keine Sorge, ich esse zwar das hiesige Brot und passe mich den Sitten an, doch werde ich nie anders werden, als es ein Ostpreuße ist.

Liebe Kitty, Ihre Gefühle bei Ihrer Geburtstagsfeier am 26. April werden sicher in diesem Jahr ganz besonders gewesen sein. Sie dürfen mir glauben, nachdem der erste Taumel vergangen ist und ich alles in Ruhe bedenke, gibt es für mich eigentlich keinen Zweifel mehr, dass Sie es wirklich sind. Da schrieb ich neulich von der Narbe, aber da ist noch etwas. Betrachten Sie bitte genau die Falten von der Nase am Mund vorbei zum Kinn – damals wie heute! Das wollte ich letztens schon schreiben und vergaß es. Und noch etwas zum Namen Windt, es gab ihn äußerst selten in Königsberg. Und sicher bin auch ich genauso gespannt, ob Sie aus Berlin eine positive Nachricht erhalten werden. Es ist die einzige Möglichkeit, denn in Königsberg wurde ja alles vernichtet.

Nun kommt auch hier bald der Tag, an dem der liebe Russe, das Land, die einstige DDR, verlässt; wäre es nur schon so weit!

Zum Schluss möchte ich nicht versäumen, Ihnen allen ein frohes Pfingstfest zu wünschen, leben Sie wohl, bleiben Sie gesund und seien Sie herzlich gegrüßt,

Ihr Gerhard Windt.

Inzwischen hat Christel eine Nachricht vom Standesamt in Berlin erhalten. Es gibt kein Dokument, keine Spur von ihr in den vorhandenen Urkundenbeständen aus Königsberg. Christel ist traurig über diese Nachricht, denn zu gerne hätte sie Gewissheit über ihre Identität gehabt. Nun wird sie wohl nie erfahren, wer die leiblichen Eltern waren, wo sie geboren wurde und unter welchen Umständen Gerhards Eltern sie adoptierten.

2. Juli 1994

Guten Tag wünsche ich beiden Damen,

einmal Ihnen, Frau Kitty, und natürlich auch Ihnen, liebe Schreiberin, Frau Erika. Ich hoffe, es geht Ihnen gut und

Sie haben nicht so unter der Hitze zu leiden wie wir in diesen Tagen.

Herzlichen Dank für das Bild, ich habe mich gefreut, Sie sehen gut aus, Ihr Sohn passt auch gut in die Welt. Bilde ich mir nur ein oder schauen Sie ein wenig ernst aus, liegt es vielleicht außer der Arbeit auch an anderen Problemen? Ich will Sie ja nicht ausfragen, aber es gibt ja so viele Schicksalsschläge, die einen ganz unverschuldet treffen können.

Es sind diese Zeilen, die Christel im Innersten berühren. Zum ersten Mal seit Kindheitstagen fragt jemand danach, wie es ihr wirklich geht. »Gerhards Briefe waren für mich ein Geschenk des Himmels. Obwohl Hunderte Kilometer zwischen uns lagen, spürte ich, dass er mich wirklich liebte, dass er sich tatsächlich für mich interessierte.«

In der Tat scheint Gerhard von Kittys Schicksal berührt, und so versucht er dieser auch eine Brücke der Erinnerung in die Vergangenheit zu bauen:

Liebe Kitty, ich lese Ihre Briefe sehr aufmerksam und wiederholt. Was ist aus uns nur geworden durch diesen Krieg, ganz besonders in Ostpreußen? Alles wurde vernichtet, die ganze Kultur zerstört und vieles wird nie wieder gut zu machen sein. Liebe Kitty, doch etwas Nettes möchte ich Ihnen noch aus Ihrer Kindheit erzählen. Unsere Mutter hatte zwei Berufe erlernt, Köchin und Schneiderin. Alles, was Sie damals an Kleidchen trugen, wurde von ihr mit großer Hingabe genäht. Sie sollten immer besonders gut aussehen und das taten Sie auch. Sie waren, ohne zu übertreiben, ein sehr nettes und fröhliches Mädchen. Sie hatten es wirklich gut bei uns; meine Eltern liebten Sie über alles!

Tagelang kommt Christel über diesen Brief nicht hinweg. Es gab Menschen in ihrem Leben, denen sie tatsächlich etwas bedeutet hatte! Eine Mutter, die ihr Kleider nähte; nicht aus einer Not heraus, sondern mit Hingabe. Mit Mitte 50 fühlt sich Christel zum ersten Mal, seit sie denken kann, wirklich geliebt.

26. Juli 1994

Liebe Kitty!

Herzlichen Dank für Ihren Brief vom 11. Juli, er kam bei mir am 20. an und war in der Tat sehr inhaltsreich. Leider auch im negativen Sinne, was Ihr Schicksal betrifft, doch davon im Laufe des Briefes.

Zuerst möchte ich Ihnen allen einen schönen guten Tag wünschen und hoffe, dass es Ihnen gut geht und der Brief etwas Freude ins Haus oder besser in die Wohnung bringt. Hatten Sie immer eine recht ordentliche Wohnung, etwa mit Bad, wie hier üblich?

Zu Ihrem Brief. Groß war mein Erstaunen, als ich las, dass Sie nach Königsberg wollten, hoffentlich hat es mit der Fahrt geklappt. Vielleicht war ja jemand dabei, der sich in Ponarth ausgekannt hat. Wenn Sie den Fichteplatz gefunden haben, stand die große Fichteschule noch und wie sahen der Sport- und Spielplatz aus? Es war herrlich, die Jugendzeit dort verlebt zu haben.

In der Tat fährt Christel mit einer Gruppe Wolfskinder im Sommer 1994 in einem kleinen Bus nach Königsberg. Es wird eine legendäre Fahrt, von der die Wolfskinder noch Jahre später erzählen. »Die Älteren, die noch ihre Jugendjahre in Königsberg verbracht hatten, schrieben auf den russischen Stadtplan die deutschen Namen der Straßen, die sie noch erinnerten. So fanden wir auch nach Ponarth und sogar zum Fichteplatz«, erzählt Christel. Auf dem Platz sind immer noch die Eingänge zu den Bunkeranlagen zu sehen. Christel erkennt sofort die Stelle, an der sie einst stürzte und sich den Mundwinkel verletzte. »Es war überwältigend. Und schön, dies in der Gemeinschaft mit den anderen Wolfskindern erleben zu können.«

Sie finden das Haus, in dem sie früher als Kitty Windt lebte, und klingeln an der Wohnungstür. Eine junge Russin öffnet und bittet sie nach ein paar Worten der Erklärung zum Tee herein. Christel kann sich in Ruhe die Wohnung ansehen, führt die anderen durchs Haus. Bilder der Erinnerung kehren wieder.

Sie fahren auch zu den einstigen Wohnorten der anderen Wolfskinder. Immer wieder ist es ein kleines Abenteuer herauszufinden, ob es die Straße, das Haus, die Wohnung von einst noch gibt. Am Abend des ersten Tages hat Hannelore Weintke, die Organisatorin der Fahrt, eine Idee. »Wir hatten ja kein Geld und hätten uns nie eine Übernachtung in Kaliningrad leisten können. Also wollten wir im Bus übernachten. Hannelore aber ließ den Busfahrer direkt vor dem deutschen Generalkonsulat parken.« Dort macht es sich die kleine Reisegesellschaft bequem – bis der Konsul persönlich zu ihnen herauskommt und fragt, was sie dort eigentlich tun. Hannelore ist um eine Antwort nicht verlegen: »Wir sind Deutsche aus Litauen, und wir haben keine Herberge in der Stadt. Wir dachten, hier gehören wir her.« Der Konsul wechselt noch ein paar freundliche Worte mit der Gruppe, dann verschwindet er wieder ins Haus. Wenige Minuten später öffnet sich wie von Zauberhand das schwere Eisentor zum Garten des Konsulats. Der Hausmeister bedeutet ihnen, den Kleinbus hineinzufahren. Hier dürfen sie die Nacht über bleiben, sogar die Gästetoilette zeigt ihnen der freundliche Herr. »So vornehm hatten wir uns die Übernachtung nicht vorgestellt«, erzählt Christel verschmitzt. »Manche von uns schliefen ja im Garten, wie früher im Gras, andere, wie Hannelore, zogen die Übernachtung im Bus vor.«

Gerhard erfährt im nächsten Brief, den Christel ihm schreibt, vom Abenteuer der Wolfskinder in Königsberg und kann es gar nicht recht glauben. Überhaupt fällt es ihm immer wieder schwer, den richtigen Ton zu finden. So schreibt er noch in seinem Brief Ende Juli 1994: »*Wissen Sie auch, dass es nicht leicht ist, private Briefe zu schreiben, wenn eine Zwangspause von bald fünfzig Jahren bestand? Und Sie waren, ich glaube, ich schrieb es schon, so ein freundlich-fröhliches Mädchen, das viel lachte. Doch wie knüpft man an so eine Zeit an, wenn so viel Leid dazwischen lag?*

Wie waren eigentlich die Leute in Litauen, die Sie aufgenommen haben? Hatten Sie etwas von Ihrer Jugend oder wurden Sie mehr wie eine Magd behandelt? Es würde mich interessieren.

Sehr interessiert habe ich auch über die Wirtschaftslage gelesen. Wenn Sie nicht mehr arbeiten, bekommen Sie andere Unterstützung? Trinken Sie auch Kaffee bzw. können Sie ihn sich leisten bei der Geldknappheit durch die Inflation? Besonders bei diesen Importartikeln wie Kaffee kann man sich ja einen kleinen Einblick verschaffen. Schreiben Sie doch bitte hierüber!

So, liebe Frau Kitty, für heute bin ich am Ende des Briefes, hoffentlich erhalten Sie ihn schnell und vergessen Sie nicht, auch Grüße auszurichten an die, welche sich an Ihrem Schicksal interessieren, besonders natürlich Frau Erika. Fein, dass es

Sie gibt! Bleiben Sie auch gesund und lassen Sie sich nicht unterkriegen. Ihr Gerhard

15. August 1994

Liebe Kitty!

Vielen herzlichen Dank für Ihren letzten Brief und den Reisebericht, der mich allerdings auch erschüttert hat. Kaliningrad heute hat nichts mehr zu tun mit dem Königsberg von einst.

Ein Kompliment an Erika, dass sie die Straßennamen noch so gut kannte. Ich fuhr ja früher von Ponarth-Ost mit der 15 in die Stadt, von der Barbarastraße fuhr die 8, früher war es die 11, aber die fuhr morgens später ab. Auch bin ich öfter, um Fahrgeld zu sparen, mit dem Rad über Rosenau-Speichersdorf nach Ponarth gefahren. Stundenlang könnte man von der alten Heimat träumen und schreiben, aber so weit reicht das Papier nicht. Ich hatte gehört, dass es die Unterführung von der Dirschauerstraße zum Hauptbahnhof nicht mehr gibt, aber die Ostpreußenhalle noch steht. Eine Krankenschwester erzählte es mir hier im Waiblinger Krankenhaus. Sie war als Deutsch-Russin nach Königsberg umgesiedelt worden und durfte später nach Westdeutschland ausreisen. – Auch nicht zu vergessen, es hat mich sehr gefreut, dass es mit der Fahrt nach Königsberg klappte!

Und noch viel mehr freute es mich, dass es jetzt für mich nicht mehr den geringsten Zweifel gibt, dass Kitty meine Schwester ist. Und aus diesem Grund möchte ich doch auch meinen, dass wir uns in Zukunft mit Du ansprechen, es wäre doch auch geblieben, wenn der Krieg und Nachkrieg nicht alles auseinandergerissen oder zerstört hätte.

Für Christel sind das keine kleinen Worte. Sie spürt die Herzenswärme und ein Zugehörigkeitsgefühl, das sie bislang nicht kannte. Sie beginnt, Gerhard zu vertrauen. Und sie hat eine Bitte. Ob er ihr notariell bestätigen kann, wer sie seiner Meinung nach sein muss?

Liebe Kitty, den Nachsatz mit der Bitte um Bestätigung der wahren Identität Deiner Person werde ich mit bestem Gewissen nachkommen. Sicher wird etwas Papierkrieg auf mich zukommen, aber das wird schnell erledigt. Ich lege aber schon ein kleines Schreiben bei, in dem ich die Dinge bestätige, an die Du Dich erinnern konntest. Das Leben ist ja so kurz, wenn man zurückblickt. In meinem Alter kann leicht etwas geschehen und dann hättest Du einen Ersatz in der Hand.

Ich bin Dir dankbar, dass Du mir geschrieben hast, wie es Dir mit dem Lebensunterhalt geht. Fast habe ich mir gedacht, dass es nicht zum Besten steht und ich möchte Dich ein wenig unterstützen. Geld könnte ich Dir schicken, die Möglichkeit besteht. Dazu brauche ich aber eine genaue Bankverbindung.

Vielleicht kannst Du mir auch einfach schreiben, was Du zum Beispiel für 50 DM bei Dir bekommen würdest. Mit einer Kleinigkeit könnte ich Dich monatlich unterstützen, ich würde es gerne tun. Nicht zuletzt, weil ich Dich all diese Jahre so sehr vermisst habe.

Und noch eine wichtige Frage. Kannst Du Dich vielleicht daran erinnern, dass Dein Pflegevater 1944 längere Zeit zu Hause war? Er war verwundet und trug deshalb einen großen Stuka-Verband, er hatte einen Schulterdurchschuss und wurde daheim behandelt, nachdem er aus dem Lazarett kam. Erika kann Dir vielleicht erklären, dass es ein großer Verband war, der ging von der Schulter runter bis zur Hand und legte so den ganzen Arm still.

Im letzten Brief bat ich Dich darum, mir zu schreiben, wie es Dir bei den Leuten in Deiner Jugend ging, ob sie gut zu Dir waren? Schreibe es doch bitte.

Als wir die Briefe durchsehen, erzählt Christel, wie schwer es auch ihr fiel, sich dem Bruder immer wieder zu öffnen. »Ich wollte ja nicht nur Briefe schreiben, in dem ich alles Schlimme erzählte. Ich fürchtete, dass er mich dann vielleicht ablehnen würde. Und zugleich hätte ich mich am liebsten in seinen Arm geworfen und ihm alles, alles erzählt, was ich in den Jahren erlebt hatte. Er war der Einzige, der mich all diese Dinge jemals gefragt hat.«

17.9.94

Liebe Kitty!

Herzlichen Dank für Deinen Brief vom 30. August, über den ich mich wieder einmal sehr gefreut habe. Vater hätte übrigens am 24. August Geburtstag gehabt. Es wäre sein 93. gewesen. – Dass Du Dich an ihn nicht mehr so gut erinnern kannst, verstehe ich, denn er war ja auch kaum daheim. Genau wie ich, als Du damals langsam größer wurdest.

Zum Schreiben komme ich leider heute erst wegen verschiedener Arzttermine. Ich war bei zwei Banken und habe leider noch keine genauen Informationen, wie ich Dir das Geld überweisen kann. Werde mich deshalb noch einmal gesondert melden.

Ich habe von den Bemühungen anderer ehemals Deutscher wegen Wiedererlangung der Staatsbürgerschaft gele-

sen. Es ist ein schwieriges Unterfangen, aber wenn so etwas auf Dich zukommt, kannst Du mit meiner vollen Unterstützung rechnen. Dein Gerhard

Im Herbst 1994 geht ein Brief von Gerhard verloren. Christel ist zuerst verunsichert, als sie eine Weile nichts von ihm hört. Dann schreibt sie ihm trotzdem. Gerhard bestätigt im folgenden Schriftverkehr den Verlust seines letzten Briefes. »Es war nur ein Brief«, erzählt Christel. »Aber jeder Brief bedeutete die Welt für mich. Es war, als fehlte ein Glied in der Kette, und das hat mich lange beschäftigt.« Es folgt Weihnachtspost und dann im Februar 1995 endlich die notarielle Urkunde über Christels Identität. »Als der Brief mit der Urkunde eintraf, war das wie ein Geburtstag. Endlich hatte ich es schwarz auf weiß, dass ich Deutsche war.«

Am wichtigsten bleiben für Christel die kleinen Hinweise auf ihre Kindheit. Liebesbeweise, die ihr durch den Alltag helfen. So in Gerhards Brief vom Februar 1995, in dem er einen kurzen Absatz an Erika richtet: »*Und sag' Kitty, sie möge etwas von ihrem sonnigen Gemüt behalten. Als Kind war sie immer so fröhlich und anschmiegsam.*«

Mitte April 1995, gut ein Jahr nach dem ersten Kontakt mit Gerhard, erhält Christel kurz hintereinander zwei Briefe. Der eine ist per Einschreiben für ihren Geburtstag bestimmt. Der andere ist nicht mehr ganz so einfach zu entziffern, das Schriftbild hat sich merklich verändert.

Hallo, Ihr Lieben,

vielen herzlichen Dank für die letzten drei Briefe. Mit meiner Antwort hat es etwas gedauert, irgendetwas kam immer dazwischen, auch gesundheitlich bin ich nicht ganz auf der Höhe.

Doch zuallererst möchte ich Kittys Frage wegen Photographien von zu Hause beantworten. Es gibt keine, alles was 1945 da war, ist verloren gegangen, leider. Ich hatte sogar noch Ende 1944 Bilder in gutem Glauben zu Hause gelassen. Im Mai 1945 hätte ich sie in Kiel behalten. Doch wer weiß schon vorher, wie alles kommt.

Was die Papiere betrifft, so hoffe ich doch sehr, dass sie Dir helfen werden und keine weiteren Rückfragen mehr nötig sind.

Liebe Kitty, ebenso eine nette Anrede an unsere fleißige Briefschreiberin Erika, was wärst Du ohne sie? So einen Brief zu schreiben ist keine Kleinigkeit. Bei ihr merkt man die gute Schulbildung, mein Kompliment! Wie gut, dass sie das Deutsch nicht verlernt hat. Bei Dir, Kitty, war es natürlich, in den jungen Jahren bei fremden Leuten die Muttersprache zu vergessen. Aber vielleicht verstehst Du durch die Landsleute jetzt einiges wieder etwas besser.

Nun möchte ich mich noch für die Aufmerksamkeit zu meinem 70. Geburtstag bedanken, es war eine tolle Überraschung! Natürlich habe ich sofort unser »Ostpreußengold« erkannt. Der Anhänger ziert meinen Schlüsselbund und behält den Platz, solange ich lebe! Nochmals vielen herzlichen Dank. Nun habe ich nur den Wunsch und die Bitte, dass meine Aufmerksamkeit zu Deinem Geburtstag, der Einschreibebrief vom 11. April, Dich auch heil erreicht.

Dein Gerhard

Es ist der letzte Brief des Bruders. Christel ist untröstlich, als sie kurze Zeit später die Nachricht von Gerhards Tod erreicht. Sie ist 55 Jahre alt und erlebt wieder einen Verlust, über den sie kaum hinwegkommt. »Ich konnte es lange gar nicht glauben, wollte es nicht glauben. Da hatte ich ihn endlich gefunden, den einzigen Menschen, der mich noch aus Kindertagen kannte. Wir hatten uns noch nicht einmal treffen können, und ein Jahr später stirbt er schon. Es passte zu meinem Leben, nie hat sich etwas Gutes gehalten, es blieb immer flüchtig.« Und mit jedem Abschied in ihrem Leben werden alle früheren Abschiede wieder erneut wachgerufen.

Es sind diese Briefe, die Christel sofort hervorholt, als wir sie zum ersten Mal in Jonava besuchen. Die Kleinstadt, etwa 30 Kilometer nördlich der ehemaligen litauischen Hauptstadt Kaunas, ist das Zentrum für eine Reihe umliegender Dörfer.

Hierher kommen die Bauern auf den Markt, hier gab es zu Sowjetzeiten begehrte Arbeitsplätze in der aufstrebenden Industrie, darunter Litauens größte Düngemittelfabrik. Doch was heute kaum noch jemand weiß: Zur vorletzten Jahrhundertwende war dies eine Stadt mit einem blühenden jüdischen Leben. Im Zweiten Weltkrieg wurde sie von SS-Horden überfallen und die jüdische Bevölkerung ausgelöscht.

Christel lebt in einer Plattenbausiedlung, die bessere Zeiten gesehen hat. Alles wirkt hermetisch abgeriegelt, es gibt keine Namensschilder, Briefkästen oder Klingeln, nur ein Zahlenfeld an der Tür zur Mietskaserne, dessen Kombination wir nicht kennen. Hinter manchen Gardinen sehen wir Bewegung, ganz offensichtlich werden Claudia und ich, zwei blonde junge Frauen, die nicht hierher gehören, beobachtet. Zum Glück sind wir mit Liesbeth unterwegs, die immer wieder Passanten anhält und fragt, ob sie vielleicht Christel kennen. Außer der Katzenmutter, die es sich mit ihrem Wurf kleiner Katzenkinder unter der Treppe zur Eingangstür gemütlich gemacht hat, will uns niemand recht Beachtung schenken. Doch die Adresse stimmt. Ratlos stehen wir vor dem Haus, als eine Frau aus dem Obergeschoss sich gnädig zeigt und Liesbeth auf Litauisch den Zugangscode zum Treppenhaus zuruft. Im Erdgeschoss sollen wir an der mittleren Wohnung klingeln. Das tun wir, und schon öffnet sich die Türe. Christel ist sichtlich bewegt. Sie kennt uns vom letzten Besuch der Wolfskinder in Deutschland, hat aber nicht wirklich damit gerechnet, dass wir sie, wie versprochen, zu Hause besuchen kommen. Jetzt freut sie sich umso mehr.

Christel lebt allein in der Zweiraumwohnung nahe dem Stadtzentrum. Sporadisch wohnt auch immer mal wieder ihre Enkelin bei ihr – »je nachdem, ob sie sich gerade mit ihrer Mutter versteht oder nicht«, erzählt Christel. Sie ist stolz auf ihre Enkeltochter, die Veterinärmedizin studiert, und doch zugleich besorgt, ob sie damit in Litauen eine gut bezahlte Arbeit finden wird. »Die Jungen gehen doch alle ins Ausland.« Und dann gibt es noch einen Foxterrier, der aussieht wie der Hund aus »Tim und Struppi«. Er ist Christels treuer Weggefährte und leistet ihr in manch einsamer Stunde Gesellschaft.

In der Wohnung hat sich Christel regelrecht verbarrikadiert. Eine dick gepolsterte Doppeltür verschluckt sämtlichen Lärm aus dem Treppenhaus. In der zu ebener Erde gelegenen Wohnung scheint Christel nicht gerne die Fenster zu öffnen.

Wir setzen uns ins Wohnzimmer. Immer noch schaut Christel ganz ungläubig, fasst uns am Arm an, als müsse sie sich versichern, dass wir wirklich da sind. Dann beginnt sie zu erzählen. Ihre ganze Geschichte, von Anfang an. Sie holt die Briefe, erzählt vom großen Bruder, den sie sich als Beschützer in ihrer Nähe gewünscht hätte. »Ich war eigentlich immer schutzlos«, resümiert sie.

Vom ersten Mann trennt sie sich kurz nach der Geburt des zweiten Sohnes. »Er war ein Trinker und Tunichtgut. Und er schlug mich.« Christel geht zurück zu ihrer litauischen Familie, die sie einst als Wolfskind aufgenommen hatte. Obwohl sie dort über Jahre gedemütigt und geschlagen wurde, sorgt sie für ihre litauische Pflegemutter bis zu deren Tod. Ob sie sich dazu verpflichtet gefühlt habe, frage ich sie. »Nein, aber wohin hätte ich denn sonst gehen können?«

Die beiden Söhne heißen Peter und Paul. Der jüngere Sohn Paul ist als Wehrpflichtiger 1979 beim Einmarsch in Afghanistan dabei. »Der Krieg hat ihn zerstört. So viele seiner Kameraden kamen ums Leben, erlitten schwere Verletzungen oder wurden krank. Er wollte mir nie sagen, was er genau erlebt hat, aber als er zurückkam, war er nicht mehr derselbe.« Der Afghanistan-Krieg ist in der Sowjetunion verhasst. Offen darf das freilich niemand sagen. Zu Tausenden werden junge Wehrpflichtige aus dem ganzen Land am Hindukusch eingesetzt. Psychisch labil und schwer traumatisiert stirbt Paul wenige Monate nach seiner Rückkehr aus ungeklärter Ursache.

Peter, der Ältere, ist verheiratet und Vater einer Tochter, Christels einzigem Enkelkind. Nach der Unabhängigkeit Litauens arbeitet er für eine Firma, die geschäftliche Kontakte nach Deutschland unterhält. Christel freut die Tatsache, dass ihr Sohn mit seiner Arbeit bis nach Deutschland kommt und ein bisschen die Welt sieht. Bis zu einem Tag im Jahr 1999, als zwei Polizisten an ihrer Tür klingeln. Sie leisten Amtshilfe und müssen Christel eine traurige Nachricht überbringen. Peter ist bei einem Verkehrsunfall in der Nähe von Wurzbach in Thüringen ums Leben gekommen. Im Jahr darauf stirbt Christels Mann, auch er ein Trinker, wie schon der Vater ihrer Kinder. Schmerz und Erlösung, für Christel liegt das von jeher nah beieinander.

Sie zeigt uns Fotos. Christel als junge Frau – immer schon ein ernster, fast trauriger Blick. Nie lacht sie auf einem Bild. Ihre blauen Augen, tief wie ein Bergsee, Kornblumenblau – ein Blick, der nicht ausweicht. Das fröhliche Kind, das ihr Bruder Gerhard lebenslang im Herzen getragen hat – es ist da schon völlig verschwunden.

Sie hat ihr Leben lang schwer gearbeitet. Allein 35 Jahre als Fabrikarbeiterin in einem Männerjob in der Herstellung von Glaswolle. Auch mit Asbest hatte sie dort zu tun, doch um Arbeitsschutzbestimmungen kümmerte sich dabei niemand.

Ob sie sich noch an den Chemieunfall hier in Jonava 1989 erinnern kann, möchte ich wissen. Damals waren erhebliche Mengen Ammoniak ausgetreten, es kam zur größten Umweltkatastrophe in der Geschichte Litauens. Eine riesige Giftwolke hing über der Stadt. Sieben Menschen kamen damals ums Leben, 29 erlitten schwere Verletzungen. Viele Einwohner der Stadt litten über Jahre an Atemwegs- und Herzbeschwerden. »Natürlich kann ich mich daran erinnern.« Doch ob ihre Atembeschwerden auch damit zu tun haben, bleibt spekulativ. Wahrscheinlicher ist die Langzeitbelastung während ihrer Berufsjahre.

Was ihr geblieben ist? Eine Staublunge, Asthma und eine magere Rente. Christel macht es wie die meisten Wolfskinder in Litauen. Wenn das Geld vor dem Monat zu Ende ist, wird gefastet. Seit die Rente mit Spenden durch Wolfgang von Stettens Aktion »100 Litas Rente für die Wolfskinder« bezuschusst wird, ist das zum Glück nicht mehr so oft der Fall. »Ich lebe sparsam, brauche nicht viel. Es ist immer dann ein Problem, wenn Unvorhergesehenes kommt, wie hohe Heiz- oder Arztkosten.« Überhaupt: Wolfgang von Stetten! Er sei wie ein Vater, findet Christel. »Es ist nicht in Worte zu fassen, was er schon alles für uns getan hat, über all die Jahre. Und auch seine Frau und seine Kinder – sie alle sind so lieb.« 1994 lädt Wolfgang von Stetten sie zum ersten Mal zu einem Besuch nach Deutschland ein. Christel lernt eine Welt kennen, die sie bislang nur im Fernsehen gesehen hat. »Es war ein Erlebnis, das mich lange beschäftigt hat. Auch, warum Herr von Stetten das tut. Er hat mir den Glauben zurückgegeben, dass es Menschen in dieser Welt gibt, die einfach Gutes tun, weil sie es können. Nicht, weil sie irgendetwas dafür erwarten. Ich wünschte nur, ich könnte etwas zurückgeben.«

Immer wieder hat Christel Tränen in den Augen, dann drückt sie meine Hand, schluckt, holt tief Luft und spricht weiter. Es kostet sie Kraft, aber sie will ihre Geschichte erzählen. »Was ich erlebt habe, was mir angetan wurde, ist zu viel für ein Menschenleben. Ich wünsche das meinem schlimmsten Feind nicht. Die letzte Mahlzeit zum Beispiel in Königsberg. Ich erinnere mich mit Grausen: Kartoffelschalen vom Misthaufen, schon ganz schwarz, ich konnte es nicht…« Wieder weint sie. Wir fragen, ob sie eine Pause braucht. Sie schüttelt den Kopf.

»Die Wolfskinder sind für mich eine Art Familienersatz, denn ich hatte über Jahre überhaupt niemanden. Ich bin ganz allein, aber die Wolfskinder geben mir Kraft, ohne sie wäre ich schon oft verzweifelt. Aber jetzt sind wir alt, und bald ist alles zu Ende.« Wie sie das meint, will ich wissen. »Was habe ich denn noch zu erwarten?«, fragt sie zurück.

Auf unsere Nachfrage, ob es doch noch einen Lebenstraum gibt, etwas, das sie sich sehnlichst wünscht, gibt Christel nicht gleich eine Antwort. Mit zitternder Stimme sagt sie dann doch noch etwas, als wir schon im Aufbruch sind. »Einen Wunsch hätte ich vielleicht. Einmal noch nach Königsberg fahren! Das wäre wunderbar.« Wir sprechen über die Möglichkeit, gemeinsam nach Königsberg zu fahren. Doch Christel gibt zu bedenken, dass das Visum teuer ist. Und überhaupt ist es ungewiss, ob ein Tag reicht. Dann käme noch die Übernachtung hinzu. Plötzlich bekommt sie Angst vor der eigenen Courage. Ob sie zu viel verlangt hat? Claudia und ich beruhigen sie. Ein Blick zwischen uns genügt, und wir wissen, diese Reise wollen wir gerne mit ihr machen.

14 Damals und heute

Die Lebenden und die Toten – eigentlich getrennt durch eine scharfe, unverrückbare Grenze. Bei den Wolfskindern ist das anders. Da erstehen fest Totgeglaubte noch nach Jahrzehnten plötzlich wieder auf. Da erweisen sich, umgekehrt, lang gehegte Hoffnungen als tragischer Trugschluss. Da warten Kinder bis heute auf die Wiederkehr ihrer verschwundenen Mütter, nur um dann erfahren zu müssen, dass diese bereits im Krieg unter unsagbaren Umständen ums Leben gekommen sind. Da finden längst verloren geglaubte Geschwister plötzlich zueinander, die sich kaum noch wiedererkennen, nicht einmal mehr eine gemeinsame Sprache sprechen.

In dieses Inventar der Paradoxien gehört auch die Suchanzeige nach einer Lebenden, der zugleich schon wie einer Toten gedacht wird. Sie gilt Renate Kösling, 1938 in Ludwigsburg im Kreis Gerdauen geboren. Die Mutter hat ihre Töchter Renate und Ursula bei einer Betteltour in Litauen verloren. Dort verlieren auch die Schwestern einander. Ursula gelangt 1958 aus Litauen nach Deutschland, doch Renate bleibt verschwunden. Sie trägt inzwischen einen litauischen Namen, Jadvyga Kaminskaitė. Das macht ihr Auffinden fast unmöglich. Der Vater, Pilot der deutschen Luftwaffe, wurde bei Tauroggen abgeschossen und liegt dort auf dem deutschen Soldatenfriedhof begraben. »Mit heißen Tränen« und »in tiefem Schmerz« sucht die Mutter in ihrer Zeitungsanzeige nach der Tochter. Da scheint alle Hoffnung schon verloren. Und wird doch wider das scheinbar bessere Wissen aufrechterhalten.

Heute ist Renate ihrer Familie unendlich dankbar, dass sie sie nie aufgegeben, immer an ihr Weiterleben geglaubt hat. Weiterleben, doch keine Wiederkehr. Nach Deutschland hat es Renate nie gezogen, obwohl es keine litauische Familie gibt, die sie halten würde. Seit ihrem 35. Lebensjahr ist Renate verwitwet. Heute lebt sie mit ihrer Tochter Jurate im litauischen Dorf Viduklė. Hier haben es sich die beiden Frauen gemütlich eingerichtet. Jurate ist geschieden. Renate

Am 15. Februar 1959, ihrem 22. Geburtstage, gedenke ich mit heißen Tränen meiner seit 1946 vermißten, lieben unvergessenen Tochter

Renate

In tiefem Schmerz

Ihre Mutter Frida Kösling
Essen-Borbeck
Borbecker Straße 83
Bruder Herbert
Essen-Altstadt
Bruder Erwin, Borbeck
Schwester Ursula

Letztere kam am 14. September 1958, nach 13 Jahren, aus Litauen wieder.

Wer kennt R e n a t e und kann über ihren Verbleib Angaben machen?

hat hellblaue Augen und ein strahlendes Lächeln. »Ich brauche keinen Mann, um glücklich zu sein. Meine Tochter und ich haben es gut hier.« Sie führen ein unter Wolfskindern seltenes Leben: Die meisten Frauen haben sich an Männer gebunden, an denen sie verzweifelten, ohne sich lösen zu können. Erfahrungen, die Renate und ihre Tochter für sich abgeschlossen haben.

Es gibt unter den Wolfskindern auch Männer, die an ihren Frauen verzweifelt sind. Als wir an einem trüben Morgen ins Simon-Dach-Haus kommen, den Sitz des Vereins der Deutschen in Klaipėda, begrüßt uns Arnold Piklaps. Er ist der Direktor des Kulturzentrums, das in und um Klaipėda etwa 400 Mitglieder hat und sich vorrangig um die Memeldeutschen kümmert. »Kommen Sie herein. Die beiden Herren warten oben schon in einem unserer Klassenzimmer auf Sie.«

Die Herren sind Siegfried Kösling, der mit Renate nicht verwandt ist, und Alfred Plink, zwei der wenigen in der Region verbliebenen Wolfskinder. Als wir das Klassenzimmer betreten, in dem sonst Deutschkurse für Erwachsene abgehalten werden, springen die beiden geradezu erfreut auf.

Alfred Plink, ein gut aussehender älterer Herr im blauen Zweireiher, darunter ein dunkler Rollkragenpulli, umfasst mit beiden Händen meine Rechte und gibt mir einen Handkuss. Im ersten Moment bin ich überrascht, dann wird mir klar, dass dies keine übertriebene Geste ist, sondern Ausdruck eines tiefen Gefühls und ehrlicher Höflichkeit, die Alfred, so erzählt er später, »natürlich in Formvollendung im Hause der Eltern in Ostpreußen gelernt hat. Das machte man, wenn man eine Dame begrüßte, so wurde ich damals erzogen.«

Auch Siegfried Kösling heißt uns warmherzig willkommen – obwohl heute eigentlich ein trauriger Tag ist. Siegfried, der seit vielen Jahren in Klaipėda wohnte und in dieser Zeit für Alfred zu einem guten Freund wurde, zieht morgen zurück zu seinen erwachsenen Kindern nach Šiauliai. Als er sich damals von seiner Frau trennte und die Kinder bei ihr zurückließ, ging er von Šiauliai weg und zog zu seiner neuen Lebensgefährtin hier nach Klaipėda, versucht er zu erklären.

Doch Alfred, der besser Deutsch kann als Siegfried, soll lieber an seiner Stelle erzählen. »Er war mit einer Russin verheiratet, und es war keine gute Frau«, erläutert dieser. »Jetzt muss er zurück zu seinen Kindern in Šiauliai ziehen, weil ihn seine zweite Frau, auch eine Russin, vor die Tür gesetzt hat. Allerdings nicht, ohne ihm vorher alles Geld abgenommen zu haben.« Indirekt erfahren wir, dass Siegfried keineswegs schuldlos an der Misere ist. Seine Kinder wollen eigentlich mit ihrem Vater nichts mehr zu tun haben, seit er wegen einer anderen Frau die Mutter verlassen hat. Nun werden sie ihn aufgrund seiner desolaten Lage doch wieder bei sich aufnehmen müssen, eine für Siegfried demütigende Situation.

Siegfried stehen die Tränen in den Augen. »Alles ist kaputt«, sagt er, »und mein Kopf tut weh.« Alfreds Hand sucht die von Siegfried. Es fällt ihm schwer, seinen Freund so traurig zu erleben, ihn heute vielleicht das letzte Mal zu sehen. Und er will ihn trösten. Doch Siegfried schüttelt immer wieder nur den Kopf, als könne auch Alfred ihm gerade nicht mehr helfen.

Eigentlich besuchen wir die Wolfskinder immer zu Hause in ihrer gewohnten Umgebung. Die Themen, die wir anschneiden, sind schwer genug, und da gibt das Zuhause meist einen Halt. Manchmal wollen sie uns auch Fotos oder

Dokumente zeigen, an die sie vor dem Gespräch meist gar nicht denken. Doch heute ist es eine Ausnahme: Alfred wohnt mit seiner pflegebedürftigen Frau in einer Einzimmerwohnung, in der es auch ohne fremden Besuch schon eng genug ist. Und Siegfried hat kein Heim mehr, in dem wir ihn besuchen könnten.

Siegfried wurde im März 1933 in Königsberg geboren. Ein Jahr später kommt seine Schwester Irmgard zur Welt. Wann der Jüngste, Bruder Günther, geboren wird, daran erinnert sich Siegfried nicht mehr. Vater Fritz ist an der Front, als die Rote Armee 1945 nach Königsberg kommt. Mit den beiden Geschwistern und Mutter Gertrud bleibt Siegfried in der Stadt zurück und erlebt die Grausamkeiten gegen die Zivilbevölkerung. 1946 stirbt die Mutter. »Sie war gesundheitlich schon schwach, aber dann ist sie einfach verhungert.« Es sind schmerzhafte Erinnerungen, die Siegfrieds Stimme über 65 Jahre danach immer noch zittern lassen. Für einen Moment erkennen wir in seinem Gesicht den Dreizehnjährigen, der plötzlich mit Bruder und Schwester alleine ist. Die drei kommen in ein Waisenhaus der sowjetischen Militärverwaltung. Dort hält es Siegfried nicht lange aus. »Es war so schrecklich. Wir hatten nichts zu essen, und ich konnte nicht länger warten. Ich hatte einfach Angst, selbst zu verhungern.« Wie viele andere Kinder in dieser Zeit begibt er sich nach Litauen. Er dient sich den Bauern als Knecht an, arbeitet heute hier, morgen dort.

Seine Odyssee endet nach Jahren der Wanderschaft in Šiauliai, wo er ab Anfang der Fünfzigerjahre in der Kolchose arbeitet. Hier lernt er 1957 seine Frau kennen. Warwara ist eine russische Schönheit, und die hat es ihm angetan. 1958 heiraten die beiden, es folgen sechs Kinder. Leicht ist das

Leben unter sowjetischer Ägide dabei keineswegs. Einer der Söhne gerät zwischen Armeedienst, politischen Erwartungen und unerfüllter Liebe zwischen die Räder – er begeht Suizid.

Bindungen nach Deutschland gibt es für Siegfried nicht mehr, obwohl der Vater nach dem Krieg in der Bundesrepublik gelebt hat. Er hat noch einmal geheiratet und mit seiner zweiten, deutlich jüngeren Frau sieben Kinder gehabt. Doch gesehen hat Siegfried ihn nie wieder, er war wohl ein Fremdkörper in diesem neuen Leben seines Vaters. Kontakte zu den Halbgeschwistern bestehen nicht.

Siegfried ist müde, die Kopfschmerzen bereiten ihm Beschwerden. Als er aufstehen will, bemerke ich, dass ihm an der rechten Hand zwei halbe Finger fehlen. Ich frage ihn, was geschehen, ob es ein Arbeitsunfall gewesen sei. »Und hier …« Er zeigt auf sein Auge, bei dem ich mir zuvor nicht sicher war, ob es sich um ein Glasauge handelt. Wortreich erklärt er Alfred auf Litauisch, was damals geschehen ist. Ob die beiden Männer jemals darüber gesprochen haben? Offensichtlich nicht – Alfred ist einen Moment lang so erschüttert, dass er kaum sprechen kann. »Bitte, könnt ihr euch das vorstellen?«, sagt er schließlich mühsam. »Er ist beim Arbeiten auf eine Granate gestoßen, hat sie aufgehoben … – ein Blindgänger. Der ist explodiert und verletzte Siegfried schwer. Er kann von Glück reden. Fast wäre er gestorben. Hat ihn das Augenlicht gekostet und die beiden Finger.«

Einen Moment ist es ganz still. Es ist wieder einer jener Momente, in denen wir nicht mehr tun können, als da zu sein. Ich strecke meine Hand aus nach Siegfrieds, er nimmt und drückt sie. Schließlich zieht er seine Schiebermütze auf, um sich zu verabschieden. Alfred umarmt ihn, will ihn zum Bleiben bewegen. Morgen wird Siegfried mit dem Bus nach Šiauliai fahren. Seine gesamten Habseligkeiten passen in eine einzige Tasche. Als er gegangen ist, sagt Alfred wieder seinen Mantra-Satz: »Bitte, könnt ihr euch das vorstellen? – Der arme Mann hat jetzt nichts mehr, niemanden. Sein Geld musste er immer abgeben, und jetzt hat sie ihn einfach rausgeschmissen. Ich habe ihm immer gesagt, du musst für dich sorgen, Geld auf der Sparkasse auf die Seite legen ... Schlimm ist das.«

Auch Alfreds Leben war nie einfach. »Aber man kann sein Schicksal nicht ändern, sag ich immer. Man muss dankbar sein für das, was einem der Herrgott gibt.« Ich habe so meine Zweifel. »Muss man das wirklich?«, frage ich ihn. »Aber ja doch. Es kommt doch alles vom Herrgott.« Was in unseren Ohren im ersten Moment naiv klingt, gründet für Alfred in einer großen Gottesfürchtigkeit, einem tiefen Glauben. Seine Augen schauen mich intensiv an, sein Blick weicht kein bisschen. Für ihn gibt es keinen Zweifel, alles hat einen Sinn, muss einen Sinn haben, sonst wäre die ganze Anstrengung dieses Lebens vergebens gewesen. Und er hat sie auskosten können, die Sternstunden, für die es sich gelohnt hat durchzuhalten: 1993, als er nach 47 langen Jahren seine beiden Schwestern Ursula und Helga wieder in die Arme schließen konnte. Damals hatte er fast alles Deutsch vergessen, konnte kaum zum Ausdruck bringen, wie viel ihm dieser Moment tatsächlich bedeutete.

Das erste Mal, als er sie in Deutschland besucht, bleibt er vier Wochen. Schon in dieser kurzen Zeit finden große Teile seines Wortschatzes zurück in sein Bewusstsein. Selbst der ostpreußische Akzent ist ihm erhalten geblieben, lässt ihn manchmal klingen, als käme er aus einer anderen Zeit, was in gewisser Weise ja auch zutrifft.

Alfred kommt 1930 in Eisliethen, einem kleinen Dorf im Samland, zur Welt. Sein Vater ist ein dekorierter Veteran des Ersten Weltkriegs. Eines der wenigen Fotos, die Alfred von ihm besitzt, zeigt ihn in seiner Uniform mit mehreren Orden an der Brust, darunter das Eiserne Kreuz. Eindrucksvoll ist auch der Kaiser-Wilhelm-Bart, den der Vater auf diesem Portraitfoto eines Studios in Königsberg trägt. Sowohl Vater als auch Großvater sind eigentlich gelernte Maurer. Doch kurz nach Alfreds Geburt erwirbt die Großfamilie gemeinschaftlich einen Hof mit 20 Hektar Land in Taplacken, etwa 50 Kilometer östlich von Königsberg in der Nähe von Wehlau. Ein Familienfoto zeigt Eltern und Großeltern auf dem Gelände: die beiden Männer von stattlicher Figur, die Großmutter in einem hochgeschlossenen schwarzen Kleid im Vordergrund sitzend, Alfreds Mutter Anna, eine zierliche Person, hält sich im Hintergrund.

Alfred erinnert sich daran, in einer Idylle aufgewachsen zu sein. »Es wurde viel gearbeitet auf dem Hof, aber für uns Kinder war es ein schönes Leben. Es gab immer genug zu essen, wir hatten Tiere, 20 Kühe und fünf Pferde, und verbrachten Sommer wie Winter viel Zeit draußen, in der Natur.« 1939 wird der Vater wieder eingezogen, es ist sein zweiter Weltkrieg. »Das war für uns alle schwer. Wir Kinder haben es vielleicht noch nicht richtig verstanden, aber der Mutter fehlte die Arbeitskraft auf dem Hof, und die Großeltern hatten Angst um ihren einzigen Sohn.« 1944 dann die Todesnachricht, der Vater ist gefallen. Die Mutter ist 42 Jahre, Alfred, der Älteste, 14, Helga, seine jüngste Schwester, gerade mal vier Jahre alt. Es folgt die Flucht nach Rauschen; dennoch finden sie sich hier bald unter sowjetischer

Besatzung wieder. Ein knappes Jahr später stirbt die Mutter – am Hunger.

Der sechsjährige Bruder Helmut und die inzwischen fünf Jahre alte Helga werden von den Behörden im Waisenhaus in Pobethen untergebracht. Doch auch hier hungern die Kinder. So sehr, dass Helmut das erste Jahr nicht überlebt. Ursula, die zwar nicht im Heim lebt, aber immer in der Nähe der Geschwister bleibt, wird gemeinsam mit Helga 1947 mit einem Kindertransport in die DDR gebracht und dort später adoptiert. Das alles erfährt der älteste Bruder freilich erst 1993. Er hat damals die anderen aus den Augen verloren, als er auf verzweifelter Nahrungssuche seinen Aktionsradius immer mehr vergrößern musste.

»Es war so eine schwere Zeit, denn wir konnten ja nicht zusammenbleiben. Ich suchte nach Essbarem, aber das war gar nicht so einfach. Manchmal arbeitete ich bei Russen auf den Feldern. Später dann habe ich mich bei der Feuerwehr in Tilsit gemeldet. Doch es gab nicht genug Arbeit, und als Deutschen wollten sie mich sowieso nicht so gerne haben.« Es ist für die neu zugezogenen Russen gefährlich, einen wie Alfred zu beschäftigen, denn im einstigen Ostpreußen sollen alle deutschen Bindungen beseitigt werden.

Alfred entscheidet sich weiterzuziehen, findet die ersten Jahre in den Dörfern rund um Tauroggen bei verschiedenen Bauern Arbeit als Knecht. Er lernt seine Frau kennen. Sie heißt Ona, litauisch für Anna, wie seine verstorbene Mutter. Es ist die große Liebe, 1956 heiraten sie. Die beiden Kinder, Edvardas und Dangoule, werden geboren. Dangoule wohnt heute nicht weit von den Eltern und hilft im Alltag, wo sie nur kann. Dafür ist Alfred ihr besonders dankbar, denn seine Frau leidet seit fast 30 Jahren an Parkinson, und er pflegt sie, so gut es eben geht. Was er nicht mehr schafft, übernimmt inzwischen die Tochter. »Die Familie ist das Wichtigste überhaupt«, findet Alfred. »Ich habe jeden Monat Kontakt mit meinen Schwestern in Deutschland. Wir schreiben einander und telefonieren. Und sie unterstützen mich auch.« Er selbst hat nur eine magere Rente, ist froh, dass seine Angehörigen sich nicht abgewandt haben von ihm. »Das war ja so eine Freude, als mich 1993 der erste Brief über das Rote Kreuz erreichte. Damit hatte ich gar nicht mehr gerechnet.« Die Schwestern hatten ihn all die Jahre nicht vergessen und waren in ihrer Suche hartnäckig geblieben. Dass das längst die Ausnahme war, weiß Alfred inzwischen auch. »Es gibt viele Wolfskinder, da wollen die Verwandten in Deutschland gar nichts mehr wissen von ihnen.« Das ist eine schreckliche Vorstellung für Alfred, der zwar gerne nach Deutschland übergesiedelt wäre, aber aus Rücksicht auf seine kranke Frau nie ernsthaft daran gedacht hat. »Ich hatte Angst, dass so ein Umzug zu viel für sie wäre und sie daran zerbrechen würde.« Als Claudia ihn im Anschluss an unser Gespräch fotografiert und ihm erzählt, dass wir im Sommer wiederkommen, um ihm die Fotos und das fertige Buch zu bringen, strahlt er. »Das würde mir eine solche Freude machen! Wisst ihr, manchmal haben wir geglaubt, die in Deutschland, die wissen gar nicht mehr, dass es uns noch gibt.«

Alfred Plink wünscht sich nicht viel. Er möchte einfach nicht vergessen werden; er möchte, dass sein Schicksal gewürdigt wird.

Als Arnold Piklaps uns verabschiedet, zeigt er uns noch kurz das Haus. Auch der Verein der Wolfskinder hatte hier lange Jahre seinen Sitz. »Formal gehören sie natürlich noch dazu, aber wir sehen sie nur noch selten, vielleicht zweimal im

Jahr. – Es sind einfach nicht mehr viele«, fügt er hinzu. Dem kann Luise Quitsch, langjährige Vorsitzende des Vereins der Wolfskinder, als wir sie wieder einmal in Vilnius treffen, nur zustimmen.

Luise ist gerade von einer Türkeireise mit ihrer Tochter zurückgekehrt. Für Luise sind solche Reisen nur machbar, weil sie anders als die meisten Wolfskinder eine gute Ausbildung und einen einträglichen Beruf hatte und so heute eine recht ordentliche Rente bekommt. Als Kind hat sie ihre Pflegeeltern manchmal verflucht, weil die sie auch gegen ihren Widerstand immer und immer wieder zum Lernen anhielten. Doch schon als Jugendliche war sie ihnen dafür dankbar, denn der gute Schulabschluss hat ihr ein Studium ermöglicht. Unter ihrem angenommenen Namen Alfreda Pipiraitė wurde sie Bauingenieurin, arbeitete erst bei einer Baufirma in Kaunas, ab 1986 dann als Abteilungsleiterin im litauischen Bauministerium in Vilnius.

Nicht nur beruflich, auch im privaten Leben zahlten sich Bildung und Erziehung aus. »Meinen Mann habe ich nach dem Studium kennengelernt, über eine Freundin«, erzählt Luise. »Es war die große Liebe. Sehr lange wollte ich nicht heiraten. Mein Leben hatte etwas von einer gewissen Vorläufigkeit. Ich hatte das Gefühl, dass vielleicht noch mal etwas anderes kommt.« Luises Existenz verläuft weniger getrieben, nicht so alternativlos wie bei den anderen Wolfskindern. Diese müssen auch noch als Erwachsene ihr Dasein fast täglich mühsam behaupten. Die Pflegeeltern erwarten nie einen Dank oder eine Gegenleistung, obwohl Luises berufliche Karriere dafür Möglichkeiten bietet. Sie können sich lange daran freuen, wie gut die Ziehtochter in dem ihr einst so fremden Land Fuß gefasst hat. Bis an ihr Lebensende haben sie ein gutes Verhältnis. Der Vater stirbt an einer Herzattacke, die Mutter folgt ihm zehn Jahre später. Da hat Luise schon ein Kind. Sie lebt selbstbestimmt, und als sich zeigt, dass die große Liebe wirklich die große Liebe geblieben ist, heiratet sie. Weder ihr Mann noch die Tochter wissen zu diesem Zeitpunkt, dass ihre Frau und Mutter nicht als Alfreda Pipiraitė, sondern als Luise Quitsch auf die Welt gekommen ist.

Es sind nicht die Reisen, die Luise heute wichtig sind. Auch in die Türkei wollte sie eigentlich erst gar nicht mit; wesentlicher als Sonne, Sand und Strand war die gemeinsame Zeit mit der Tochter. Luise humpelt noch, als wir sie in dem Hochhaus in Vilnius besuchen, in dem sie gemeinsam mit ihrem Mann lebt: Im Meer hat eine Welle sie zu Fall gebracht, sie verstauchte sich den Fuß. »Da bleibt mehr Zeit zum Lesen«, tröstet sie sich über das Handicap hinweg. Ihre Wohnung ist voller deutscher Bücher und Magazine, die heute auch in Litauen zugänglich und erhältlich sind. Denn das ist für Luise das Beste an der errungenen Freiheit, dass sie sich zu ihren deutschen Wurzeln bekennen kann, ohne Nachteile befürchten zu müssen.

Bis dahin war es ein weiter Weg. In den Jahrzehnten der Anpassung verschloss Luise alles, was mit ihrer deutschen Herkunft zu tun hatte, im hintersten Winkel ihres Innern – nicht nur vor anderen, auch vor sich selbst. Sie träumte nicht einmal von der ostpreußischen Heimat, sogar ihr Unterbewusstes schien sich dem äußeren Druck zu unterwerfen.

Ihre deutsche Identität entdeckt Luise erst wieder in sich, als sie irgendwann Anfang der Neunzigerjahre in einem Schaufenster in Vilnius ein Holzspielzeug liegen sieht – und ihr das Wort »Hampelmann« in den Sinn kommt. Sie beginnt, die Bilder der frühen Kindheit wachzurufen und zu sortieren. Spärlich genug fallen diese aus, eher Momentaufnahmen als vollständige Erinnerungen, geordnet weder in Raum noch Zeit. Luise war ja noch nicht mal fünf, als die heile Kinderwelt zerbrach.

Sie sieht sich in einem Zimmer mit weißen Gardinen im ersten Stock am Fenster stehen, auf die Straße blicken, warten, dass die älteren Geschwister von der Schule nach Hause kommen. Hans ist der Älteste, ein Jugendlicher schon, dann folgen Hilde, Wilhelm und Edith. Jünger als Luise ist nur noch der kleine Günther. Sie erinnert sich an Mutters blonde Haare, an Vaters Mütze und Opas Hut: »Ich war wohl sehr an den Köpfen, am Haupt interessiert.« Opa wohnt nicht weit entfernt, ein Ortsname steigt in ihr auf, Seelheim. Dort hat er eine Schmiede. »Ich habe ein Bild vor mir. Ich sitze irgendwo bei uns mit dem Opa, und ich erinnere mich an gelbe Lilien. Das habe ich behalten. Aber sonst was noch? Dunkelblaue Kacheln, das war oben in unserem Kinderzimmer …«

Intensiver als an das Zuhause erinnert sich Luise an die Bombenangriffe und die Flucht: »Einmal waren wir in einem Bunker, der wurde bombardiert. Und in diesem Bunker war die Türe geschlossen, und wir kamen nicht raus. Die Luft war komplett verbraucht. Da war ein alter Mann mit einer Schere. Vielleicht war er gar nicht so alt, aber für mich als Kind war es ein alter Mann. Der machte mit seiner großen Schere einen Spalt in die Türe, damit wir Luft bekamen, und nach einiger Zeit wurden wir dann auch frei- oder rausgelassen. Ich erinnere mich an diesen Bunker, und es war so schön herauszukommen und frei atmen zu können. Und als ich geatmet hatte, ich erinnere mich an die gute Luft. Das war besonders.« Als die Flucht beginnt, teilt sich die

Familie. Luise soll bei der Tante und ihrer Tochter Trudi bleiben. Von diesem Moment an weiß Luise nichts mehr über das Schicksal der anderen.

Erinnerungsfetzen: Bombenangriffe. Viele, viele Leichen. Tote Pferde. »Und ich krabbelte da alleine herum.« Besonders eindrücklich die brennenden Wälder. Und die schreienden Frauen. Und die stinkenden fremden Männer. »Ich wollte so gerne eine Puppe haben, die dort am Wegesrand lag, die wollte ich gerne mithaben. Aber das war streng verboten. Was aus der Tante wurde, weiß ich nicht. Sie ist nicht mehr am Leben, auch Trudi nicht. Warum sie starben und ich nicht, weiß ich nicht. Die eigentliche Trennung weiß ich nicht. Ich sah nur viele Leichen, das ist meine letzte Erinnerung.«

Luises nächstes Bild: in ein russisches Heim eingesperrt mit mehreren Kindern. Dazwischen klafft eine Lücke. Das Heim liegt irgendwo nahe Königsberg. Es gibt nichts zu essen. Vor allem aber leidet Luise unter schrecklichem Durst, doch auch zu trinken gibt es nichts. Nur die Hoffnung hält sie aufrecht, dass bald die Mutter kommen wird, um sie abzuholen. Doch die Mutter kommt nicht.

Warum die Mutter wegblieb, weiß Luise auch Anfang der Neunzigerjahre noch nicht. Sie hört allerdings von der Gründung eines Vereins der Wolfskinder, in dem damals Ruth Deske eine wichtige Rolle spielt. Die Kontakte zu Menschen mit ähnlichen Schicksalen machen ihr Mut, nach den Verwandten in Deutschland zu suchen. Zudem beschließt Luise, einen Deutschkurs zu belegen und ihre Muttersprache wieder zu erlernen. Außer dem Zuspruch gibt es von den anderen Wolfskindern Rat in praktischen Dingen. Wohin muss man sich wenden? Was ist bei den Anfragen zu beachten? Luise weiß, dass sich ihre Pflegemutter früher schon einmal an das Rote Kreuz gewandt hatte – ohne Erfolg. Wahrscheinlich trug die Falschschreibung ihres Namens Schuld daran, glaubt Luise jetzt, denn damals konnte sie ihn zwar aussprechen, nicht aber buchstabieren. Als sie sich nun selbst an den Suchdienst in Lübeck wendet, werden diesmal verschiedene Listen mit verschiedenen Schreibweisen systematisch durchsucht. Dadurch stoßen die Helfer auf eine Suchanfrage ihres Bruders Hans nach Luise. Gleich am selben Tag ruft sie Hans aufgeregt an. Noch fällt die Verständigung sehr schwer. Den ersten Brief von Hans kann sie auch nicht lesen, ist er doch in Sütterlin abgefasst. Dann folgt eine Nachricht von Luises Schwester Edith. Nach und nach erfährt Luise so, dass auch Hilde und Günther noch am Leben sind, Wilhelm jedoch als »vermisst« gilt, wahrscheinlich nicht mehr am Leben ist. Es ist das Jahr 1993. 48 Jahre sind seit der Trennung vergangen.

So schnell wie möglich will Luise die Geschwister wiedersehen. Die schicken eine Einladung; Luise muss zur Botschaft, um ein Visum zu beantragen. Es dauert sehr lange, bis die Genehmigung erteilt ist. Luise kommt die Zeit endlos vor. Dann geschieht das Unerwartete. Plötzlich will Hans die verlorene Schwester doch nicht wieder treffen. Damals ist sie tief verletzt, heute glaubt sie an den Einfluss von Hans' Ehefrau: »Die dachte vielleicht, was will diese arme Frau aus Litauen jetzt von uns, diese Russin? Sie nannte mich immer ›die russische Frau‹ oder ›die russische Schwester‹: Die will doch nur betteln und so, hat sie wohl gedacht.« Ähnlich ergeht es Luise mit ihrem Bruder Günther. Auch der ist verheiratet, und seine Frau verhindert den Kontakt mit allen Mitteln. Erst als diese gestorben ist, können sie sich sehen. Oder haben sich die Brüder hinter ihren Frauen versteckt, weil sie selbst Angst vor der Begegnung hatten?

So bleibt es beim ersten Besuch bei einem Treffen mit Schwester Edith und einer ehemaligen Nachbarin mit dem Mädchennamen Gertrud Kabeck, die sich noch lebhaft an Luise als kleines Kind erinnert. Im Jahr darauf kann Luise mit Gertrud bereits ins heimatliche Schwesternhof fahren, wo ihr die Nachbarin die Stätten ihrer Kindheit zeigt. Für Luise ist es, als würde sich ein Tor in die Vergangenheit öffnen. Allerdings beobachtet sie auch an sich eine seltsame Nebenwirkung. Seit sie nicht mehr geheimgehalten und damit durch neue Eindrücke ergänzt werden, beginnen die Erinnerungen unwirklich zu werden, zu verblassen. »Früher war die Erinnerung in mir fest verschlossen, und sie konnte nirgendwohin fliehen. Jetzt ist alles offen, aber es wird auch alles flüchtig.«

Als Luise mit ihrem Mann ihre Suchanfrage beim Roten Kreuz besprach, fiel er aus allen Wolken. »Meinem Mann hatte ich meine deutschen Wurzeln offenbart, als wir uns kennenlernten. Er behauptet bis heute steif und fest, dass er das nicht wusste. Ich glaube aber, dass er es verdrängt hat oder nicht wissen wollte, damals. Er hat es jedenfalls nie geglaubt.« Erst als Luise ihre Herkunft in den Neunzigerjahren tatsächlich »beweisen« konnte, war er bereit, diesen Teil der Familiengeschichte zu akzeptieren.

Als Luises Tochter zum ersten Mal hört, was ihrer Mutter 1945 widerfahren ist, reagiert sie sehr emotional, ungefiltert, mit Empörung und Unverständnis: »Wie können die eigenen Eltern einem so etwas antun? Wie konnten sie so große Eile auf der Flucht haben, dass sie dich verloren oder irgendwohin gegeben haben?« Luise kann ihr das zu diesem Zeitpunkt selbst nicht genau erklären. Zu viele dunkle Flecken gibt es in ihrer Kindheitsgeschichte. Und für jemanden, der diese Zeit nicht erleiden musste, ist es schwer, sich das Chaos des Krieges begreiflich zu machen. Mutter und Tochter brauchen Jahre, um die sich auftuenden Gefühle und Erfahrungen gemeinsam zu verarbeiten.

Inzwischen hat sich auch Luises Stellung im Wolfskinderverein geändert. Aus der Ratsuchenden ist eine Ratgebende geworden. Als ein neuer Vorsitz für den Verein gesucht wird, wird Luise vorgeschlagen. Sie sträubt sich mit dem Hinweis, ihr Deutsch sei viel zu schlecht und es gebe keine Akten, mit denen gearbeitet werden könne. Doch der Widerstand ist vergebens. Als neuer Vorsitzender kommen Luise ihre Erfahrungen im Ministerium zugute. Sie kennt sich mit Bürokratie und Verwaltung aus, legt als Erstes eine Datensammlung aller bekannten Wolfskinder an. Anfangs gibt es viel zu tun, viele wollen nach Deutschland ausreisen und bemühen sich um die Wiederherstellung ihrer deutschen Staatsbürgerschaft. Auch die Zusammengehörigkeit ist stark entwickelt, es gibt einen Chor und ein Ensemble. Doch mit den Jahren wird es immer ruhiger im Verein. Viele Wolfskinder haben Litauen verlassen, andere sind krank und tragen schwer an ihrem Alter. »Ich bin wohl eine von den Gesündesten und Jüngsten«, sagt Luise. »Ich hatte nie so ein schweres Leben. Ich musste nie so körperlich arbeiten. Ich saß auf meinem Popo und musste mit dem Hirn arbeiten. Habe immer Sport gemacht, war Ski laufen und mache Gymnastik.«

Im Juni 2000 fährt Luise zum Deutschlandtreffen der Ostpreußen nach Leipzig. Der elf Jahre ältere Bruder Hans wohnt in der Nähe. Diesmal soll der Begegnung endlich nichts mehr im Weg stehen, der ersten seit Ende des Krieges. Hans fällt es schwer zu glauben, dass die erwachsene, gut gekleidete Frau seine Schwester ist. »Liese, du warst doch immer so ein Püppchen«, wundert er sich, »kaum größer als eine Erbse ...«

Eine Frau, die Luise kennt, gesellt sich an ihren Tisch und bittet um die Übersetzung von zwei Briefen aus dem Russischen, die aus einem ehemals ostpreußischen Dorf stammen. Luise macht das keine Schwierigkeit. Andere kommen dazu, wollen auch hören, was in den Briefen steht. Bald ist Luise von einer Menschentraube umringt, steht souverän im Mittelpunkt. Hans ist erstaunt und auch etwas stolz. Seine Schwester so wiederzusehen, hatte er nicht erwartet. An diesem Tag lädt er Luise zu sich nach Hause ein.

Die ist eigentlich mit der Betreuung von anderen Wolfskindern beschäftigt, kann sich nur für drei Stunden freinehmen. Als sich die Tochter von Hans' Frau ihrer Kaffeerunde anschließt, macht Luise eine eigentümliche Entdeckung. Es handelt sich bei ihr nicht um das Kind von Hans, sondern um das eines russischen Soldaten ... Wie geht das zusammen mit der abwertend gemeinten Titulierung Luises als der »russischen Schwester«?

Von nun an gibt es jedenfalls regelmäßigen Kontakt mit Hans, und aus den Erzählungen der Geschwister kann sich Luise die fehlenden Puzzleteile ihrer Vergangenheit Stück für Stück zusammensetzen. Der Vater starb 1943 an Lungenkrebs, die Mutter blieb alleine mit den Kindern. Das nationalsozialistische Regime untersagte eine Evakuierung bei Androhung von Todesstrafe so lange, bis es längst zu spät war. Als die Flucht endlich erlaubt wurde, nahm die Rote Armee bereits Labiau, die nächstgelegene Stadt, ein. Es war zu spät. Alle Einwohner wurden aus ihren Häusern geführt und einige Kilometer weiter in Stenken gesammelt. Nachts suchten sich die Soldaten Frauen heraus, um sie zu vergewaltigen. Auch die Mutter war darunter. Ein anderes Mal saß Günther auf ihrem Schoß, als die Soldaten wieder auf sie zeigten. Weil sie sich weigerte mitzugehen, wurde sie im Beisein der Kinder erschossen. Während Luise im Heim sehnsüchtig auf ihre Mutter wartete, war diese längst tot.

Auch den anderen Geschwistern gelang es nicht zusammenzubleiben. Edith blieb im polnischen Teil Ostpreußens hängen. Die deutschen Schulen waren geschlossen; in eine polnische Schule wurde sie nicht aufgenommen, das war verboten. So musste sie schon früh arbeiten gehen. Bis heute kann sie weder lesen noch schreiben. 1958 durfte sie in die DDR ausreisen, wurde sofort in einem Volkseigenen Betrieb beschäftigt. Mit 18 oder 19 heiratete sie, bekam jede Menge Kinder. Ließ sich wieder scheiden und heiratete insgesamt dreimal. Aus der zweiten Ehe brachte sie einen Haufen Schulden mit, weil sie für einen Kredit ihres Schwiegersohnes gebürgt hatte. Nur durch Günthers Hilfe ist Edith irgendwie durchgekommen. »Er hat sie eingeladen, mit ihm zu leben«, erklärt Luise. »Aber sie will nicht. Günther ist streng, und sie will ihre Freiheit haben. Sie kann nicht mit Geld umgehen. Günther und ich sind die Preußen in der Familie.« Deshalb kümmert sich heute die jüngste Tochter Silvia um Edith, weil sie es allein nicht mehr schafft.

Gemeinsam mit Edith besucht Luise ihre älteste Schwester Hilde. Sie ist vom Leben schwer gezeichnet, wirkt öfters, als sei sie nicht wirklich bei sich, ist krank. Nach mehrfachen Vergewaltigungen am Kriegsende arbeitete sie in einer sowjetischen Kaserne, wurde schließlich 1948 aus dem Königsberger Gebiet nach Ostdeutschland deportiert. Als sie nach Deutschland kam, hatte sie sich bereits in den Alkohol geflüchtet. Und dabei blieb es. Luise versucht es mit den Worten zu umschreiben: »Sie hat sich selbst beseitigt.«

Manchmal ruft Luise bei Hilde an. »Dann sage ich: ›Hier

ist Luise, deine Schwester‹. Dann antwortet sie mit tiefer Stimme, ganz fremd: ›Was willst du denn …?‹ Das ist immer die erste Frage. Ich sage dann immer, dass ich eigentlich nichts will, sondern mich melde, um zu hören, wie es ihr geht. ›Na ja‹, ist dann die Antwort, ›wie soll es gehen?‹ Sie hat einmal gesagt, wenn ich meine Erinnerungen aufschreiben sollte, würde ich einen grausamen Roman schreiben. Das ist Hilde.«

Hans ist 2005 an Asthma gestorben. Mit Edith und Günther steht Luise dagegen in regelmäßigem Kontakt. Beim letzten Treffen 2011 gingen sie in Berlin spazieren. Auf der Suche nach einem Café kamen sie an einem Supermarkt vorbei. Luise wollte ein Päckchen Kaffee kaufen, Günther kaufte ihr fünf, obwohl sie so viel gar nicht brauchte. Es ist seine Art zu zeigen, wie froh er letztlich ist, die Schwester wiedergefunden zu haben.

Über die Jahre hinweg wird Luise immer deutlicher, wie sehr sich ihre Lebensentwürfe unterscheiden. »Zum Beispiel ist mir aufgefallen, dass es immer um die Frage geht: Was essen wir heute? Das ist eine bedeutende Frage! Das macht mich manchmal richtig wütend. Wenn ich etwas zu essen bekomme, ist es gut, und wenn nicht, wird es auch gehen. Oder die Frage: Was für Eis wollen wir uns heute bestellen? Ich habe sie wirklich lieb, aber unsere Interessen sind einfach sehr verschieden. Sie lesen keine Bücher, begeistern sich nur für diese Seifenfilme …« Die Erfahrungen mit den Geschwistern haben Luise gelehrt, dass ihre eigentliche Familie mit ihr in Litauen lebt.

Edith und Günther sind nie mehr in die Heimat gefahren. »Die wollten das nicht, hatten Angst. Und sie sind auch ein bisschen in ihrer eigenen Welt. Als ich einmal eine Dokumentation im Fernsehen sehen wollte, war Günther ganz erstaunt. ›Schaust du diese Hitler-Filme?‹, wollte er wissen. Daran wollen sie nicht mehr erinnert werden.«

Luise hat Verständnis, dass das Zurückschauen jemandem schwerfällt, dessen Mutter erschossen wurde, während sie ihn im Schoß hielt. »Ich mache das auch nicht gerne. Das Zurückschauen hat mir aber auch geholfen, ruhiger zu werden. Der Austausch mit den anderen, das Hören der vielen Geschichten, wenn mir bewusst wird, dass ich eben nicht die Einzige war. Es gab viele, und sie hatten zum Teil schlimmere Erinnerungen. Auch sie haben alles verloren; die Geschichten ähneln sich.«

Wir treffen Liesbeth Dejok auf dem Resthof ihrer litauischen Schwägerin etwas außerhalb von Jonava. Hier sitzen wir an einem sonnigen Nachmittag im Juli im Garten unter einem alten Apfelbaum – Liesbeth und ihre Schwägerin haben aufgetischt: Kaffee, Obst, Kuchen, Gebäck, Brot, selbst gemachte Butter und Quark. Vor der Haustüre liegen Hunderte frisch geerntete Knoblauchzwiebeln, die bald auf dem Markt von Jonava verkauft werden sollen. Wir überschlagen den Erlös, vielleicht 50 Euro. Es ist hart verdientes Geld, bedenkt man den Anbau, die Ernte und schließlich die Mühen des Verkaufs.

»All die Jahre habe ich es schon bereut, dass ich damals nicht in Ostpreußen geblieben bin«, erzählt sie. »Ich wäre ja auch rausgekommen, aber das konnte ich ja damals nicht wissen. Hätte ich etwas mehr Geduld gehabt, wäre mein Leben sicher anders verlaufen. Aber wenn man kein Essen hat, das ist schlimm, das ist das Schlimmste.«

Liesbeth ist eigentlich von Haus aus Optimistin. Sie lacht gerne, nur in unbeobachteten Momenten kehrt ein ernster

Blick in ihr hübsches Gesicht mit den frischen roten Wangen zurück. Die Achtzigjährige wirkt aufgeweckt und spricht einwandfrei Deutsch mit einem leichten ostpreußischen Einschlag. Das klingt manchmal ein bisschen altertümlich, meist aber einfach nur charmant. »Ich habe einen starken deutschen Akzent, jedenfalls hören die Litauer immer gleich, dass ich nicht von hier komme. Trotzdem hatte ich hier nie Probleme.«

Liesbeth liebt ihren deutschen Namen und ist froh, dass ihre litauische Familie ihn nur geringfügig ins Litauische abgewandelt hat – bei ihnen wurde sie Elzbieta gerufen, erzählt sie gleich zu Beginn unseres ersten Treffens. »Wissen Sie, ich war ein Papakind. Es hieß zu Hause immer ›Die Liesbeth kommt ganz nach dem Papa‹. Ich hatte ja auch die gleichen pechschwarzen Haare wie er.«

»Zuhause, Heimat ist für mich bis heute die Elchniederung. Da hatte meine Familie schon mehr als 100 Jahre gelebt, dort bin ich aufgewachsen und dort sind die schönen Erinnerungen meiner Kindheit. Mein Vater hat uns auch immer im guten Glauben an die Menschen erzogen. Als die Rote Armee kam, da sagte man ja landläufig, dass die Russen kommen. Und er fand eben, dass die Russen auch nur Menschen sind. Das habe ich mir dann auch immer gesagt, dass ich keine Angst haben muss.« Die Überzeugung von Liesbeths Vater ist nach dem Ersten Weltkrieg in Ostpreußen weitverbreitet. Hatte es seinerzeit ebenfalls Flucht und Vertreibung aus der Region gegeben, glauben 1945 viele wegen der damals rasch erfolgten Rückkehr, dass es auch diesmal keine Vertreibung für immer sein wird. Irgendwann werden auch die neuen Machthaber ein Einsehen haben und die fleißigen Bauern auf ihre Scholle zurückkehren lassen. Eine derart weitreichende Zerstörung der landwirtschaftlichen

Grundlagen ist vor dem Einmarsch der Roten Armee unvorstellbar.

»Mit Ende des Krieges war ich 14 Jahre alt. Alle sprachen von Litauen und was es dort zu essen gab. Alle Jugendlichen, die ich kannte, waren auf dem Weg nach Litauen. Und ich dachte mir, da muss ich auch hin. Meine Geschwister waren mir zu diesem Zeitpunkt nicht so wichtig, mich trieb nur noch der Hunger. Und wir hatten einfach zu wenig zum Leben und zum Sterben zu viel. In Litauen bekam ich so viel zu essen, wie ich wollte. Es war ein bisschen wie im Paradies. Das Arbeiten machte mir nicht viel aus, das habe ich immer gerne getan. Ich lebte bei einer sehr lieben Bauersfamilie. Da konnte ich auf dem Hof helfen, die Kühe melken, Vieh hüten, aber auch Handarbeiten verrichten, Spinnen und Weben. Das hatte ich ja alles noch zu Hause gelernt.«

Als der Bauer ihr Papiere besorgen will, bespricht er sich vorher gut mit Liesbeth. Die erinnert sich an Verwandte, die früher im Kreis Pogegen im Memelland lebten. Liesbeth wird fortan als Memeldeutsche geführt, hat danach anders als andere Wolfskinder keine größeren Probleme mehr mit der Staatsmacht.

»Litauisch habe ich schnell gelernt. Der Bauer hatte eine Tochter, die war ein paar Jahre älter als ich und ging zur Schule. Sie hat mir immer gesagt, wie etwas auf Litauisch heißt, und wenn man so jung ist, dann vergisst man das nicht.«

Mit 20 heiratet Liesbeth einen Litauer. Das Paar bekommt in den folgenden Jahren drei Söhne. »Unsere Kinder können leider kein Deutsch, sie hatten in der Schule nur Englisch und vor allem natürlich Russisch.« Liesbeth bedauert dies, andererseits fühlt sie sich von ihren Kindern heute gut unterstützt. Seit sie nicht mehr alleine in dem Dorf leben kann, in dem sie mit ihrem Mann lange Jahre eine kleine Landwirtschaft betrieb und in der Kolchose arbeitete, bewohnt sie zwei Zimmer im Haus des einen Sohnes und seiner Frau in Kaunas. Wir besuchen Liesbeth auch dort und erleben einen engen Familienzusammenhalt. Einzig ihre Geschwister vermisst Liesbeth bis heute.

»Nach meinem Weggang nach Litauen wurden meine Schwester, ihre Tochter und mein kleiner Bruder in die DDR gebracht. Von dort flüchteten sie später in die BRD, nach Westfalen. Viele Jahre wusste ich nicht, wo sie waren. Später habe ich sie und auch unsere ältere Schwester über das Rote Kreuz gefunden. 1989 konnte ich sie zum ersten Mal in Deutschland besuchen. Die ältere Schwester hatte Krebs, da habe ich einen Schreck bekommen. Sie sah so schlecht aus, war kaum wiederzuerkennen.«

Kontakte nach Deutschland hat Bruno Klein nicht mehr gefunden. Er lebt heute mit seiner Frau Aldona in einer der unzähligen Plattenbausiedlungen in Kaunas. Als die beiden uns begrüßen, entschuldigt sich Bruno eilig, dass er kein Deutsch mehr könne, weil er es seit 67 Jahren kaum mehr gesprochen habe. Seit ein Rotarmist ihm 1945 mit einem Gewehrkolben auf den Kopf gehauen hat, ist er zudem auf dem rechten Ohr taub und außerdem seit einem Schlaganfall halbseitig gelähmt. Seine Sprache ist verlangsamt. Aldona hilft ihm, wo sie kann, auch im Gespräch, wenn ihm Worte nicht einfallen oder er sich bestimmter Dinge nicht mehr entsinnen kann. Die ältere Dame hat ihre langen weißen Haaren hochgesteckt, trägt ein apartes Kleid und wirkt weit jünger, als sie tatsächlich ist. Sie holt die Urkunden und Dokumente der Familie herbei. Für die beiden war es nie ein

Thema, dass Bruno Deutscher ist. »Nur die Kinder haben wir auf meinen Namen getauft. Es war der Rat einer Dame auf dem Standesamt. Sie meinte, das wäre besser, wenn wir Nachteile in der Schule vermeiden wollten.« Im Jahr 1993 haben sie den Vater dann überrascht. Alle drei Kinder – Elvira, Danutė und Vida – wandelten ihren Nachnamen von Virbašiūtė in Klein, jetzt, wo sie dafür keine Repressalien zu erwarten hatten. Es war auch ein symbolischer Akt, der dem Vater viel bedeutete – ein weiterer Schritt auf dem persönlichen Weg, den Zweiten Weltkrieg hinter sich zu lassen.

Bruno kommt aus einer Großfamilie mit sieben Geschwistern. Sein ältester Bruder Heinz ist achtzehnjährig in den letzten Kriegstagen 1945 gefallen. Heinz war ein typischer großer Bruder, Brunos Vorbild. Aldona kramt in den Schwarz-Weiß-Aufnahmen vor ihr. Das Passbild eines blutjungen Soldaten zeigt Heinz. Eine Cousine hat es Bruno zur Erinnerung geschickt. Auf der Rückseite steht in ungelenker Schrift: »*bitte gut aufheben. Das ist nur das eine Bild. Ich habe weiter keinz von Heinz.*« Auch ein Bild von Vater Willy finden wir. Es ist ebenfalls das einzige von ihm, das Bruno hat. Darauf ein Wehrmachtssoldat, dessen Gesicht fast ganz unter einem Stahlhelm verschwindet. Auf der Rückseite steht, diesmal sehr verschnörkelt: »*Euer Pappa in weiter Ferne. Düsseldorf Gerresheim 16. 3. 1942 Kriegsgefangenen-Lazarett. Wachzug 2/217.*« Wir betrachten noch die alten Fotos, als uns Bruno unvermittelt seinen litauischen Pass zeigt. »Hier im Pass steht, dass ich 1933 geboren bin. Das stimmt natürlich nicht, aber deshalb musste ich eineinhalb Jahre länger arbeiten, bis ich in Rente gehen konnte.«

Vor der Unabhängigkeit Litauens, bevor er seine Geburtsurkunde wiederbekam, wusste er sein Geburtsdatum nicht mehr. Eine ärztliche Kommission legte sein Geburtsjahr fest, im Pass steht 00.00.1933 – Geburtsort Kaliningradas, Rusija. Bruno ist kein Einzelfall. Mag der nicht existente Tag 00.00. noch angehen, bringt ihn – wie viele andere Wolfskinder – in Rage, dass »Kaliningrad« als Begriff für Königsberg vor 1946 nicht existierte. Auch nicht als russischer Name, auch nicht in der Sowjetunion. Wie also kann er dort Anfang der Dreißigerjahre geboren sein? Und was hat es mit Russland als Geburtsland auf sich? Vor 1945 gehörte Ostpreußen weder zur Sowjetunion noch zu Russland. Das Ganze ist umso erstaunlicher, wenn man bedenkt, wie peinlich genau Beamte auch in der Sowjetunion ihren Dokumentationspflichten nachkamen. Ein Versehen ist es sicher nicht, Bruno kein Einzelfall. Selbst im unabhängigen Litauen haben einige Betroffene nach 1991 erst gerichtliche Verfahren bemühen müssen, um eine Änderung dieser historisch verdrehten Tatsachen zu erreichen, die offenkundig ideologisch motiviert waren. Bruno hatte dafür keine Energie. Mit dem Erhalt seiner Geburtsurkunde aus Deutschland bekam er die für ihn relevanten Informationen. Wie geduldig Papier ist, hat er in seinem Leben oft genug erlebt.

Wie es ihm heute gehe, frage ich ihn. »Ich erhalte 200 Litas Waisenrente. Die Zeit, die ich als Knecht gearbeitet habe, wird ebenso wenig auf meine Rente angerechnet wie die erste Zeit in der Kolchose, in der ich noch nicht ordentlich registriert war. So komme ich insgesamt auf etwas unter 700 Litas.« Es sind die magischen 700 Litas, umgerechnet etwas über 200 Euro, die in Litauen als Armutsgrenze gelten. Nur durch die Aufbesserung der Rente dank der privaten Initiative Wolfgang von Stettens kommt er darüber. Finanziell ist es trotzdem eng, insbesondere die Zuzahlungen bei Medikamenten übersteigen oft seine Möglichkeiten.

Kraft zieht Bruno bis heute aus der sehr glücklichen Ehe mit Aldona. Wie sie sich kennenlernten, frage ich. »Beim Dorftanz«, antwortet Aldona mit einem Lächeln. »Er war ein guter Tänzer! Wir haben oft stundenlang Polka getanzt, und da muss man sich ordentlich bewegen.« Auf den Dörfern, so erklärt sie, war der Tanz für die Jugend am Wochenende fast obligatorisch. Jemand spielte auf, mal eine Kapelle, mal ein Akkordeonspieler – und dazu tanzten die jungen Leute.

Doch wie war es, als sie schließlich den Deutschen heiraten wollte? »Das Leben auf dem Dorf war einfach. Bruno war auch nicht der einzige Deutsche. Alle wussten das, aber er hatte einen guten Ruf als fleißiger Arbeiter. Das war, was zählte.«

Zu dieser Zeit arbeitete Bruno schon in der Kolchose. Auch Aldonas Vater reagierte gelassen. »Wo die Liebe hinfällt«, war sein Kommentar, berichtet Aldona. Das viel größere Drama war der Umzug vom eigenen kleinen Hof der Eltern in ein Kolchosehaus. »Das war sehr sozialistisch«, erinnert sich Bruno. »Alles war gemeinschaftlich, und man hatte wenig Privatheit.« Fünf Jahre lebten die beiden Verlobten dort, bevor sie 1958 heirateten. Im Jahr darauf wurde die erste Tochter geboren, 1960 die zweite und die Nachzüglerin 1971. Mitte der Siebzigerjahre zog die Familie schließlich nach Kaunas. Es waren vor allem wirtschaftliche Gründe, die sie dazu brachten. »In den Fabriken gab es einfach mehr zu verdienen«, erzählt Aldona, die selbst viele Jahre als Schweißerin gearbeitet hat. Eine harte Arbeit sei dies gewesen, das Schweißen an den Stahlkonstruktionen für Plattenbauten. Bruno arbeitete anfangs noch in einer Ziegelbrennerei, wechselte dann auch ins Schweißerfach. Die Eheleute schmerzt, dass sie trotz jahrzehntelanger harter körperlicher

Arbeit nur eine winzige Rente haben. »Das ist der Nachteil der Freiheit«, findet Aldona. »Seither sind wir auf uns allein gestellt.«

Ein einziges Mal ist Bruno nach Deutschland gereist, seitdem dies ab 1991 möglich war. Es war eine Reise mit anderen Wolfskindern nach Schloss Stetten. »Meine Cousinen, die mehrere 100 Kilometer entfernt wohnten, kamen auch dorthin, um mich zu treffen. Das war schön.« Doch aufgrund der fehlenden Sprachkenntnisse ist der Kontakt danach leider wieder abgebrochen. Die Reise will Bruno trotzdem nicht missen. Sie war ein Höhepunkt in seinem Leben, sagt er. »Alles war so anders als hier, aber auch anders als damals in Ostpreußen. Ein bisschen war es – wie im Märchen.«

Wie im Märchen kommt es anderen Wolfskindern vor, auf welche Weise der 72-jährige Uwe Fritz für sie sorgt. Die Gegend um Tauroggen im südlichen Litauen nahe der Grenze war Anlaufstelle für viele Bettelnde aus Ostpreußen. Hier wurde manches Kind vor dem sicheren Hungertod gerettet, erhielten viele eine erste warme Mahlzeit. Und doch ist die Region an der Memel bis heute nicht sonderlich reich. Hier leben die sozial schwächsten Wolfskinder, die Kranken, Armen und diejenigen ohne Verbindungen nach Deutschland. Gut für sie, dass es Uwe gibt. Er betreut einige seiner »Kollegen«, wie er die anderen Wolfskinder liebevoll nennt, und schaut regelmäßig bei ihnen vorbei. Was er fast immer bei sich führt, sind kleinere Mengen kostenintensiver Verbandsmaterialien für offene Füße, Inkontinenzartikel oder Salben, je nachdem, was der Einzelne am dringendsten benötigt. Auch um finanzielle Belange kümmert er sich bei denen, die Schwierigkeiten mit dem Lesen und Schreiben haben oder nicht mehr so mobil sind, dass sie selbst zur Bank gehen können.

Als Sechsjähriger wurde Uwe Fritz von den älteren Geschwistern in Litauen zurückgelassen. Monatelang hatten sie in Erdhöhlen gelebt, waren abgemagert und unterkühlt. Zuletzt musste ihn die Schwester tragen, weil Uwe nicht mehr allein laufen konnte. In einem kleinen Bauernhaus fanden sie für kurze Zeit eine Bleibe. Da war es geheizt, und zum ersten Mal seit Langem bekam Uwe etwas zu trinken eingeflößt, das ihn auch von innen wärmen sollte – Wodka. »Wir kommen dich wieder abholen«, versprachen Bruder und Schwester, als sie am nächsten Tag weiterzogen, weil der Bauer nicht für drei Kinder aufkommen konnte. Doch sie kamen nicht wieder.

Uwe blieb und wurde von dem Bauern schließlich sogar adoptiert. Die Familie hatte selbst einen Sohn in Uwes Alter verloren und gab ihm nun dessen Namen und Papiere. Aus Uwe Fritz wurde Bronius Dapkus. Im Gegensatz zu vielen anderen durfte er neben der schweren Feldarbeit auch in die Schule gehen. Seine Hausaufgaben machte er oft spätabends und fiel dann im Schein der Öllampe in einen tiefen Schlaf. Der Adoptivvater trank gerne einen über den Durst. Wenn er in der Nacht nach Hause kam und Uwe schlafend am Tisch fand, erhielt dieser zu allem Überfluss noch eine Tracht Prügel.

So erarbeitete sich Uwe trotz aller Schwierigkeiten einen litauischen Volksschulabschluss und kann, im Gegensatz zu vielen anderen Wolfskindern, Litauisch lesen und schreiben. Er hat ein kleines Haus, in dem er zusammen mit einem seiner Söhne und dessen Familie lebt. Alles ist selbst erarbeitet und gebaut. Darauf ist Uwe stolz.

Gemeinsam mit ihm machen wir eine Runde bei seinen »Sorgenkindern«, denen er sich besonders verpflichtet fühlt. »Wen haben sie denn noch?«, fragt er mich eher rhetorisch. Dabei hat er selbst genügend eigene Sorgen. Vor Kurzem starb seine Frau, die er fünf Jahre lang pflegte. Dafür bewundern ihn die Damen seiner Gemeinde, die es in ihrem Leben häufig mit ganz anderen Männern zu tun hatten. Außerdem hat Uwe schmerzhaftes Rheuma und bereits mehrere Herzoperationen hinter sich. »Meine Gesundheitsprobleme sind weitgehend auf meine Kindheit zurückzuführen«, erklärt er. Über Monate andauernde Unterkühlung, Frostbeulen und Mangelernährung haben ihre Spuren hinterlassen.

Uwes beiden älteren Geschwistern glückte es, nach Deutschland zu kommen. Über den Kindersuchdienst fanden sie auch die Eltern wieder. Ihnen erzählte die Schwester, dass Uwe in Litauen gestorben sei. Über die Motive kann er bis heute nur spekulieren. »Ich denke, es war einfacher für sie alle, mit der Sicherheit eines toten Kindes zu leben als mit der Unsicherheit eines vermissten«, sagt Uwe ruhig und ein bisschen in sich gekehrt. Er hat sich schon lange mit seinem Schicksal arrangiert. Erst in den Achtzigerjahren bekam Uwe Kontakt zu seiner Familie in Deutschland. Er traf seine Mutter noch ein einziges Mal, bevor sie 1985 starb. Doch sie konnte bis zuletzt nicht glauben, dass Uwe wirklich ihr Sohn war. Denn der war doch schon lange gestorben …

»Wenn ich mich um die anderen kümmere, vergesse ich meine eigenen Wehwehchen«, wischt Uwe die traurigen Erinnerungen beiseite und fügt verschmitzt hinzu: »Außerdem glaube ich, dass gute Taten dem Herz zugutekommen.« Das Glas, so scheint es, ist bei Uwe immer halb voll.

Auch Anna Ranglack, die im fünften Stock eines sozialistischen Plattenbaus wohnt, versucht dem Leben stets etwas Positives abzugewinnen. Zehn Jahre war sie als Wolfskind im südlichen Litauen unterwegs, bevor sie mit 16 Jahren adoptiert wurde. »Rettung in letzter Minute«, erklärt sie mit ernster Miene. Anna arbeitete ihr ganzes Leben hart; eine Schule hat sie nie besucht. Noch nicht einmal lesen zu können bringt für die heute 74-Jährige viele kleine Einschränkungen mit sich. Ob Klingelschilder, Fahrpläne, Rezepte, Haltbarkeitsdaten oder die Lieder im Gesangbuch der Kirchengemeinde, nichts davon versteht Anna. »Es ist, als wäre ich blind. Ohne Uwe wäre ich ganz schön verloren.«

Auch Annemarie Haupt gehört zu denjenigen, die Uwe regelmäßig besucht. Annemarie lebt in einem Hochhaus, das bessere Zeiten gesehen hat. Ihre Eineinhalbzimmerwohnung hat sogar einen Balkon mit Blick über Tauroggen – doch der nützt ihr kaum etwas. Nicht nur, dass Annemarie massive Rückenprobleme hat, sie erblindet zusehends. Der Balkon dient heute als Abstellkammer; Hilfsmittel wie der Toilettenstuhl, den sie nachts neben das Bett bekommt, finden hier tagsüber Platz. Neben ihrer Schlafcouch im Wohnzimmer hängt ein Wandteppich mit einer idyllischen Waldszene. Rehe blicken auf Annemarie, wenn sie daliegt. Es ist ein Bild, das sie sich in all den Jahren einzuprägen versucht hat. Mit jedem Tag, so Annemarie, geht ein Stück Augenlicht verloren, doch die Erinnerung bleibt. Auch an die Kindheit.

Kurt Grävert dagegen ist bereits seit mehreren Jahren ans Bett gefesselt. Er hat schwere Rückenprobleme, doch auch Diabetes und eine Reihe kleinerer Diagnosen lassen ihn kaum noch aufstehen. Gemeinsam mit seiner Frau wohnt er in einem alten Bauernhaus bei Vidukle. Das Haus ist weder zeitgemäß noch altersgerecht – es gibt kein fließendes Wasser, selbst die Wäsche wird noch von Hand gekocht, und geheizt wird mit Holz. Dabei liegt Kurt die meiste Zeit in seinem Pflegebett, das Einzige, was in seinem Zuhause nicht an frühere Zeiten erinnert. Seine Frau hilft ihm, so gut sie kann, mit der täglichen Hygiene. Eine Pflegekraft, die Kurt eigentlich bräuchte, können die beiden sich nicht leisten.

Nicht weit von Kurt lebt Karl-Heinz Methee mit seiner Frau und zwei Enkelkindern. Die Jüngste, ein fußballspielender Rotschopf im Teenageralter, spricht so gut Deutsch, dass ihr Großvater kaum noch mitkommt. Ihre offene, liebenswürdige Art beeindruckt uns. Karl-Heinz selbst ist seit einem Schlaganfall halbseitig gelähmt. Vor die Tür geht er schon länger nicht mehr. »Alles ist nur noch pure Anstrengung«, findet der heute 76-Jährige.

Käthe Rehberg wohnt bei ihrer Tochter. »Nicht, wie ihr das denkt«, warnt Uwe uns vor. »Sondern sehr einfach …« Als wir sie dann treffen, stellt sich heraus, dass sie in der Waschküche im Heim des Schwiegersohnes haust. Immer wieder überschlägt sich ihre Stimme. »Ich habe so gut wie keine Rente«, erzählt sie. »Ohne die Spenden aus Deutschland wäre ich bestimmt schon tot. Doch auch mit ihnen kann ich mir kein eigenes Zimmer und schon gar keine Wohnung in der Stadt mieten.« In ihrem »Wohnzimmer«, dem Salon, wie sie ihn nennt, halb unter der Erde, ist es feucht, kühl und ungemütlich. Für uns kaum fassbar, dass hier tatsächlich eine alte Dame wohnt.

Die letzte Fahrt an diesem Tag geht etwas weiter hinaus aufs Land, zu Herbert Klein, der wie Uwe aus dem Kreis Gerdauen stammt und verwitwet ist. In seinem Heimatkreis wurde er 1948 von russischen Milizen aufgegriffen und in einen Transport nach Sibirien gesteckt. Unterwegs gelang es ihm, unter dramatischen Umständen auszureißen. Während die Wachleute auf ihn schießen, entkommt Herbert, über die Memel schwimmend. Später besucht er in Litauen die Traktoristenschule und arbeitet 14 Jahre in diesem Beruf, bevor er sich und seine inzwischen wachsende Familie als Kleinbauer durchbringt. Drei Töchter und drei Söhne bekommt Herbert mit seiner Frau.

Die Freude ist groß, als er uns mit Uwe kommen sieht. Ganz allein wohnt er hier am Waldrand in einer winzigen Bauernkate ohne jeglichen Komfort. Gerade ist ihm sein Gartenhaus abgebrannt, die Ursache ist ungewiss. Doch schnell wird klar, Herbert leidet unter anderem an Demenz. Zwischendurch hören wir klare, deutsche Sätze von ihm, dann taucht er wieder in seine ganz eigene Welt ab. Uwe macht sich große Sorgen um ihn, weil Herbert nicht den Eindruck erweckt, dass er wirklich gut zurechtkommt, so alleine. »Aber er will hier nicht mehr weg. Einer seiner Söhne kommt einmal am Tag und sieht nach ihm.«

Als wir einige Monate später wieder in Tauroggen sind, überbringt Uwe uns die Hiobsbotschaft. »Herberts Wohnhaus ist jetzt auch noch abgebrannt!« Zum Glück hat er selbst den Brand überlebt, doch seither ist er bei seiner Tochter in Klaipėda untergebracht. Und tatsächlich, als wir bei Herbert auf dem Dorf vorbeifahren, ist sein Häuschen wie vom Erdboden verschluckt. Bis auf die Grundmauern ist es niedergebrannt. Schnee bedeckt einzelne Balken, die da liegen, wo einst das Haus stand. Einzig der graue Holzzaun, der das Haus einmal umgab, steht zum Teil noch. Ob hier im Sommer wieder die Rosen blühen?

In Tauroggen lebt auch die 75-jährige Waltraut Minnt. Seit Claudia und ich sie zum ersten Mal in Deutschland trafen, wussten wir, dass wir sie unbedingt in Litauen wiedersehen wollten. Unter den Wolfskindern gibt es aber neben Freundschaften auch Ressentiments und Abneigung. Waltraut ist eine von jenen, die als etwas sonderbar wahrgenommen und von manchen auch gemieden werden. Es braucht mehrere Anläufe und Überredungskünste, bis Uwe Fritz sich schließlich bereit erklärt, uns zu ihr zu bringen. Er kenne so viele nette Wolfskinder, fleißige, die es im Leben zu etwas gebracht hätten, trotz ihres Schicksals, und solche, die wirklich arm dran seien. Er verstehe überhaupt nicht, was wir bei Waltraut wollten. Wir bleiben geduldig, fragen immer mal wieder an, und irgendwann gibt er schließlich doch nach.

Waltrauts Postadresse ist ein Dorf bei Tauroggen, das sich über ein großes Waldgebiet ausdehnt. Alleine hätten wir keine Chance, sie zu finden, und selbst mit Uwes Hilfe ist es mühselig. Eineinhalb Stunden dauert unsere Irrfahrt, bis wir schließlich auf eine ihrer Schwiegertöchter treffen. Die ruft wiederum ihre Tochter an, mit der Waltraut in einer Hütte am Waldrand zusammenwohnt. Ja, Waltraut sei da, und natürlich könnten wir vorbeikommen. Völlig außer Atem läuft uns Waltraut auf einem Feldweg entgegen. Sie ist außer sich vor Freude. Seit Mai hat sie auf unseren Besuch gewartet, jetzt ist es Herbst. Es folgen herzliche Umarmungen, dann nimmt sie Claudia und mich bei der Hand und führt uns herum.

Sie zeigt uns die kleine Bauernkate, die sie mit der Enkelin bewohnt. Zwei Zimmer und eine Küche. Wohn- und Schlafraum teilt sie sich mit dem Teenager, was bedeutet, dass es in dem kleinen, abgedunkelten Zimmer eine Ecke mit dem Bett der Großmutter gibt. Der Rest gehört Enkelin Ayste. Auf dem Bett eine Puppe – auch diese zeigt uns Waltraut, wie eine stolze Puppenmutter. Claudia und ich haben den gleichen Gedanken: Es ist die kaum erlebte Kindheit, die Waltraut hier nachholt. Hier steht auch ihre Tasche, die sie in Deutschland dabeihatte. Alles, was ihr lieb und teuer ist, passt dort hinein. Einen Schrank besitzt sie nicht.

Zum Gespräch setzen wir uns in die Küche. Waltraut erzählt, dass ihr neulich schwindlig wurde, sie umkippte und sich den Kopf anschlug. Sie zeigt auf die Beule und den blauen Fleck. Ach, ach. Wann und wo sie geboren ist, möchte ich wissen. Das weiß sie nicht auswendig, muss nachsehen. Sie findet ein Papier, natürlich in ihrer Handtasche, auf dem steht, dass sie am 7. März 1936 in Uderwangen in Ostpreußen das Licht der Welt erblickte. Dort hat sie vor dem Krieg noch mit den Eltern gewohnt – damals, als alles noch in Ordnung war. Waltraut gewährt mir einen Blick in ihre Handtasche. Neben den Haarnadeln, die ihre langen, wenn auch inzwischen dünner gewordenen schwarzen Haare hochgesteckt halten, finden sich hier auch noch ein kleines, nacktes Plastikpüppchen, ein Stofftaschentuch und eine geräucherte Dauerwurst – die Dinge, die man eben zum Leben braucht.

An den Krieg selbst erinnert sich Waltraut nicht mehr. Nur, dass der Vater und der älteste Bruder im Krieg starben. Waltraut und vier ihrer Geschwister blieben nach Kriegsende mit der Mutter auf dem heimischen Hof, bis die Rote Armee kam. Zwei der Geschwister starben kurz darauf, ob an Hunger oder Krankheit, daran erinnert Waltraut sich nicht. Dafür erinnert sie sich an Lieder, die ihr die Mutter beibrachte, und auch an das Zählen. Glockenhell, klar und ganz akzentfrei macht sie es heute noch vor, »eins, zwei, drei …«. Zwischendurch flüstert Waltraut leise, als ob jemand mithört oder wir belauscht werden. Oft schaut sich die scheue Frau um; sie fühlt sich beobachtet, obwohl weit und breit außer uns niemand ist.

Ich frage, wie sie ihren Mann kennengelernt hat. »Es gab solche Leute im Dorf, Kuppler. Die kamen zum Beispiel und sagten: ›Ich habe einen Jüngling. Er ist älter als du, aber vielleicht gefällt er dir?‹« Derjenige, der für Waltraut ausgesucht wird, gefällt ihr auf Anhieb. Bald darauf heiraten sie schon. Nach der Hochzeit zieht das junge Paar zu seinen Eltern, in deren Landwirtschaft. »Wir wurden in Batakiai getraut, doch die Hochzeitskutsche kippte um! Könnt ihr euch das vorstellen!?« Glücklicherweise wird niemand verletzt. »Und ich hatte sowieso weder ein teures Kleid noch eine Schleppe, die hätte kaputtgehen können.«

Es folgen die Geburten der Kinder, sechs Söhne, alle in den Sechzigerjahren. Die Namen weiß sie noch, bei den Jahreszahlen wird es schon schwieriger. Umständlich kramt sie Dokumente aus ihrer Handtasche, doch da sie kaum lesen kann, findet sie scheinbar nicht, was sie sucht. Vaclavas wird 1967 geboren und ist der jüngste Sohn, Mutters Liebling. Mitte der Achtzigerjahre muss er in die Rote Armee, um seinen Wehrdienst abzuleisten. Waltraut ist untröstlich und hat eine schlimme Vorahnung. Ob sie ihn, der in eine Kompanie nach Russland kommt, jemals wiedersehen wird? Auch die älteren waren ja alle beim Militär, ohne dass Waltraut sich geängstigt hätte. Bei ihrem Jüngsten ist es anders. Tatsächlich kommt Vaclavas im Alter von 20 Jahren bei einem Verkehrsunglück in der Armee ums Leben.

All die Jahre hat Waltraut versucht, ein angepasstes Leben

zu führen, für die Kinder da zu sein, den Haushalt zu machen und die kleine Landwirtschaft zu versorgen, die sie haben. Doch mit Vaclavas' Tod verändert sich auch das Leben von Waltraut. Alles, was ihr bis dahin Sicherheit gegeben haben mag, ist nicht länger wichtig. Sie geht wieder häufiger in den Wald, wie sie es einst als Wolfskind tat. Hier findet sie die Ruhe und Sicherheit, die ihr mit dem Tod des Sohnes abhandengekommen sind.

Von ihrem Mann hat sie in all den Jahren nie eine Unterstützung erfahren. Heute glaubt sie, dass sie die Kinder lieber allein hätte großziehen sollen, als mit diesem Mann zusammenzubleiben. »Der Mann« war Trinker. Er hat sie geschlagen, ihr die Rippen gebrochen, sie über Jahre vor den Kindern gedemütigt. Mehrmals riet ihr die Polizei, sich von ihrem Mann zu trennen, doch es brauchte Jahre, bis Waltraut diese Kraft in sich finden konnte. »Wohin hätte ich gehen sollen?«, fragt sie. »Ich betete immer nur, dass Frieden im Haus einkehren möge. Frieden, Frieden, Frieden.« Zwei Jahre nach dem Tod des Sohnes und ein Jahr nach der Trennung stirbt ihr Mann durch einen Schlaganfall. Der lang ersehnte Frieden kehrt endlich in Waltrauts Leben ein.

Claudia macht Fotos von ihr. Darauf will sie auf keinen Fall lächeln. Nur nicht den Mund öffnen, damit man ja nicht die schlechten Zähne sieht. Wir erleben es nicht zum ersten Mal. Viele der Wolfskinder haben nur noch ein paar braune Stummel im Mund, wenn überhaupt; andere falsche Zähne, wahlweise silber- oder goldfarben, manchmal beides. Doch sie hat auch Angst, sich die letzten Zähne ziehen und sich eine Prothese verschreiben zu lassen. »Wenn die Zähne gezogen werden, dann fällt der Mund vollends ein, und wie sehe ich dann erst aus? Und eine Prothese? Ich glaube nicht, dass ich mir das leisten kann ...« Doch sie gibt zu, dass die Zähne oft entzündet sind und dann sehr schmerzen.

Womit verbringt sie ihre Zeit, frage ich sie. »Ich gehe gerne spazieren, zu allen Jahreszeiten und ganz besonders gern im Sommer.« Doch inzwischen hat sie immer häufiger Angst, alleine im Wald unterwegs zu sein. Herzprobleme machen ihr zu schaffen und der Kreislauf. Im Sommer geht sie oft im nahen Fluss baden. Dabei begleitet sie dann ihre Enkelin. »Nein, schwimmen konnte ich noch nie. Ich geh dann nur bis zu den Knien ins Wasser und tauche ein bisschen ein. Früher haben wir uns immer so gewaschen.« Ein Bad gibt es nicht in ihrem kleinen Häuschen am Waldrand, auch kein fließendes Wasser. Im Winter erhitzen sie drinnen das Wasser auf dem Ofen in der Küche, ganz traditionell mit Holz.

Was sie so macht den ganzen Tag? »Ach, inzwischen bin ich meistens nur noch müde. An manchen Tagen habe ich dann einfach gar keine Kraft mehr, lasse mich treiben.« Nein, einen großen Wunsch habe sie nicht mehr. Allein sein, viel Ruhe vielleicht noch. Gelegentlich ein Blatt Papier, um zeichnen zu können, und singen, für sich ganz allein. »Dann gehe ich in Gedanken in die Kindheit zurück.« Waltraut zeigt uns ihre Bleistiftzeichnungen. Ornamente, Tiere, Meerjungfrauen. Gerne würde sie mit Farben experimentieren, doch die kann sie sich nicht leisten. »Etwas bleibt für die Phantasie ...«

Bis heute wartet Waltraut auf ihren deutschen Pass. Dass sie deutschstämmig ist, steht außer Zweifel. Immer wieder haben Anwälte versucht, das beim Bundesverwaltungsamt verschleppte Verfahren erneut in Gang zu bringen – ohne Erfolg. Doch Waltraut hat keine Kraft mehr, sich selbst darum zu kümmern.

Im Protokoll des Empfangs der Wolfskinder beim damaligen Bundespräsidenten Christian Wulff auf Schloss Bellevue im Mai 2011 findet sich ein offizieller Vermerk. Eine ältere Dame habe im Salon das Bewusstsein verloren. Zur Stabilisierung des Kreislaufs sei sie auf ein Kanapee gelegt worden, wo sie sich nach kurzer Zeit wieder erholt habe.

Es handelte sich um Waltraut. Die anderen Wolfskinder sind bis heute über ihr Kreislaufversagen empört. »Nicht einmal beim Bundespräsidenten konnte sie sich zusammenreißen«, stöhnt Uwe Fritz. »Sie lag da wie eine Königin auf einem Sofa im Schloss. Unter einem Gemälde! Und sah doch ganz vergnügt aus. Ich weiß nicht, wie sie es schafft, sich immer so schamlos in den Mittelpunkt zu rücken.« Als ich sie darauf anspreche, kichert sie los. »Für einen Moment war ich die Prinzessin auf der Erbse.«

15 Die Stunde der Politiker

Wenn in Litauen heute von den Wolfskindern die Rede ist, klingt das häufig so: »In unserem Land lebt eine kleine Gruppe Menschen, die in den Nachkriegsjahren als bettelnde Kinder aus Ostpreußen nach Litauen gekommen sind und hier Obdach gefunden haben.« Über genaue Zahlen wird seit Anfang der Neunzigerjahre gerätselt. Im litauischen Nationalarchiv befinden sich die Akten zahlreicher Wolfskinder, die zu Sowjetzeiten registriert wurden. Deutsche Quellen sprechen von etwa 500 Betroffenen, während die Historikerin Ruth Leiserowitz von einer hohen Dunkelziffer ausgeht und die tatsächliche Anzahl der Wolfskinder, die in Litauen verblieben sind, mit rund 800 veranschlagt. Sicher ist nur, dass ab 1945 Tausende Kinder durch Ostpreußen und das Baltikum irrten. Viele starben. Die meisten der Überlebenden wurden bis 1951 in die sowjetische Besatzungszone/DDR gebracht. Und für wenige wurde Litauen zum neuen Zuhause.

Am 14. September 1991 gründen die in Litauen verbliebenen Wolfskinder ihren Verein »Edelweiß«. »Wir hatten Anzeigen in verschiedenen Zeitungen aufgegeben, in denen wir über das Vorhaben informierten«, erinnert sich Ruth Deske. »Zum ersten Treffen kamen 65 Wolfskinder, manche von ihnen hatten noch nicht einmal den nächsten Angehörigen offenbart, dass sie deutsche Wurzeln hatten.«

Die Gruppe könnte vielfältiger nicht sein. Aus allen Teilen des Landes haben sich Wolfskinder zusammengefunden. Unter ihnen sind solche, die noch fließend Deutsch sprechen und schreiben, wie der 1933 im Kreis Gerdauen geborene Rudi Herzmann, der, anders als die meisten, niemals einen litauischen Namen angenommen hat. Andere waren so klein, als sie nach Litauen kamen, dass sie nur ihren Vornamen kennen und wissen, dass sie aus Ostpreußen stammen.

Die Gründung des Vereins und die ersten Jahre seines Bestehens sind turbulent, die Interessen der Einzelnen oft höchst unterschiedlich. Während die einen auf finanzielle Hilfe der deutschen Regierung hoffen, finden andere diese Erwartung überzogen, fühlen sich mitschuldig an den Ursachen von Flucht und Vertreibung – obwohl sie damals noch Kinder waren. Letzteres ist nicht verwunderlich, wenn man bedenkt, wie lange ihnen diese Schuld, insbesondere durch sowjetische Propaganda, auferlegt wurde.

Als wir im Februar 2012 mit Margot Dudas in einem Café in Kaunas sitzen, hat sie plötzlich Tränen in den Augen. »Ich weiß nicht, ob ich persönlich Schuld hatte an dem, was Hitler der Welt angetan hat. Aber ich habe bitter dafür bezahlt. Das schlimmste Schimpfwort, das ich ohne Unterlass über Jahrzehnte hören musste, war ›Faschist‹.« Im Kommunismus gibt es keinen schlimmeren Ausdruck für die Paria. Die Faschisten sind die erklärten Volksfeinde, verkörpern das Böse in der Welt und tragen die Kollektivschuld für die Verbrechen im Zweiten Weltkrieg. Sie werden geächtet, müssen mit willkürlicher Behandlung durch den Inlandsgeheimdienst rechnen und brauchen sich weder für sich selbst noch ihre Kinder irgendwelche Chancen in der Gesellschaft ausrechnen. Glücklich sollten sich diejenigen schätzen, die trotz dieser Schmähung nicht im Gulag landeten. Rudi Herzmann entging dieser Gefahr auch mehrmals nur knapp. »Ich stand auf der schwarzen Liste des NKWD. Ich weiß nicht, wie oft ich von der örtlichen Miliz willkürlich verhaftet und verhört wurde. Ich hatte ja nichts getan, aber ich wurde traktiert, einmal drei Tage immer wieder in der Zelle zusammengeschlagen. Eigentlich war ich da schon tot.« Es sind Geschichten wie diese, die die Wolfskinder nun teilen können. Häufig zum ersten Mal in ihrem Leben.

Während manche Wolfskinder hoffen, dass der Verein ihnen helfen wird, Verwandte in Deutschland zu finden, hoffen andere auf eine wirksame Interessenvertretung auf politischer Ebene. Im Februar 1992 formuliert der Vorstand des Vereins einen Brief an Vytautas Landsbergis als Vorsitzenden des Obersten Rates der Litauischen Republik.

Geehrter Vorsitzender, wir wenden uns an Sie als Regierungsleiter und Mensch der wunderbaren Toleranz.

Wir sind Kinder der Deutschen, für die in den Nachkriegsjahren kein Platz in Ostpreußen blieb. Unsere Mütter und Nächsten sind verhungert oder in den sowjetischen Konzentrationslagern getötet worden. Wir blieben klein, sterbend vor Hunger, frierend und fremd in unserem Heimatland zurück. Litauen wurde für uns eine gute Mutter, die uns Obdach und Fürsorge gab, obwohl die Pflege der deutschen Kinder in den Nachkriegsjahren den geraden Weg nach Sibirien bedeutete. Wir sprechen unseren Dank all den Litauern aus, die so gut zu uns waren. Wir verlo-

ren alles: unsere Nächsten, unsere Kindheit, unsere Namen, unsere Heimat. Aber es ist unser Heimatland geblieben, wo sich die verwüsteten Gräber unserer Eltern und Ahnen befinden, die Kirchen für Schießübungen missbraucht und die von den Großeltern mit Liebe gepflegte Erde mit Panzern zerstört wurde; dies kann uns nicht gleichgültig sein.

Wir sind Bürger Litauens und hoffen auf Ihre Hilfe. Wir möchten Sie bitten, auf dem Verhandlungswege mit Russland auch für uns aktuelle Fragen zu lösen.

Es folgen drei knappe Forderungen: Für die in Litauen lebenden ehemaligen Ostpreußen solle es einen Lastenausgleich geben, die Regierung Russlands solle die geheimen Staatsarchive öffnen, insbesondere was die Bestände bezüglich Ostpreußen in den Jahren 1945 – 1955 angehe, und für alle bis 1953 geborenen ehemaligen Ostpreußen, die nun in Litauen lebten, solle Freizügigkeit, das heißt vor allem Visafreiheit, im Kaliningrader Gebiet gelten.

Doch der Kreml hat ganz andere Prioritäten. Durch die Unabhängigkeit Litauens verlor das Kaliningrader Gebiet 1991 die einzige gemeinsame Grenze mit dem russischen Kernland. Aufgrund der mangelnden Industrieansiedlung in der Oblast Kaliningrad während des Kalten Krieges wurde die Schaffung einer Sonderwirtschaftszone vorgeschlagen, um die Wirtschaft und Infrastruktur des unterentwickelten Gebietes besser zu erschließen. Per Dekret richtete Boris Jelzin die Zone ein, um sie kurz darauf wieder abzuschaffen. Zu groß erschien Moskau die Gefahr einer erstarkenden Separatismusbewegung, von denen die Nachfolgestaaten der Sowjetunion, die GUS, ohnehin geplagt waren.

Wer schließlich dem Vorstand von »Edelweiß« den Impuls gibt, sich an den Leiter der Freihandelszone zu wenden, ist heute nicht mehr nachzuvollziehen. In jedem Fall folgt dem Brief an Landsbergis im August des gleichen Jahres eine Eingabe an Juri Matoschkin, den Leiter der Gebietsverwaltung und damit höchsten Amtsträger in Kaliningrad zu dieser Zeit. Darin wiederholen die Wolfskinder einerseits, zum Teil etwas naiv, ihre Forderungen nach Rückgabe oder Entschädigung durch die sowjetische Seite. Insgesamt ist es vor allem ein beachtliches Dokument zivilgesellschaftlicher Diplomatie:

Wir, Deutsche und Kinder der Deutschen, die nach dem Krieg mit Gewalt aus Ostpreußen weggebracht wurden und Obdach in Litauen gefunden haben, wenden uns heute an Sie. Wir hoffen auf Ihre Ehrlichkeit und Ihr Einverständnis der Probleme, die für uns ebenso aktuell sind wie für Sie und die Menschen, die jetzt in unserer Heimat wohnen.

Das erste Problem bezieht sich auf den trüben Zustand der Kulturerbschaft. Die bis heute von der Bezirksleitung verwirklichte Politik ist kritikwürdig. Friedhöfe, Kirchen und Gutshöfe sind vernichtet. Doch viele Menschen, denen diese Liegenschaften einst gehörten, leben in ihrer direkten Nachbarschaft, in Litauen.

Wir stimmen von ganzem Herzen zu, dass die Völker friedlich zusammenarbeiten sollen. Aber diese Zusammenarbeit soll auf Wahrheit und Humanismus beruhen. Die ganze Wahrheit über das Schicksal der Deutschen in den Nachkriegsjahren in Ostpreußen soll offen gesagt werden. Und nicht nur wir, die deutschen Kinder, die in fremde Länder verjagt wurden, sondern auch Sie, die gegenwärti-

gen Einwohner des Bezirks Kaliningrad, sollen die Vergangenheit ehren.

Land, Häuser und Eigentum sollen ihren rechtmäßigen Besitzern zurückgegeben werden. Sollten sie zerstört sein, sind sie finanziell zu entschädigen.

Wir sind betrübt und erstaunt zu hören, dass es Fälle von unrechtmäßigen Veräußerungen geben soll, bei denen unverantwortliche Menschen Besitz verkaufen, der ihnen nie gehörte. Ethischer wäre es, die gesetzlichen Besitzer zu fragen, ob sie verkaufen wollen. Dies betrifft selbstverständlich in besonderem Maße die neue Freihandelszone.

Es gibt auch Probleme, bei deren Lösung oder Aufklärung wir gerne mithelfen wollen. So zum Beispiel, was Konzentrationslager für Zivilisten in Ostpreußen in den Nachkriegsjahren angeht. Wir haben einige Zeitzeugen, die als Kinder diese Dinge miterlebt haben.

Wir und Sie, die gegenwärtigen Bewohner dieses Landes, brauchen die Wahrheit, auch wenn sie bitter ist. Deshalb bitten wir Sie um die Angaben über die erwähnten Lager (1945 – 1955), die Listen der Gefangenen und die Anzahl der Toten.

Ebenfalls möchten wir Sie um die Listen der deutschen Kinder bitten, die nach dem Krieg ins Innere der Sowjetunion gebracht wurden und wohin sie in den Jahren 1945 – 1955 geschickt wurden.

Wir hoffen auf Ihre Menschlichkeit und Toleranz.

Die wohlabgewogene Antwort aus der Administration des Bezirks Kaliningrad, unterzeichnet vom Abteilungsleiter für Nationalitätsfragen, zeigt, dass auch die Gegenseite um Völkerverständigung nach dem Kalten Krieg bemüht ist:

Wir möchten unsere Dankbarkeit für Ihren Brief ausdrücken, der in die Vergangenheit gerichtet ist. Wir teilen mit, dass wir die Gefühle und das Streben der Menschen verstehen, die während des Zweiten Weltkrieges gelitten haben, die wegen der verhängnisvollen Umstände ihre Eltern, ihr Vaterland und Eigentum verloren haben. Das betrifft auch die ehemalige Sowjetunion, die über 27 Millionen ihrer Bürger (im Grunde Russen) verloren hat.

In unserem Bezirk bemühen wir uns um die Wiederherstellung von Denkmälern der Stadt Königsberg und deutschen Friedhöfen in den Landkreisen Preußisch-Eylau, Gumbinnen und Insterburg. Man errichtete Gedenktafeln auf dem Schlachtfeld bei Großengersdorf für russische und deutsche Kämpfer, die während des Siebenjährigen Krieges gefallen waren, und stellte den Friedhof Stablack bei Klein Dexen im Landkreis Preußisch-Eylau an der Stelle des ehemaligen Konzentrationslagers wieder her. (Eine Beschaffung der Liste der Verstorbenen stellt sich allerdings leider als unmöglich dar.)

Man führt konkrete Arbeiten zur Wiederherstellung der Kulturdenkmäler durch. Der Kulturfonds war Initiator dieser Maßnahmen. So hat man beispielsweise Experten aus Deutschland zur Wiederherstellung des Königsberger Doms eingeladen. Die Gesellschaft für Denkmalpflege begleitet die Arbeiten aufmerksam. Diesbezüglich hat es auch schon einige Veröffentlichungen in Zeitungen über den Wiederaufbau des Doms gegeben. […]

Wir sind vorbereitet, Formen und Methoden der Zusammenarbeit mit Ihnen zur Lösung der Frage der Kinder, die während des Krieges gelitten haben, zu besprechen. […]

Wir möchten Sie daran erinnern, dass alle deutschen Bürger, die das Gebiet des ehemaligen Ostpreußens verlas-

sen mussten, einen Lastenausgleich in Deutschland erhielten. Aber nicht alle deutschen Bürger haben sich darum bemüht. Der Prozess zur Wiederherstellung der deutschen Staatsangehörigkeit geht weiter. Diese Fragen und auch Kompensationsfragen werden von der Regierung Russlands mit dem Interstaatlichen Rat der Deutschen Russlands gelöst.

Sie wissen, dass nicht Russland diesen blutigen Krieg angefangen hat, dass die Grenzen den internationalen Verträgen gemäß bestimmt wurden.

Unsere und Ihre Aufgabe besteht darin, die erneute Katastrophe zu verhindern.

Wir möchten Ihnen unser Beileid aussprechen und hoffen, den Kontakt mit Ihnen zu halten. Wir möchten Sie auch noch wissen lassen, dass wir Kontakte mit der Litauischen Republik geknüpft haben. So nahmen wir an der Eröffnung der Gedenkstätte in Pogegen [gemeint ist das sogenannte Wolfskinderdenkma] *teil. Auch bei uns laufen die Planungen für die Errichtung eines ähnlichen Denkmals.*

Wir stimmen Ihnen zu, dass Völker und Staaten aufgerufen sind, ihre Zusammenarbeit nach den Prinzipien des Humanismus und der Wahrheit und des Friedens zu verstärken.

Es gehört zu den Sternstunden des Vereins, als Folge der »singenden Revolution« in Litauen als kollektive Stimme das bisherige Schweigen der Wolfskinder brechen zu können. Bald jedoch zeigt sich vor allem eins: Wirkliche Hilfe muss vor allem aus Deutschland kommen. Die Anerkennung der deutschen Staatsbürgerschaft und die damit verbundene Möglichkeit zur Ausreise in das wiedervereinigte Deutschland wird ebenso wie die Verbesserung ihrer Lebensbedingungen in Litauen durch Hilfe von außen zum Hauptanliegen des Vereins.

Im Herbst 1993 wendet sich die 58-jährige Hildegard Sievers aus Hanerau-Hademarschen in einem persönlichen Schreiben an Bundespräsident Richard von Weizsäcker. Sie selbst stammt aus Gerdauen und möchte auf das Schicksal der Wolfskinder aufmerksam machen, die seinerzeit im Baltikum verblieben sind. Sie schreibt:

> *Als ehemalige Ostpreußin, die 1945 als Kind mit zehn Jahren die Flucht erlebte und das Glück hatte, aus dem Inferno herauszukommen, wende ich mich heute an Sie. Es geschieht aus Dankbarkeit, die für mich zugleich eine Verpflichtung ist, an die Menschen zu denken, die vom Kriegsschicksal am härtesten betroffen sind. Ich spreche von den Wolfskindern, die 1945 nach Litauen verschlagen wurden und dort bis heute ein hartes Leben führen müssen. Überwiegend waren sie Waisen oder in den Fluchtwirren von der Familie getrennt worden. Sie hatten ihre vergewaltigten Mütter sterben sehen, sie haben sie selbst begraben. […] Woher nahmen diese Kinder nach allem Erlebten nur den Lebensmut für den beschwerlichen Weg nach Litauen, wo sie bettelnd von Hof zu Hof zogen? Wer gab ihnen die Kraft, letztlich voneinander getrennt, die ersten schweren Hungerjahre bei harter Arbeit zu überleben? Wie leben sie heute? Nun, es liegen uns Lebensberichte vor, die man nur weinend lesen kann. Wenn sie heute lediglich ihr Leben fristen, wenn es nicht für Kleidung, Schuhwerk, ja nicht einmal für die notwendigsten Medikamente reicht, so ist dies meines Erachtens ein dringender*

Hilferuf. Unsere »Wolfskinder« sollten eine deutsche Herzensangelegenheit sein, wir dürfen sie nicht vergessen!

Am 7. Dezember desselben Jahres antwortet der Bundespräsident, er sei »tief bewegt«. Konkretes verspricht er nicht, verweist vielmehr auf den Vorsitzenden des Deutsch-Baltischen Parlamentarischen Freundeskreises, Prof. Dr. Wolfgang Freiherr von Stetten. Der gelernte Jurist und CDU-Bundestagsabgeordnete ist der einzige deutsche Politiker, der sich nachhaltig für die Wolfskinder einsetzt, private Hilfen koordiniert und staatliche Unterstützung beharrlich einfordert. Bei Letzterer stößt er seitens der Kohl-Regierung wie auch der Verwaltungsbürokratie zunächst vor allem auf Unverständnis und Gleichgültigkeit.

Im August 1992 wendet sich Wolfgang von Stetten an den damaligen Minister des Innern, Rudolf Seiters. Er will Auskunft, ob die Bundesregierung Näheres über die Personenzahl und die Schicksale der sogenannten Wolfskinder weiß. Die Antwort zeigt, wie tief der Eiserne Vorhang sich auch über das Baltikum gelegt hatte: »Mir liegen gegenwärtig keine näheren Informationen über die Personenzahl der Betroffenen und ihre Schicksale vor.« Darin schwingt mit, dass im Sommer 1992 keiner bundesdeutschen Behörde deutlich ist, dass es möglicherweise noch deutsche Staatsangehörige im Baltikum und insbesondere in Litauen gibt. Dies ist umso weniger verständlich, als in den frühen Fünfzigern, zumal im Vorfeld von Adenauers Besuch in Moskau, in der Politik diskutiert wurde, ob und wie man den minderjährigen Flüchtlingen aus Ostpreußen helfen könnte, die sich nach Litauen durchgeschlagen hatten. Darüber hinaus gab es bereits ab den frühen Sechzigerjahren erste Besuchskontakte einzelner Wolfskinder aus Litauen, sowohl in der DDR als auch in der Bundesrepublik.

Doch von Stettens Engagement zeigt erste, wenn auch bescheidene Wirkung: Im November 1992 stellt der Beauftragte der Bundesregierung für Aussiedlerfragen, der Parlamentarische Staatssekretär beim Bundesminister des Innern, Horst Waffenschmidt, »Projekthilfe« für die Wolfskinder in Höhe von 20 000 DM in Aussicht. Diese geringe Summe erscheint der Regierung für ausreichend, während es von Stetten darum geht, den in Litauen lebenden Wolfskindern eine kleine, aber regelmäßige Rente zahlen zu können. Es wird nicht die einzige aus heutiger Sicht schwer verständliche Entscheidung bleiben, doch sie scheint über Jahre hinweg wegweisend für die Haltung der Regierung Kohl.

Im Dezember 1992 plant Wolfgang von Stetten erneut einen offiziellen Besuch in Litauen. Zwar ist er bereits schon öfters zu Gast in Vilnius gewesen, doch nicht immer mit dem Segen des Bundeskanzleramtes. Den will er sich diesmal holen. Immerhin ist Litauen inzwischen ein freies Land, der Einigungsvertrag der Deutschen schon lange unter Dach und Fach. Diplomatische Zurückhaltung ist also nicht mehr vonnöten. Von Stetten nutzt den Anlass, um erneut auf das Schicksal der Wolfskinder aufmerksam zu machen.

Die Antwort aus dem Bundeskanzleramt datiert vom 18. Dezember. »Selbstverständlich ist die Bundesregierung weiterhin daran interessiert, die politischen und wirtschaftlichen Beziehungen mit Litauen zu intensivieren. Ich begrüße deshalb die von Ihnen vorgesehenen politischen Gespräche dort.« Den Bau einer Erdölleitung zwischen Klaipėda und Mažeikiai spricht Bundeskanzler Kohl kurz an, doch auf die Wolfskinder geht er mit keinem Wort ein. Business first.

Wolfgang von Stetten lässt sich nicht beirren. Ende Februar 1993 bittet er seinen Sohn Christian, im Auftrag des Deutsch-Baltischen Parlamentarischen Freundeskreises nach Litauen zu fahren. Ein VW-Bus, zwei Schreibmaschinen, zwei Fotokopiergeräte und anderes Büromaterial sollen nach Klaipėda und Kaunas gebracht und dem Verein »Edelweiß« zur Verfügung gestellt werden. Im Protokoll der Dienstreise, die der junge von Stetten gemeinsam mit einem Oberamtsrat des Bundesinnenministeriums durchführt, sind darüber hinaus folgende Ziele benannt: Informationen über die Deutschen vor Ort zu sammeln, Gespräche mit den Vertretern der verschiedenen Vereine über die allgemeine Lage und mögliche Fördermaßnahmen sowie das Erkunden von Rahmenbedingungen für Hilfslieferungen von landwirtschaftlichen Geräten. Für den Beamten des Innenministeriums geht es darum, den Bedarf für die Vergabe der Projektmittel in Höhe von 20 000 DM zu ermitteln.

Für Christian von Stetten sind die Eindrücke in Litauen prägend. So berichtet er über die dortigen Deutschen, »dass sie leider keine Einheit bilden, sondern sich in vier Gruppen aufteilen: die Litauen-Deutschen, die stets auf dem alten (litauischen) Staatsgebiet lebten, die Memelländer, die nach dem ersten Weltkrieg zu Litauen kamen, die ›Wolfskinder‹ aus Ostpreußen und die Russlanddeutschen, die im Laufe der letzten Jahre aus anderen Republiken der GUS kamen.« Das Verhältnis der deutschen Gruppen ist zu diesem Zeitpunkt höchst problematisch. Jede Gruppe erhofft, im Alleingang mehr von der Bundesregierung oder anderen deutschen Hilfsträgern zu erhalten.

Bei einer Versammlung der Deutschen in Klaipėda trifft der erst 22-jährige Politikersohn dann persönlich auf die bunte Vielfalt der Deutschen in Litauen. »Im Saal herrschte eine angespannte Stimmung, die Ostpreußen fühlten sich als die von Deutschland vergessene Gruppe.« Dankbar werden die mitgebrachten Geschenke entgegengenommen, dann geht es zur Sache, werden den beiden Vertretern aus Deutschland all die Fragen gestellt, die den Menschen unter den Nägeln brennen: Ob die Ostpreußen in Litauen weiterhin deutsche Staatsbürger seien? Ob sie sich ohne Weiteres als litauische Staatsangehörige registrieren lassen könnten, im Hinblick auf eine mögliche deutsche Staatsangehörigkeit? Ob sie, die inzwischen litauische Namen angenommen hätten, wieder ihre deutschen zurückerhielten? Und ob in ihren Urkunden nun auch wieder die deutschen Namen ihrer Geburtsorte eingetragen würden? Denn schließlich hätte es beispielsweise 1936 Kaliningrad noch gar nicht gegeben – wie könne es folglich statt Königsberg als Geburtsort im litauischen Pass stehen? Wie es mit dem Lastenausgleich für die in Litauen lebenden Deutschen stehe? Welche Möglichkeit es für das Studium in Deutschland gebe? Und welche Unterstützung für die deutschen Landwirte in Litauen?

Es sind Fragen, die wohl jeden erfahrenen Diplomaten ins Schwitzen bringen würden. Christian von Stetten und sein ministerialer Begleiter haben nicht auf alles eine Antwort parat.

Nicht nur die ungeklärten Probleme, auch Eindrücke von bitterer Armut nimmt von Stetten mit nach Hause: »Arzneimittel sind nur gegen harte Währung erhältlich und unerschwinglich für den Normalbürger, der im Durchschnitt etwa 15 DM im Monat verdient.« Viele sind in Litauen zu diesem Zeitpunkt bereits arbeitslos, von den Deutschen etwa 60 Prozent. Und auch andere Erinnerungen an diese Reise sind Christian von Stetten geblieben: »Die Zimmertemperatur im Hotel lag landesüblich bei 13 °C, wobei Schneetreiben und eine ausgefallene Autoheizung bei – 10 °C den klimatischen Tiefpunkt bildeten.«

Wolfgang von Stetten wird klar, dass schnelle humanitäre Hilfe nötig ist, es aber noch lange dauern kann, bis es Unterstützung von »offizieller Seite« gibt. Er ist erschüttert von den Lebensberichten, die über Jahrzehnte ertragenen Schicksale bewegen ihn tief. Neben der Amtshilfe, die sein Bundestagsbüro den baltischen Staaten bereits leistet, beginnt er Spenden für Wolfskinder zu sammeln und unbürokratisch die Informationen zu vermitteln, die im Einzelfall gebraucht werden – ob beim Roten Kreuz, dem für Auslandsurkunden zuständigen Standesamt I in Berlin oder dem Bundesverwaltungsamt. Von Stettens Büroleiterin Monika Mandt wird zur Expertin in Fragen der litauischen Namensführung, der Wiedererlangung der deutschen Staatsangehörigkeit und im Auffinden von Angehörigen. Sie erstellt Listen der Wolfskinder mit den litauischen und deutschen Namen, kennt den Stand der unterschiedlichen Verfahren bei den Einzelnen und behält den Überblick. Sie ist es auch, die so manche außergewöhnliche Korrespondenz führt. So im Falle eines anonymen Spenders, der sich schließlich doch zu erkennen gibt, weil er sicher sein will, dass sein großzügiges Geldgeschenk die Wolfskinder auch wirklich erreicht hat:

Der Grund meiner Spende ist einfach: Die letzten Kriegsmonate 1945 verbrachte ich in Ostpreußen, damals schon im Kessel, und lernte diese sogenannten »Wolfskinder« (freilich nannte man sie damals noch nicht so) persönlich kennen. Leider konnte ich damals keines der Kinder mitnehmen und somit auch niemandem helfen. Doch ihr Schicksal hat mich bis heute nicht losgelassen.

Auch das Rote Kreuz arbeitet in jenen Jahren auf Hochtouren. Nicht nur einzelne Anfragen der Wolfskinder werden bearbeitet, auch Wolfgang von Stetten schickt immer wieder frische Listen mit neu registrierten Namen an den damaligen Präsidenten des Deutschen Roten Kreuzes Botho Prinz zu Sayn-Wittgenstein. Dabei kommt es zu überraschenden Familienzusammenführungen, oft nach Jahrzehnten ohne jeglichen Kontakt und ohne das Wissen, ob die Angehörigen den Krieg überlebt hatten. Wolfgang von Stetten regelt auf dem kurzen Dienstweg so manches, bevor es sich »biologisch erledigte. Es war immer auch ein Wettlauf mit der Zeit. Von Anfang an erreichten uns monatlich Sterbefälle. Denen war dann nicht mehr zu helfen«, so Wolfgang von Stetten in der Rückschau.

Der »kurze Dienstweg« ist oft der einzige Ausweg, denn die Zögerlichkeit der Politik wird durch die bundesdeutsche Verwaltung noch unrühmlich überboten. Das Bundesverwaltungsamt türmt im Hochgefühl, einen ganzen Stapel von Gesetzen hinter sich zu wissen, vor den rückkehrwilligen Wolfskindern eine Vielzahl unüberwindbarer bürokratischer Hürden auf. Sie sollen beispielsweise ihre deutsche Herkunft mittels beglaubigter Urkunden bis hin zu den Großeltern nachweisen – eine angesichts ihrer Schicksale geradezu zynische Forderung. Mit der Flucht aus Königsberg nach Litauen sowie mit dem späteren Erwerb der litauischen Staatsbürgerschaft hätten sie »bewusst« die deutsche Staatsangehörigkeit aufgegeben.

»Die Wolfskinder waren in einer vertrackten Situation«, erzählt von Stetten. »Quasi automatisch oder wenn sie volljährig wurden, erhielten sie die sowjetische Staatsbürgerschaft, die sie 1991 nach der litauischen Unabhängigkeit zumeist in die litauische umwandelten. Dies war, wie sich erst später herausstellte, eine verhängnisvolle Entscheidung. Denn so verloren sie, obwohl sie dies nicht wussten oder wissen konnten, nach deutschem Recht ihre bis dahin noch vorhandene deutsche Staatsbürgerschaft. Und in fast allen Fällen war der Wunsch vorhanden, die – nach ihrer Auffassung nie abgelegte – deutsche Staatsbürgerschaft auch formell wieder zu erhalten.«

Das Versagen der Bürokratie empört den mittlerweile pensionierten Parlamentarier von Stetten noch heute. »Obwohl zum Beispiel das Bundesverwaltungsamt mehrere Wochen Mitarbeiter nach Vilnius schickte, verzögerte sich der weitere Verwaltungsablauf durch andere deutsche Behörden immer wieder. Mehrfach wurden dieselben Abstammungsurkunden, darunter Heirats- und Geburtsurkunden, nachgefragt, die die Wolfskinder schlicht nicht haben konnten und deren Nichtexistenz bereits häufiger mitgeteilt wurde. Nicht zu Unrecht verzweifelten manche Wolfskinder an ihrem deutschen Vaterland.«

Diese Verzögerungen und Unsicherheiten wirken sich auch auf die Situation im Wolfskinderverein »Edelweiß« aus. Am Muttertag 1994 versammeln sich die Mitglieder des Vereins zu ihrer Jahrestagung in Schaulen. Die Vorsitzende Ingrid Knispel weiß selbst wenig über ihre Herkunft. Wahrscheinlich wurde sie 1940 in Königsberg geboren, ihre Familie hat, so glaubt sie, im Stadtteil Ponarth gelebt. Ihr ist an diesem Muttertag ein Gedenken besonders wichtig. »Lassen Sie uns heute unserer Mütter gedenken, die aus ihrer Heimat vertrieben und in so vielen Fällen geschändet wurden, die für uns gelitten haben. Und lassen Sie uns auch unserer zweiten Mütter gedenken, den Litauerinnen, die uns einst versteckt hielten, gepflegt haben und riskierten, deshalb nach Sibirien verschleppt zu werden.« Zwei Schweigeminuten ehren die deutschen und litauischen Mütter, denen die Wolfskinder so viel zu verdanken haben.

Doch Ingrid Knispel, die auch sonst kein Blatt vor den Mund nimmt, belässt es nicht beim stummen Blick zurück. Von manchem der älteren Männer wird das als vorlaut wahrgenommen. Als sie in einem Interview anlässlich des Muttertagstreffens mit der Tageszeitung *Lietuvos Aidas* (dt. Das Echo Litauens) die deutsche Regierung zum Handeln auffordert und damit droht, die Wolfskinder würden ansonsten die Deutsche Botschaft mit einem deutlichen Zeichen an ihre Existenz erinnern, kommt es im Verein zu einem schwerwiegenden Zerwürfnis.

Empört wendet sich Jonas Eidukaitis, der nur seinen deutschen Vornamen Hartmut kennt und wahrscheinlich 1944 geboren wurde, im Namen der Wolfskinder aus Tauroggen an Wolfgang von Stetten: »Wir bedanken uns bei Ihnen für Ihr edles Herz sowie für Ihre ständige Hilfe. Wir möchten uns für diejenigen Mitmenschen entschuldigen, die Sie mit ihren unendlichen Forderungen bedrängen. [...] Wir protestieren gegen solche Forderungen und sind nicht bereit, internationale Skandale zu erregen.« Ingrid Knispel hingegen sieht klar die deutsche Regierung in der Pflicht und findet auch, dass es zu den demokratischen Rechten und Pflichten gehört, seine Meinung zu äußern und öffentlich kundzutun.

In den frühen Jahren des Vereins kommt es auch noch zur Übergabe von Hilfspaketen und Weihnachtsgeschenken aus unterschiedlichen Quellen. Die Historikerin Ruth Leiserowitz wohnt einer solchen Übergabe bei: »Da gab es ein Hauen und ein Stechen um die Pakete, es war schlicht unwürdig.« In ihr Arbeitstagebuch schreibt sie im Juli 1993: »Innerhalb der Vereinsmitglieder fällt ein starkes soziales Gefälle auf. Es gibt Mitglieder, die gleichfalls extrem sozial schwach sind, sich jetzt auch keine Reisen zu Versammlungen mehr leisten können und – aufgrund ihrer Abwesenheit – auch nicht mit Hilfsgütern bedacht werden. [...] Ich kann mich des Eindrucks nicht erwehren, dass der Verein mehr oder weniger nur gegründet wurde, damit sich einige wenige materiell bereichern können.«

Ruth Leiserowitz ist nicht die einzige Kritikerin des Vereins »Edelweiß« in diesen Jahren. Um sich nicht in mögliche Vereinsquerelen zu begeben, legt Wolfgang von Stetten von daher Wert darauf, die Wolfskinder direkt, ohne den Umweg über »Edelweiß«, mit seiner privaten Initiative zu unterstützen. Anfangs laufen die Spenden für die Wolfskinder über den Verein des Deutsch-Baltischen Parlamentarischen Freundeskreises. Auch die »Confrérie de la Chaîne des Rôtisseurs«, eine gastronomische Vereinigung, in der von Stetten Mitglied ist, wirbt um Gelder, ebenso wie die Rotarier-Clubs in Deutschland. Besonders hervorzuheben ist indes das Engagement der 1902 in Stuttgart geborenen Hedwig Stauder, die selbst als Halbwaise aufwuchs und nach einem erfüllten Arbeitsleben als Geschäftsführerin bei MAN ihr Vermögen in eine eigene Stiftung überführte. Von Anfang an stand sie hinter Wolfgang von Stettens Initiative für die Wolfskinder. Auch nach ihrem Tod 1996 blieb die Stiftung ihrem Vermächtnis treu und verwaltet inzwischen das gesamte Spendenaufkommen. In 20 Jahren sind so etwa 800 000 Euro zusammengekommen, die ohne Abzug für Verwaltungskosten direkt an die Wolfskinder weitergegeben werden.

Dennoch finden sich auch Kritiker der privaten Spendenpraxis Wolfgang von Stettens. Anstatt die Wolfskinder mit einer Rente auszustatten, sähen sie es umgekehrt lieber, Hilfsgüter zu verteilen. Dahinter steckt das Vorurteil, das Geld könnte vorwiegend in Alkohol investiert werden.

Dies sind Vorwürfe, von denen sich von Stetten nicht beirren lässt – und es hat sich ja noch niemand gefunden, der es etwa besser gemacht hätte: »Aufgrund der schlechten Ausbildungssituation in der Jugend stehen den in Litauen lebenden Wolfskindern, wenn überhaupt, nur geringe Rentenansprüche zu, die bei fast allen unter dem Existenzminimum liegen. Ein Anspruch auf deutsche Rente besteht ebenso wenig wie ein Anspruch auf Sozialhilfe.« Und er wird nicht müde, einen Satz beständig zu wiederholen: »Damit das Leben der Wolfskinder nicht so endet, wie es begonnen hat, mit Betteln, sind sie auf Unterstützung angewiesen.«

Wenn Claudia und ich heute durch die ländlichen Gebiete Litauens fahren und die zum Teil in sehr ärmlichen Verhältnissen lebenden Wolfskinder besuchen, denken wir, dass diese Spenden gut angelegt sind. Wir sehen Pflegefälle in Bauernkaten, in denen es nicht einmal fließendes Wasser gibt. Insbesondere die heute Bettlägerigen können sich manche Medikamente und Hilfsmittel nicht leisten. Für sie sind die Gelder überlebensnotwendig.

Es entstünde ein falsches Bild, wollte man glauben, die Wolfskinder warteten nur auf Hilfe von außen. Es ist vielmehr rührend und erschütternd zugleich zu sehen, wie sie sich untereinander helfen. Ob Uwe Fritz in Tauroggen, Ruth Deske in Schaulen oder Luise Quitsch von Vilnius aus – sie alle setzen sich für die Ärmsten unter ihren Landsleuten ein.

Während so im Laufe der Jahre eine wirksame humanitäre Hilfe für die Wolfskinder auf privatem Weg zustande kommt, scheinen die Bollwerke der deutschen Bürokratie, insbesondere des Bundesverwaltungsamts, kaum überwindlich.

Im Mai 1996 wenden sich die Wolfskinder daher direkt an die Bundesregierung. In einem Brief an Bundeskanzler Helmut Kohl beschreiben sie die Hindernisse, die ihnen, inzwischen alle im vorgerückten Alter, noch immer in den Weg gelegt werden.

> *Manche von uns haben in den Jahren 1958–1961 über das Rote Kreuz Angehörige in Deutschland gefunden und wollten ausreisen. Doch die sowjetische Regierung brachte alle möglichen Hindernisse bei. Wir wurden verfolgt. Damals sind nicht alle durchgekommen. Die Heimreise ist in unserem Herzen ein tief versteckter Traum geblieben. 1991 ging für uns ein Stern der Hoffnung auf. Wir dachten, dass wir nun endlich problemlos nach Deutschland zurückkehren könnten. Viele haben einen Antrag ausgefüllt, um wieder die deutsche Staatsangehörigkeit zu besitzen. Bei manchen liegt das inzwischen schon vier Jahre zurück. Dann ist eine Wartezeit eingetreten. Von uns wurden immer neue Papiere verlangt, zum Teil Papiere unserer Großeltern. Gnädiger Herr, woher, sagen Sie bitte wie, könnten wir diese Papiere haben? […] Manche unserer Mitglieder allerdings haben es geschafft. Sie haben deutsche Pässe erhalten, aber es sind nur wenige. Dabei ist uns aufgefallen, dass diejenigen wieder die deutsche Staatsangehörigkeit bekommen haben, die in der Nachkriegszeit wieder Angehörige gefunden haben. Daraus entsteht eine Frage: Sind wir schuldig, dass unsere Väter und Brüder im Krieg gefal-*

len sind, dass Mütter und Schwestern geschändet wurden, dass wir keine Möglichkeit hatten, unsere Angehörigen noch einmal zu sehen? Wir fühlen uns dafür bestraft, dass unser Schicksal schlimmer war, und dass wir mutterseelenallein sind. 1992 erhielten wir litauische Pässe. Damals wurde uns gesagt, dass wir die litauische Staatsangehörigkeit annehmen müssen, dies aber auf die Verfahren, was die Wiedererlangung der deutschen Staatsangehörigkeit betrifft, keine Auswirkung haben wird. Jetzt hat man uns gesagt, dass wir durch die litauische Staatsangehörigkeit die deutsche verloren haben. Wir können nur wieder eingebürgert werden, wobei wir die Prüfung der deutschen Sprache bestehen müssen. Aber wie soll das gehen, wo wir doch in der Mehrzahl Analphabeten sind? Wir mussten arbeiten und unser Brot verdienen, durften nicht lernen. […]

Seit vier Jahren warten wir auf unsere Bescheide. Jetzt wurden wir wieder um Geduld gebeten. Bitte nehmen Sie Rücksicht auf unser Alter und unseren Gesundheitszustand. Worauf können wir noch länger warten? Auf einen biologischen Schluss?

Die Narben, die durch den Krieg in unseren Seelen geblieben sind, bluten wieder bei jeder neuen moralischen Verletzung. Das Unrecht, das wir erfahren, können wir nicht begreifen. Keiner erklärt uns, warum wir Ausgestoßene sind. […]

Für uns Wolfskinder ist Deutschland verriegelt.

Es ist peinlich genug, dass Helmut Kohl es nicht für nötig hält, auf diesen erschütternden Brief direkt zu antworten. Immerhin wendet sich der Bundeskanzler zwei Monate später an Wolfgang von Stetten und wirbt um Verständnis:

Das bewegende Schicksal der Wolfskinder ist mir nicht unbekannt. Diese Personengruppe gehört in der Tat zu den Menschen, die unter dem Zweiten Weltkrieg und seinen Folgen besonders hart gelitten haben. Deshalb habe ich mich auch wiederholt über die Möglichkeiten und Hilfsmaßnahmen informiert, mit denen diese Menschen weiter unterstützt werden können. […]

Ich bin überzeugt, dass die Verfahren zu einem für die Wolfskinder befriedigenden Abschluss gebracht werden können. Ich wäre Ihnen allerdings dankbar, wenn Sie bei den Betroffenen, in Anbetracht der schwierigen rechtlichen und tatsächlichen Probleme, um Verständnis dafür werben könnten, dass die abschließende Prüfung der Einzelfälle einige Zeit in Anspruch nehmen wird.

Dieses Verständnis bringen die Wolfskinder zu diesem Zeitpunkt freilich schon seit Jahren auf, an Geduld fehlt es ihnen am allerwenigsten. Doch jetzt kommt tatsächlich Bewegung in die festgefahrene Bürokratie. Wolfgang von Stetten kann den Wolfskindern mitteilen:

Nach Gesprächen mit dem Bundesinnenminister Kanther und dem Präsidenten des Bundesverwaltungsamtes Dr. Hensen steht fest: Jeder von Ihnen, der einen Einbürgerungsantrag stellt oder gestellt hat und seine deutsche Abstammung glaubhaft machen kann, wird, wenn er will, deutscher Staatsbürger werden. Die üblicherweise vorgeschriebenen Prüfungen der deutschen Sprache etc. werden bei Ihnen wegen der besonderen Verhältnisse und Ihrem erlebten Schicksal nicht stattfinden. Wenn Sie nach Deutschland übersiedeln wollen, schlagen wir Ihnen vor, den Antrag auf Annahme nach dem Bundesvertriebenen-

gesetz als Spätaussiedler zu stellen. Ihr Antrag wird dann von Seiten des Bundesverwaltungsamtes vorrangig behandelt, wenn Sie bei Antragstellung vermerken, dass es sich bei Ihnen um ein Wolfskind handelt.

Es ist in der Tat eine gute Nachricht, ganz besonders für die »jungen« Wolfskinder der Jahrgänge ab 1940, die kaum Deutsch können. Ein Wermutstropfen ist die Ablehnung einer generellen Rente für die in Litauen lebenden Deutschen. Die Rechtslage lässt dies unter keinen Umständen zu. Von Stetten will, dass die Wolfskinder ihren Lebensabend in relativer Sicherheit verbringen können, und kündigt mit gleichem Schreiben an:

Wenn jedoch eine besondere Notlage durch Krankheit oder Alter eintritt – oder auch plötzlich besondere Arztkosten oder auch Heizkosten, kann über die Deutsche Botschaft in Vilnius der Antrag auf Sozialhilfe gestellt werden.

Auch hierfür hat er erreicht, dass ein vereinfachtes Antragsverfahren durchgeführt werden kann.

Nur wer sich einmal ein Bild von den unzähligen Formularen gemacht hat, die die Wolfskinder für die Anerkennung ihrer deutschen Wurzeln ausfüllen mussten, kann ermessen, was es ihnen letztlich bedeutet, nach Jahren der politischen und bürokratischen Rangeleien offiziell deutsch zu sein. »Nach Jahren der Demütigung war man plötzlich wer«, so Margot Dudas. Doch für viele gab es nun auch keinen Grund mehr, in Litauen zu bleiben. Sie stellten ihren Ausreiseantrag und verließen Litauen, sobald es ihnen möglich war.

Diejenigen, die bleiben, aus familiären Gründen oder weil sie zu alt für einen derart großen Schritt sind, erhalten ab 2008 vom litauischen Staat einen kleinen Zuschlag zu ihrer Rente. Es ist der sogenannte Waisenzuschlag, der in Litauen an Rentner bezahlt wird, die in ihrer Kindheit die Eltern verloren haben. Auf die 700 Litas des litauischen Existenzminimums kommen die meisten Wolfskinder auch damit nicht. Erst durch die Spenden, die Wolfgang von Stetten einwirbt, erreichen sie das zum Überleben nötige Limit.

Im Oktober 1998 berichtet Luise Quitsch, sie ist inzwischen die Vorsitzende von »Edelweiß«, von der aktuellen Situation des Vereins. Seit der Gründung sind von den rund 200 Mitgliedern 38 nach Deutschland übergesiedelt und 20 verstorben. Jetzt wird den Wolfskindern zwar von Staats wegen geholfen – doch für viele kommt das zu spät.

Im Juli 2000 erhält Wolfgang von Stetten wieder einmal einen besonders traurigen Brief. Er stammt aus der Feder von Jūratė Siurkienė, der Tochter von Manfred Swars:

Ich weiß, dass Sie sehr viel für die Landsleute getan haben. Viele waren vom Schicksal verlassen und vergessen. Doch zu meinem heutigen Anliegen. Vor etwa fünf Jahren habe ich die Bitte für einen ständigen Wohnsitz in der Bundesrepublik bei der deutschen Botschaft eingereicht. Die Botschaft riet mir, abzuwarten. Nach vier Jahren erst erhielt ich die Nachricht, dass ich nun mit meinem Vater übersiedeln könne. Es mussten noch eine Reihe Papier besorgt werden, die ich an die Botschaft schickte. Doch dann starb am 11. Juli 1999 mein Vater recht plötzlich. Alles war fer-

tig gepackt und wir hätten ausreisen können. Doch nun ist, nach Auskunft der Botschaft, auch mein Grund für einen ständigen Aufenthalt in der Bundesrepublik null und nichtig.

Jūratė ist außer sich. Nun läge es an ihr, darzulegen, dass sie wirklich Deutsche sei, heißt es lapidar in den behördlichen Briefen.

Mein Vater ist nicht mehr am Leben und ich kann ihn nicht ausgraben, um zu zeigen, dass ich wirklich seine Tochter und Deutsche bin und somit ja wohl ein Recht hätte, in der Bundesrepublik zu leben. Ich bin 32 Jahre alt, von Beruf Lehrerin. Ich habe zwei Kinder, deren Muttersprache Deutsch ist. Ich habe keinerlei Verwandte in Litauen. Meine Mutter wurde einst verbannt und verbrachte zehn Jahre in Sibirien.

Sie ist nicht die Einzige, die durch den zu frühen Tod eines Elternteils die Ausreise nach Deutschland nur knapp verpasst. Andere Wolfskinder, wie zum Beispiel Waltraut Minnt, warten aufgrund zäher behördlicher Abläufe noch heute auf ihre Bewilligung.

Aus Anlass des zwanzigjährigen Jubiläums der deutsch-baltischen Beziehungen lädt Wolfgang von Stetten im Mai 2011 eine Delegation der Wolfskinder nach Deutschland ein. Zu den Höhepunkten der Reise zählt ein Empfang beim Bundespräsidenten in Schloss Bellevue. Es ist für die 35 Teilnehmer der Delegation ein bewegender Moment, dass sie vom Staatsoberhaupt des Landes empfangen werden, das sich 20 Jahre lang nicht dazu durchringen konnte, ihnen zumindest eine bescheidene Rente zu gewähren. Für einen Moment sind derlei Gedanken vergessen. Anna Ranglack spricht für viele der mitreisenden Frauen, wenn sie sagt, sie habe sich für einen Moment wie eine Prinzessin gefühlt.

Zum Abschluss der Reise gibt es einen Festakt auf Schloss Stetten in Künzelsau. Neben dem Botschafter der Republik Litauen sind auch Antanas Račas, einer der Unterzeichner der litauischen Unabhängigkeitserklärung, sowie Vytautas Landsbergis angereist. Es kommt zu einer kleinen historischen Begegnung, als Ursula Dorn, die einst mit ihrer Mutter bettelnd durch Litauen zog und sich selbst auch zu den Wolfskindern zählt, in Anwesenheit des ehemaligen Präsidenten noch einmal einen Brief verliest, den sie ihm im Februar 1992 geschrieben hatte:

Sehr geehrter Herr Präsident! Sie werden sicher erstaunt sein, von einer einfachen Frau aus dem Land Deutschland Post zu bekommen. Aber ich musste es einfach aus meinem Herzen heraus tun. Ich möchte im Sinne bestimmt vieler tausender, heute erwachsener deutscher Menschen, die von den liebevollen, gastfreundlichen litauischen Menschen praktisch vor dem Tode gerettet wurden, ein großes Dankeschön aussprechen. Und bitte geben Sie das auch mal ganz öffentlich im Fernsehen bekannt, damit das auch alle Ihre Landsleute mal erfahren, was die alles Gutes an unseren Kindern nach 1945 getan haben. Danke, Danke, Danke. Hiermit habe ich mir, was mir schon lange im Herzen lag, runtergeschrieben. Auch möchte ich mal sehr gerne wieder Ihr Land besuchen, das wäre ein großer Herzenswunsch von mir. Es ist für mich, bei aller Liebe zu Königsberg, mehr Heimat geworden als mein Geburtsort.

Dass die Dankbarkeit und das Heimatgefühl inzwischen eher Litauen als Deutschland gelten, ist kein Einzelfall. Rudi Herzmanns Familie besaß einst in der Nähe von Gerdauen ein 50 Hektar großes Stück Land, gehörte zu den wohlhabenden ostpreußischen Bauern. Nach dem Krieg wurde die Mutter von Rudi und seiner Schwester Christel getrennt, gelangte nach Deutschland, hielt ihre Kinder für tot. Ende der Fünfzigerjahre fand die Familie über das Rote Kreuz wieder zueinander. Christel durfte von Tauroggen aus nach Deutschland ausreisen. Rudi, einem von drei Wolfskindern im winzigen Dorf Tursučiai, wurde die Familienzusammenführung verweigert. Dreimal fuhr Rudi in den Achtzigerjahren nach Moskau, um bei der Botschaft der Bundesrepublik Hilfe zu finden. Zweimal ließen ihn die russischen Wachleute nicht vor.

Beim dritten Anlauf versteckte sich Rudi im Gebüsch vor der Botschaft und passte ein Diplomatenfahrzeug ab. Dessen Fahrer schnauzte die sowjetischen Uniformierten an und sorgte dafür, dass Rudi in die Botschaft durfte. Dort wollte man ihm gern helfen, doch die sowjetischen Behörden weigerten sich erneut, Rudi die Ausreisepapiere auszustellen. Immer noch stand er als ehemaliges NKWD-Opfer auf einer schwarzen Liste. Wenigstens seine Mutter durfte er besuchen; Rudis litauische Ehefrau blieb als »Pfand« zurück, damit dieser wieder zurückkäme.

1991 ist Rudi Herzmann einer der Ersten, die den Antrag auf Übersiedlung in die Bundesrepublik stellen. Es dauert Jahre, bis alle Genehmigungen und Dokumente beisammen sind, danach läuft noch eine mehrjährige Wartezeit. Zu lang, um wieder bei der Mutter sein zu können. Sie stirbt 1996, wohingegen Rudi und seine Frau Romalda erst im Jahr darauf nach Deutschland dürfen.

Eine Woche lang sind sie in einem Übergangslager untergebracht, wo sie wie Asylbewerber behandelt werden. Dann weist man ihnen eine Sozialwohnung in Köln zu. Die geringe staatliche Unterstützung reicht gerade zum Leben – sie haben ja nie in eine deutsche Rentenkasse einzahlen können. Mit dem Leben in der Großstadt tut sich Rudi, der sein ganzes Leben auf dem Land verbracht hat, schwer. Tief verletzt ihn, dass er im Alltag und bei den Behörden nicht als Deutscher, sondern als Fremder wahrgenommen wird. Ostpreußen – mit diesem Begriff verbindet sich für die meisten Menschen kaum etwas Konkretes. 13 Jahre bleiben Rudi und Romalda in Köln, dann ziehen sie wieder zurück nach Litauen. Der jahrzehntelange, unerfüllbare Traum von Deutschland hat sich in der Realität nicht einlösen lassen.

»In Deutschland habe ich mich mehr als Ausländer gefühlt als jemals in Litauen«, sagt Rudi heute, als wir ihn wieder zu Hause, in seinem Dorf bei Marijampolė, treffen.

16 Sehnsuchtsort Königsberg

Als wir unsere nächste gemeinsame Recherchereise für den Herbst 2011 vorbereiten, stehen Claudia und ich vor der organisatorischen Herausforderung, zusätzlich einen Besuch im ehemaligen Ostpreußen zu bewerkstelligen. Wäre es besser, direkt nach Königsberg zu fliegen und dort ein Auto zu mieten, oder müssten wir nicht mit den Wolfskindern gemeinsam von Litauen aus fahren? Claudia lebt im holländischen Delft, ich in Berlin, Luise Quitsch, die uns in Litauen behilflich ist, in Vilnius. Die Planungen sind nicht immer leicht.

Klar ist, dass wir auf jeden Fall mit Christel Scheffler nach Königsberg fahren. Sie hatte es spontan als Herzenswunsch geäußert, und sie hat manch präzise Erinnerung an ihr Zuhause am Fichteplatz in Ponarth. Luise Quitsch hätten wir auch sehr gerne dabei, zumal ihr Zuhause im Kreis Labiau liegt, also im ländlichen Raum. Doch sie ziert sich, ist es gewohnt, immer für die anderen da zu sein, Reisegruppen zu leiten und zu begleiten; dass sie nun plötzlich im Mittelpunkt stehen soll, ist ihr unangenehm, so unser Eindruck. Aber vielleicht sind es auch Bilder und Erinnerungen, denen sie sich nicht aussetzen will. Christel wiederum traut sich das Unternehmen nur zu, wenn auch Luise mitkommt. »Ich habe Luise ganz direkt gefragt, ob sie überhaupt Lust hat, mit nach Königsberg zu fahren«, erzählt Claudia am Telefon. »Ganz ehrlich, sagte sie, eigentlich nicht. Aber ich werde es trotzdem machen.« Ich bin dankbar, dass Claudia in ihrer sanften Art gemeinsam mit Luise überlegt, ob und wie es gehen kann. Sie will uns nicht hängen lassen und weiß, wie viel es Christel bedeutet.

Eine zweite Fahrt wollen wir nach Gerdauen unternehmen. Uwe Fritz stammt von dort, ebenso wie Anna Ranglack. Uwe stimmt ohne Zögern zu. Er ist unglaublich unternehmungslustig und freut sich immer, wenn wir kommen. Bei Anna ist es schwieriger. Sie kann aus familiären Gründen nicht mit.

Luise bekommt einen Schreck, als sie merkt, dass ihr Pass gar nicht mehr lange genug gültig ist, um ein russisches Visum zu bekommen, und beantragt noch am selben Tag einen neuen. Wir alle brauchen Visa und dafür »Einladungen«, die kann man sich aber zum Glück inzwischen auch im kapitalistischen Russland kaufen. Claudia und ich entschließen uns, die Fahrten nach Königsberg und Gerdauen von Litauen aus und direkt nacheinander zu machen. Eine doppelte Einreise hat Russland für Touristenvisa aber nicht vorgesehen. Bei mir geht es mit ein paar erklärenden Worten dann trotzdem, doch Claudia wird in der Russischen Botschaft in Amsterdam auf den Zahn gefühlt. Sie muss einen detaillierten Reiseplan nachreichen, und bis zwei Tage vor Abreise wissen wir nicht, ob sie das Visum erhält.

Der Mietwagen macht uns ebenfalls Kopfzerbrechen. Im Internet lassen sich keine Buchungen für grenzüberschreitende Fahrten nach Russland oder in die Oblast Kaliningrad vornehmen. »Njet«, heißt die Antwort, egal wohin wir uns wenden. Wir beschließen, dieses Problem zu lösen, wenn wir in Litauen ankommen. Am Anreisetag bin ich schon eine Weile vor Claudia in Vilnius und grase die Autovermietungen am Flughafen ab. Auch hier stoße ich nicht gerade auf Begeisterung, als ich von unseren Plänen berichte. Ein Autovermieter hat zwar grundsätzlich ein paar Wagen, die auch nach Russland dürfen, doch die sind in der Regel bereits ein halbes Jahr im Voraus ausgebucht. Es stellt sich heraus, dass es an einer besonderen Versicherung liegt, die dort erforderlich ist. Und die lohnt es nicht, für den gesamten Fuhrpark abzuschließen. Zehn Minuten vor Claudias Landung strahlt mich schließlich ein freundlicher Mietwagenagent an: Natürlich habe er für diesen Zweck Autos. Wir feilschen ein wenig über Größe und Preis, werden uns handelseinig. Mir fällt ein Stein vom Herzen, denn eine Reise mit dem Taxi wäre ansonsten unsere einzige Alternative gewesen.

Claudias Visum ist kurz vor der Abreise doch noch gekommen, und so steht unserer Spurensuche nichts mehr im Wege. Am nächsten Morgen geht es früh nach Tauroggen, wo wir Uwe abholen. Von dort aus ist es nicht weit bis zur Königin-Luise-Brücke, die über die Memel nach Tilsit führt. Die Brücke ist bis heute einer der wichtigsten Grenzübergänge im Straßenverkehr zwischen Litauen und der Oblast. Doch die Einreise zieht sich über Stunden hin. Zuerst stehen wir in einer Schlange auf einem etwas abseits gelegenen Parkplatz. Wann und vor allem warum es vorangeht oder auch nicht, ist nicht ersichtlich. Alle halbe Stunde rücken ein paar Wagen weiter. Nach zwei Stunden können wir immerhin schon das litauische Grenzerhäuschen sehen und die Brücke erahnen. Es ist ein sonniger Tag, und zwischendurch vertreten wir uns immer mal wieder die Beine, Uwe hält mit anderen Wartenden einen Plausch oder bringt uns Tee. Endlich ist es so weit. Der Schlagbaum öffnet sich, und wir fahren auf die Brücke.

Die Aussicht auf die Memel ist auf beiden Seiten überwältigend. Unvorstellbar, dass Kinder hier versuchten, den Fluss auf Brettern zu überqueren. Claudia und ich haben beide Kinder im Alter zwischen neun und elf Jahren. Beim Gedanken, dass diese hier alleine unterwegs wären, wird uns flau.

Doch mitten auf der Brücke der nächste Stillstand. Immer noch geht es nur schleichend voran. Inzwischen ist es Mittag. Eigentlich wollten wir am gleichen Tag hin und zurück, von den Kilometern her ist es nur ein Katzensprung. Ob uns nun die Grenzer einen Strich durch die Rechnung machen? Mal muntert uns Uwe mit einem Witz auf, mal schmunzeln wir über die russischen Grenzpolizistinnen, die in ihren Uniformen mit Rock und Lederstiefeln aussehen, als würden sie sich um die Rolle in einem James-Bond-Film bewerben. Endlich sind wir an der Reihe. An einer kleinen Luke geben wir unsere Pässe ab und bekommen im Gegenzug russische Formulare zum Ausfüllen. Nein, es gibt sie nicht in einer anderen Sprache, ja, in kyrillischen Buchstaben ausfüllen. Es sind Zollpapiere für das Auto, das wir einführen und wieder ausführen müssen. Zwei Jahre Russisch in der Schule zahlen sich aus. Schwester Albertina, meine einstige Russischlehrerin, die noch Noten auf »kyrillische Schönschrift« gab, wäre stolz auf mich. Acht Seiten später reiche ich der Dame auf der anderen Seite der Luke mit gefrorenen Fingern die Formulare zurück. Uwe und Claudia warten im Wagen, wir alle denken, dass es jetzt gleich weitergeht, können es kaum noch erwarten. Fast sind wir am Ziel! Doch ein Blick der Grenzerin genügt, und ich weiß, dass es hier noch etwas länger dauern wird. »Ist nicht scheen genuck ausgefillt«, sagt sie, lächelt mich dabei an und gibt mir neue Formulare. Sie kann Deutsch! Ich bin verblüfft, versuche, mit ihr zu verhandeln. Es ist nicht zu ändern, die nächste halbe Stunde stehe ich wieder an der zugigen Durchfahrt und male fein säuberlich kyrillische Buchstaben in die kleinen, dafür vorgesehenen Felder.

Als ich wieder wie eine Bittstellerin an der Luke klopfe, setze ich mein freundlichstes Lächeln auf und bin optimistisch. Jetzt wird es wohl klappen. »Njet, njet, njet! So niecht!«, schallt es mir entgegen. Ich kann es nicht glauben. Claudia steigt aus und fragt, was ist. Sie ist eindeutig die Geduldigere von uns beiden, und selbst ihr platzt langsam der Kragen. Uwe sieht betrübt drein, er scheint an eine Einreise heute schon nicht mehr zu glauben.

Aller guten Dinge sind drei, Claudia und ich machen uns noch einmal gemeinsam daran, die Formulare auszufüllen, diesmal werden sie angenommen, für uns sehen sie beim dritten Mal exakt gleich aus wie beim ersten Mal. Es sei Schikane gegenüber dem litauischen Nachbarn: Uwe ist überzeugt, dass uns das nicht passiert wäre, wenn wir mit einem deutschen oder noch besser einem russischen Kennzeichen eingereist wären.

Gegen 15 Uhr sind wir in Wehlau, wo Claudia erstmals aussteigt, um zu fotografieren. Eine alte Holzbrücke für den Verkehr wirkt nicht gerade vertrauenserweckend, auf dem Fußgängerweg an der Seite fehlen Bohlen. Einen Fehltritt erlaubt man sich hier besser nicht.

Seit wir von der großen Hauptachse nach Kaliningrad abgefahren sind, haben wir keine Tankstelle mehr gesehen. Vorsichtshalber wollen wir aber tanken, bevor wir am Abend womöglich ohne Benzin dastehen. Passanten erklären uns den Weg. Vorbei geht es an maroden Plattenbauten. Eine

Tankstelle finden wir nicht, doch in der Ferne sehen wir zwei große Öltanks. Auf ihnen steht in riesigen roten Lettern LUKOIL. Als wir vorfahren, ist alles mit Stacheldraht und Gitterstäben abgeriegelt. Ein freundlicher Wachmann kommt an den Zaun und erklärt, dass wir in die andere Richtung zurückmüssen. Es handle sich nicht um eine Tankstelle im herkömmlichen Sinne … Ohne den Hinweis hätten wir den staubigen Parkplatz mit der Handpumpe nicht gefunden. Am Ende des Platzes verkauft ein junger Mann mit Sonnenbrille aus einem silbernen Airstream-Wohnwagen heraus die Lizenz zum Zapfen. Die Pumpe zeigt nur die Literzahl an, keinen Preis.

Unsere Fahrt geht weiter. Wir kommen gut voran. Die langen Alleen mit Kopfsteinpflaster sind wenig befahren. Manchmal laufen Schulkinder entlang der Straßen, vor den Häusern sitzen alte Leute in der wärmenden Nachmittagssonne. Uwe blüht auf. Das ist seine Heimat, hier sind die Orte seiner Kindheit. Als wir kurz vor Gerdauen sind, sehen wir links durch den Wald eine weißblaue russisch-orthodoxe Kirche mit ihren Zwiebeltürmen schimmern. »Die stand hier früher natürlich nicht«, erklärt Uwe. Wir fahren direkt auf einen See zu, auf dem Hügel dahinter sehen wir schon die Stadt. Es geht vorbei an der Mühle, der Kinderhof-Brauerei, schließlich parken wir mitten auf dem Marktplatz. Es sieht ein bisschen heruntergekommen aus, Uwe schüttelt nur den Kopf und entschuldigt sich geradezu, dass es hier früher natürlich viel schöner gewesen sei. In einiger Entfernung sehen wir einen jungen Polizisten, wir beachten ihn nicht weiter.

Für deutsche Verhältnisse ist Gerdauen mit seinen knapp 3000 Einwohnern eher ein Dorf. Direkt am Marktplatz gibt es eine Art Rathaus, das ein Informationsbüro der Bezirksregierung beherbergt. Leider ist es geschlossen. Eine Frau spricht uns an, ob wir Touristen seien. Uwe erklärt stolz, dass er als Kind in Gerdauen gelebt habe und ihn schöne Erinnerungen hierher geführt hätten. Die beiden tauschen sich aus. Die Dame trägt einen geradezu mondänen Hut, darunter feuerrotes Haar und ein spitzes Gesicht. Ich verstehe nur die Hälfte des Gesprächs, aber die beiden unterhalten sich recht angeregt. Claudia ist derweil schon etwas vorgegangen. Das ist nicht ungewöhnlich, immer wieder sucht sie nach Motiven, fängt stille Momente ein, auch hier. Die Häuser in der zweiten Reihe rund um den Marktplatz sind halb verfallen, zum Teil ausgebrannt und nicht wieder aufgebaut. Solides deutsches Fachwerk, das auch 65 Jahre nach Kriegsende noch Haushälften trägt. Tatsächlich wohnen in diesen Ruinen Menschen. Wäscheleinen sind gespannt, Hunde streunen umher, kleine Kinder spielen im Schutt.

Im August und September 1914 wurde Gerdauen weit mehr durch direkte Kampfhandlungen zerstört als im gesamten Zweiten Weltkrieg. Nach dem Ende des Ersten Weltkriegs konnte der Stadtkern mithilfe der Partnerstädte Budapest und Berlin-Wilmersdorf in altdeutschem Stil wieder aufgebaut werden. Bis heute bietet er ein bemerkenswertes architektonisches Beispiel für eine auf historischem Stadtgrundriss neu aufgebaute Stadt. Durch die günstige Verkehrslage war Gerdauen zu Beginn des 20. Jahrhunderts ein bedeutendes Zentrum des Getreidehandels, der Kornkammer des Deutschen Reiches. Verkehrstechnisch wurde Gerdauen dann ein Anziehungspunkt für viele der Wolfskinder, lag es doch sowohl an der Bahnlinie Thorn-Insterburg als auch an der Strecke nach Königsberg.

Nach Kriegsende 1945 fiel mit der Grenzziehung zwischen Polen und der Sowjetunion die Stadt an die Oblast Kaliningrad. 1946 wurde der Ort in Schelesnodoroschny (auf Deutsch: Eisenbahnstadt) umbenannt. In den ersten Jahren blieb die Stadt noch gut erhalten, doch die Grenzlage erschwerte die wirtschaftliche Entwicklung. Ab den Sechzigerjahren begann der Verfall, der bis heute anhält.

Uwe will mit uns hinauf zur Pfarrkirche, einem äußerlich imposanten Klinkerbau aus der ersten Hälfte des 15. Jahrhunderts. Die einstige Wehrkirche war an ihrer Nordseite in die Stadtmauer integriert und durch Blitzeinschlag, Brand und Beschuss immer wieder Zerstörungen ausgesetzt, die aber stets ausgebessert wurden. Von 1948 bis 1957 wurde das Gebäude zweckentfremdet und als Stadthalle und Kulturhaus genutzt, danach, wie so viele Gotteshäuser in Ostpreußen, dem Verfall preisgegeben. Milizen führten hier Schießübungen durch, Kleinbauern nutzten den Kirchraum als Unterstand für ihre Kühe und Kinder als Abenteuerspielplatz. In den Siebzigerjahren schließlich stürzte die Decke ein, heute ist das Kirchenschiff nur noch von den Grundmauern umgeben, das Dach fehlt, im Innern der Kirche wuchert das Unkraut. Seit Anfang der Neunzigerjahre wird, auch mithilfe deutscher Denkmalschützer, am Erhalt des Turms und der verbliebenen Mauern gearbeitet. Ob das Gebäude jemals für Gottesdienste genutzt wird, ist fraglich.

Gemeinsam laufen wir um die Ruine herum, Uwe will uns einen Aussichtspunkt über den Banktinsee zeigen. Plötzlich Kindergelächter, kleine Finger, die auf uns zeigen, dahinter ein uniformierter Mann, es ist der Polizist vom Marktplatz. Er möchte unsere Genehmigung sehen. Welche Genehmigung? Wir tun nicht nur erstaunt, wir sind es. Er erklärt, dass wir uns in militärischem Sperrgebiet befinden und uns ohne Erlaubnis hier nicht aufhalten dürfen. Ich bin genervt.

Erst die Bürokraten an der Grenze, jetzt das. Claudia zeigt ihren Pass und erzählt, dass ihrem Visumsantrag eine genaue Reiseroute inklusive Gerdauen beigefügt war. Das könne schon sein, meint der Uniformierte, doch das Visum mit Reiseplan allein reiche nicht aus. Wir müssten nun mit zur »Kommandantura« nach Kaliningrad kommen. Uwe probiert es auf die nette Art. Er sei ein alter Herr, hier in Gerdauen aufgewachsen. Wir wollten wirklich keine Probleme machen. Claudia und ich seien seine Enkeltöchter, denen er einmal die Stadt seiner Kindheit habe zeigen wollen, nichts ahnend von militärischem Sperrgebiet. Das Gesicht des Polizisten entspannt sich etwas. Er müsse telefonieren; zieht ein Mobiltelefon aus der Jackentasche, ruft seinen Vorgesetzten an. Immer wieder nickt er mit dem Kopf. »Da. Njet. Da. Da, ponjal.« Als er auflegt, lächelt er. Wir sollen unsere Beine in die Hand nehmen und verschwinden. Wenn er uns noch einmal hier sehe, gebe es kein Pardon. Uwe bedankt sich untertänig, Claudia und ich nicken stumm und gehen mit Uwe auf dem schnellsten Weg zum Auto. Keiner von uns hat Lust auf noch mehr russische Amtsschimmel.

Im Auto dann die große Erleichterung. Claudia und ich hatten während der ganzen Befragung befürchtet, dass Claudias Fotoausrüstung beschlagnahmt würde. Zwar hatte sie die Kamera mit dem großen Objektiv unter ihrer Jacke verborgen, doch konnten wir ja nicht wissen, wie lange er uns schon beobachtet hatte. Es war ein kurzer Besuch in Uwes Heimatstadt, doch wir sind froh, überhaupt da gewesen zu sein, und Uwe ist geradezu beseelt. Am meisten, so scheint es, freut ihn aber, den russischen Behörden doch noch ein Schnippchen geschlagen zu haben. Jetzt sind wir also ganz offiziell seine Enkelinnen.

Uwe schlägt vor, dass wir nach Allenburg, dem heutigen Druschba (auf Deutsch: Freundschaft), fahren, wo er geboren wurde und die ersten Jahre aufwuchs. Es liegt auf dem Weg, und er glaubt, dass auch noch sein Geburtshaus dort stehen muss. An einer Industriebrache mit einer riesigen Klinkerruine möchte Uwe anhalten. »Das ist die ehemalige Molkerei«, erzählt er. »Hier hat mein Vater gearbeitet. Von meinem Kinderzimmer aus konnte ich bis hierher sehen.« Wir schauen zur Siedlung auf der anderen Straßenseite. Ob er hinfahren möchte? Uwe nickt. Wir fahren die Hauptstraße entlang, bis wir an eine Kreuzung kommen, links geht es zu Uwes Elternhaus. Am Ende des Weges steht ein Doppelhaus mit hübsch angelegtem Garten und Jägerzaun. Ein kleiner Hund jagt kläffend durch den Vorgarten, ein freundlicher Herr kommt aus der Tür. Ob er uns helfen könne, fragt er. Uwe wischt sich eine kleine Träne aus dem Augenwinkel und erzählt, dass er in diesem Haus geboren wurde. Die Frau des Hauses kommt hinzu, hört interessiert zu. Uwe beschreibt aus seiner Erinnerung das Haus von innen, und irgendwann können die beiden nicht mehr anders und bitten uns herein. Renoviert hätten sie zwar ein wenig, aber im Grunde sei das Haus noch so, wie Uwe es von früher beschrieben habe. Wir gehen hinauf in sein ehemaliges Kinderzimmer, und tatsächlich, von dort blickt man direkt auf die Molkerei. Für einen Moment wirkt Uwe wie der kleine Junge von einst. Im Geist, so sagt er später, sei es wie früher gewesen. Selbst der alte dunkelbraune Kachelofen steht noch da. »Hier haben wir Kinder im Winter die nassen Socken und Fäustlinge getrocknet«, erzählt Uwe. Er bittet Claudia, ein Bild von ihm vor dem Ofen zu machen. Dann verabschieden wir uns von dem russischen Paar. Uwe bedankt sich, dass sie ihn ins Haus gelassen haben.

Es wird langsam Abend, wir machen uns auf den Rückweg. Uwe macht einen gelösten Eindruck, als wir wieder in Tilsit ankommen. Es ist ein Freitagabend, und ganz offensichtlich sind wir nicht die Einzigen, die heute noch nach Litauen wollen. Wie lange wir jetzt wohl warten müssen? Uwe fragt die umstehenden Autofahrer. Nach deren Erfahrungen müssen wir mit sechs bis sieben Stunden rechnen. Für Claudia und mich mag das angehen, für Uwe scheint es uns zu viel verlangt. Wir besprechen uns mit ihm und kommen gemeinsam auf die Idee, dass er als Fußgänger über die Brücke geht und sich auf der anderen Seite mit einem Taxi zurück nach Tauroggen bringen lässt. Es ist die einzig sinnvolle Lösung der Situation, auch wenn Claudia und ich ihn ungern ausgerechnet an dieser Grenze alleine ziehen lassen. Claudia begleitet ihn noch zum Schlagbaum, verabschiedet sich und sieht, wie er einen litauischen Fahrer anspricht. Der nickt freundlich und lässt Uwe bei sich einsteigen. So muss er doch nicht ganz allein die Grenze passieren.

Zurück in Vilnius holen wir Luise ab und fahren gemeinsam nach Jonava, wo Christel Scheffler wohnt. Die erwartet uns schon sehnsüchtig. Ob sie Reisefieber hat, frage ich sie. »Aber natürlich! Seit Tagen kann ich nicht schlafen, so aufgeregt bin ich.«

Diesmal fahren wir zum Grenzübergang Kybartai. Wieder stehen wir abseits auf einem Warteplatz. Ich erzähle, dass meine finnische Oma mich für verrückt erklärt hat, nach Kaliningrad zu fahren. Keine zehn Pferde würden sie dazu bewegen, freiwillig nach Russland zu fahren, egal wohin dort. Luise findet das lustig: »Deine Großmutter gefällt mir.« Als ich dann noch erzähle, dass meine Schwester ihr Haus blau streichen ließ und Oma, die mit dem Blick auf das

Haus tagtäglich lebt, beinahe in Ohnmacht fiel, lacht Luise schallend los, bevor ich meine Pointe los geworden bin. »Russenblau ...«, prustet sie. Meine Oma Helfrid hat fortan einen Stein im Brett bei ihr.

Hinter dem ersten Schlagbaum gibt es dann zwei Spuren. Die Spur, in die wir eingewiesen werden, ist die langsamste – mal wieder. Als ein Auto mit französischem Kennzeichen auf der Nebenspur rasch durchfährt, frage ich den Grenzposten, weshalb der das dürfe. Er zuckt mit den Achseln und antwortet mundfaul: »Sind halt Russen.« Luise übersetzt: »Wenn die Insassen russische Pässe haben, brauchen die keine Kontrollen über sich ergehen lassen. Alle anderen müssen warten.« Irgendwie sind wir in die Mittagspause auf russischer Seite geraten. Nichts tut sich für Stunden. Christel hat fürsorglich Butterbrote eingepackt, Luise ihre legendären Nussecken gebacken. Wenigstens verhungern wir nicht. Doch Christel ist angespannt. Wir spüren deutlich, dass die ungewisse Warterei sie stresst. Auf litauischer Seite geben uns die Beamten immer wieder Auskunft, doch letztlich wissen sie auch nichts. Wenn die Ampel in ihrer Zone auf grün geschaltet wird, geht der nächste Schlagbaum hoch und man darf auf die russische Seite des Grenzgebiets fahren. Am Nachmittag ist es dann so weit. Zwei Sperren passieren wir noch, dann endlich sind wir auf der A229 Richtung Kaliningrad. Für die 160 Kilometer brauchen wir knapp drei Stunden. Der Himmel färbt sich purpurrot, und wir kommen nicht umhin, an das brennende Königsberg zu denken, das uns einige Zeitzeugen mit dem roten Feuerschein am Himmel beschrieben haben. Schließlich kommen wir an unserem Hotel in der Streletskaya unweit des Königstors an. Es ist ein recht neues Haus mit modernen Zimmern, und wir vier sind alle froh, es geschafft zu haben. Unweit des

Hotels gibt es ein Restaurant, in das wir Christel und Luise zum Abendessen einladen wollen. Doch Christel ist vor allem eins, überwältigt. Eine Mischung aus Kulturschock, Erinnerungen und Unsicherheit macht ihr zu schaffen. Luise fragt sie noch mal, ob sie lieber ein Hotelzimmer teilen sollen, damit sie sich in der Nacht nicht alleine fühlt. Doch Christel wehrt ab. Im Restaurant schaut sie dann immer abwechselnd von Claudia zu mir und zurück. Irgendwann sagt sie, dass sie es einfach nicht fassen könne, dass wir mit ihr nach Königsberg gefahren seien. Womit sie das verdient habe? Wir versuchen ihr zu erklären, dass wir dankbar sind, dass sie uns an dieser, ihrer Reise teilhaben lässt, und sie sich keine Gedanken machen soll. Als wir etwas zu essen bestellen, hält sie sich erneut zurück, bestellt einen Käsekuchen und einen Kräutertee. Luise neckt sie ein wenig, Christel lächelt schüchtern. »Ihr müsst wissen, es ist erst das zweite Mal, dass ich in einem richtigen Restaurant esse.« Luise fällt fast vom Stuhl und fragt ganz ungläubig: »Ja, aber warum denn …!?« »Bei uns in Jonava gab es nur ein Restaurant, und dafür waren meine Kleider nie fein genug«, so Christels einfache Erklärung. Wir bleiben nicht lange, machen uns auf den Weg zurück zum Hotel. Es war ein langer Tag, und auch wenn wir ihn vor allem mit Warten verbracht haben, so haben wir viel bewegt im Kopf, im Herzen und miteinander.

Als wir uns im Hotel eine Gute Nacht wünschen, winkt Christel uns alle in ihr Zimmer. Sie hätte da noch etwas für uns. Sie packt zwei kleine Schnapsgläschen aus, die sie vorsichtig in Seidenpapier gehüllt hat, dazu eine kleine Flasche aus Steingut mit Rīgaer »Schwarzem Balsam«. Laut Christel handelt es sich um einen traditionellen lettischen Likör aus Lindenblüten, Birkenknospen, Honig, Arnika, Baldrian,

Minze, Wermut, Heidel- und Himbeeren, Eichenrinde, Orangenschalen, Ingwer, Muskat, Pfeffer und unzähligen weiteren Zutaten. Es ist Zeit zum Anstoßen und Auf-Freundschaft-Trinken. Christel erklärt uns die vielen heilenden Eigenschaften des Hochprozentigen, auf den sie schwört. Im Winter trinkt sie ihn heiß mit Johannisbeersaft gemischt. In dieser Nacht schlafen wir gut.

Am nächsten Morgen machen wir uns nach dem Frühstück direkt auf nach Ponarth. Wir finden den Fichteplatz ohne Probleme und stellen den Wagen ab. Sichtlich bewegt geht Christel über den Platz. Gleich als Erstes zeigt sie uns den Zugang zum Splitterbunker, an dem sie sich einst am Mund verletzte. Sie hat Tränen in den Augen, kann nicht glauben, dass dieser immer noch existiert. Luise möchte wissen, ob sie sich erinnert, in welchem der umliegenden Häuser sie früher gelebt hat. Christel zögert. Doch auf dem Bild aus Kindheitstagen, das ihr Bruder Gerhard Mitte der Neunziger geschickt hat, sieht man sie vor der Hausnummer 13 stehen.

Kaum etwas hat sich verändert. Inmitten der Siedlung in Hufeisenform liegt eine kleine bewaldete Parkanlage mit Hügeln, die noch die Zugänge zu den darunter gelegenen Bunkern erkennen lassen. Auf den Fensterbänken lehnen russische Mütterchen, die uns neugierig beobachten. Als wir an das Haus mit der Nummer 13 herantreten, spricht uns eine von ihnen an. Wer wir seien und ob sie uns helfen könne? Wir erklären, dass Christel hier als Kind gelebt hat, zeigen das einzige Foto, das ihr geblieben ist. Deutlich ist die Eingangstür mit den Schnitzereien, die dieselbe Tür noch heute zieren, im Hintergrund zu erkennen. Christel deutet auf die Wohnung im Erdgeschoss, wo sie einst wohnte. Die alte Dame lebt gleich nebenan und bittet uns herein. Sie wurde bereits 1946 aus Kasachstan hierher umgesiedelt. Mit wenig mehr bei sich als dem, was sie am Leibe trug, wurde auch sie ihrer Heimat beraubt. Christel und unsere Gastgeberin sind betroffen, wie sehr sich in manchem ihre Geschichten ähneln. Die Wohnung besteht aus einem Zimmer, einer Küche und einer Toilette. Die Wände im kleinen Flur sind noch mit den Originaltapeten aus den Dreißigerjahren bespannt, kaum verblichen, aber durch den Ruß des kleinen Kanonenofens in die Jahre gekommen. Christel erzählt, dass sie in der baugleichen Nachbarwohnung zu viert wohnten, mit den Eltern und dem älteren Bruder. Für heutige Verhältnisse ist es beengt, damals mit fließend Wasser und Klosett durchaus modern. Die Siedlung ist eine von vielen, die im Königsberg der Blütejahre entstanden. Für Christel ist es die Verbindung zur glücklichsten Zeit ihres Lebens. Bewegt nimmt sie Abschied von der Russin, die uns so freundlich mit hineingenommen hat.

Als wir wieder auf die Straße treten, können wir keinesfalls gleich weiterfahren. Christel braucht Zeit. Wir stehen noch eine Weile auf dem Platz, sie geht die verschlungenen Pfade auf und ab, streicht mit der Hand über die verwitterten Gestänge des einfachen Spielplatzes. In Gedanken ist sie noch einmal das kleine Mädchen, das von ihrer Familie liebevoll Kitty gerufen wurde.

Claudia macht Fotos, begleitet sie unaufdringlich mit ihrer Kamera. Als wir sie später fragen, was sie in den Momenten auf dem Fichteplatz gedacht hat, woran sie sich erinnerte, sagt sie, dass es vor allem Gefühle waren, die kamen und gingen. »Das Herz wurde mir ganz weich. Die Seele ging auf.« Und es kamen Gedanken zum Lauf der Welt. Warum das Schicksal ihr aufgegeben hat, was kaum zu ertragen ist? Warum ausgerechnet sie ihr Leben auf der Schattenseite zubringen musste? Es sind Fragen, auf die es keine Antworten gibt. Fragen, die wir gemeinsam mit ihr in diesen Momenten nur aushalten können. Sie fasst uns immer wieder an den Händen, schüttelt den Kopf, geht ein paar Schritte weiter, blickt zurück. Es ist und bleibt für sie der erinnerungsträchtige Ort einer glücklichen Kindheit, in der sie geliebt wurde und Menschen hatte, denen sie etwas bedeutete.

Wir fahren über die ehemalige Labiauer Straße hinaus aus der Stadt. Die Blätter an den Bäumen sind schon ganz bunt. Als wir durch eine kleine Siedlung am Stadtrand von Kaliningrad kommen, überholt uns ein Maserati rechts mit überhöhter Geschwindigkeit und nimmt auf der Gegenspur gleich noch ein frei laufendes Huhn mit. Alles geht ganz schnell, und ich bin froh, dass wir mit dem Schrecken davonkommen. Russland und auch Kaliningrad sind gemütlich, solange nicht die Neureichen auftauchen und zeigen müssen, was sie alles können und haben.

Je weiter wir uns von Kaliningrad entfernen, desto ruhiger geht es auch wieder auf den Straßen zu. Jetzt wollen wir nach Kaymen, einem kleinen Ort im Kreis Labiau, wo Luises Taufkirche steht oder das, was von ihr übrig ist.

Wir parken das Auto unter den Linden an der Friedhofsmauer. Die Erde ist von Laub bedeckt, und als wir den Friedhof betreten, raschelt es bei jedem unserer Schritte. Die deutschen Grabsteine wurden nach dem Krieg geschleift, heute sind hier nur noch blau umzäunte russische Gräber, darin Sitzbänke, manchmal sogar Tische. Sie sehen aus wie Miniatur-Biergärten, und tatsächlich werden die Gräber zum Picknick benutzt.

Am ersten Wochenende nach Ostern gibt es in der orthodoxen Kirche einen Tag der Erinnerung an die Verstorbenen. Insbesondere am Ostersonntag, aber auch im Lauf des Jahres, nehmen die Angehörigen Essen und Trinken mit ans Grab. Für die Verstorbenen werden häufig deren Leibspeisen mitgebracht und aufs Grab gelegt. Die Lebenden essen dort gemeinsam und trinken das eine oder andere Gläschen Wodka auf die Toten. Es sei eine Sitte aus der Sowjetzeit, als versucht wurde, die Kirchbesuche zu Ostern zu verhindern, erklärt uns Luise.

Im unteren Teil des Friedhofs sieht man die Reste einer roten Ziegelkirche, daneben einen Gedenkstein für die Gefallenen des Ersten Weltkriegs, um den herum in den letzten Jahren die wenigen Überreste der deutschen Grabsteine gelegt wurden. Im 13. Jahrhundert wurde die Kirche von Kaymen mit großer Wahrscheinlichkeit auf dem Gelände eines heiligen Hains errichtet, um die Heiden für das christliche Bekenntnis zu gewinnen. Heute stehen nur noch der stark beschädigte uhrenlose Kirchturm und die Westmauer mit zwei Strebepfeilern. 1852 ist die Kirche das letzte Mal gründlich renoviert worden. Die Sterngewölbe des Langhauses zählten damals zu den schönsten des ganzen Samlandes.

Auch der Taufstein ist noch erhalten. Er steht unter freiem Himmel, ebenfalls in Nähe des Kriegsdenkmals. In ihm hat sich ein wenig Regenwasser gesammelt, darauf schwimmt ein goldenes Laubblatt. Es ist ein mächtiger Stein aus dem Mittelalter, der, so Luise, lange Jahre neben dem Misthaufen im einstigen Pfarrhof gelegen habe und auch als Tiertränke herhalten musste. Freiwillige hätten ihn nach dem Fall der Sowjetunion wieder auf den Friedhof geschafft. Es ist ein stiller Moment, wie wir vier Frauen an diesem Stein stehen, die Kirchruine hinter uns. Hier wurde Luise einst getauft, zum zweiten Mal in ihrem erwachsenen Leben ist sie hierher zurückgekehrt, wieder hat sich der Ort ein wenig verändert. Und doch, manches, wie der uralte Taufstein, bleibt durch alle Zeiten erhalten.

Jetzt ist es nicht mehr weit bis Schwesternhof, wo Luise aufwuchs. Sie zweifelt, ob wir die Straße finden werden. Ihrer eigenen Erinnerung traut sie nicht in diesem Moment. Sie war nur einmal hier, vor 15 Jahren. Wir finden die kleine Siedlung, die aber weitverzweigt ist. Über eine Schotterpiste mit tiefen Schlaglöchern fahren wir vorsichtig bis zum Ende einer Straße. Hier sieht es aus, als stünde die Zeit still. Weite grüne Wiesen, goldene Birken, die sich im Wind wiegen, ein paar verstreute Bauernhäuser, bunt herausgeputzt. Doch Luise schüttelt den Kopf. Hier ist es nicht. Wir fahren zurück an die letzte Kreuzung. Rechts verläuft ein schmaler, fast schon zugewachsener Feldweg. Luise ist sich nicht sicher. Es sieht zu verwildert aus – findet sie. Ich fahre trotzdem hinein, da muss unser Auto durch – finde ich. Und tatsächlich, nach vier oder fünf Häusern ein spitzer Schrei: »Halt! Hier ist es!« Jetzt wird Luise ganz emotional. »Hier, siehst du, es ist ganz zugewachsen.« Das kleine weiß getünchte Doppelhaus ist rechts in der Tat kaum noch zu erkennen. Das Gras davor hochgewachsen, an den Bäumen hängen dicke rotwangige Äpfel. Wir haben Luises Zuhause gefunden. Sie zeigt auf ein Gaubenfenster im ersten Stock. »Da oben, das war unser Kinderzimmer. Da habe ich immer gewartet und aus dem Fenster geschaut, dass die großen Kinder aus der Schule kommen.«

Wir bahnen uns einen Weg durch das Gras, versuchen durch die Fenster im Erdgeschoss einen Blick ins Innere des Hauses zu werfen. Es sieht unbewohnt aus, und Luise erzählt, dass sie das letzte Mal die Bewohnerin traf, diese sie auch ins Haus ließ. Luise pflückt einen Apfel, beißt hinein.

Er schmeckt – »wie ein Apfel, aber auch ein bisschen nach Kindheit«. Wir stehen im Garten, in dem sie die ersten Lebensjahre gespielt hat – als die Welt noch in Ordnung war. Wir finden den Brunnen, an dem das Wasser geholt wurde. Rote Hagebutten wachsen wild in großen Büschen, es sieht ein bisschen verzaubert aus. Luise erzählt die Geschichte von Baba Stasia, die nach dem Krieg im Nachbarhaus wohnte. »Das Haus gehörte der Familie von Klara Kabeck. Und Klara kam anfangs immer noch hierher und stand weinend vor dem Haus. Baba Stasia, die aus Zentralasien hierher umgesiedelt und der das Haus zugewiesen worden war, konnte das gar nicht verstehen. ›Frau, ich weiß nicht, was du willst. Du kannst irgendwann fahren nach Deutschland. Leider wir müssen hierbleiben für immer.‹«

In der anderen Doppelhaushälfte scheint jemand zu Hause zu sein, im Garten zu arbeiten. Plötzlich erinnert sich Luise an Aleksej, den Nachbarn, der sie schon beim letzten Besuch so nett eingeladen hat. Sie geht hinüber, und tatsächlich begrüßt sie ein freundlicher älterer Herr in Gummistiefeln. Claudia, Christel und ich halten uns ein wenig im Hintergrund. Doch dann werden wir herangewunken. Luise will uns das Haus zeigen, Aleksej bittet uns herein. Es ist ein einfacher Bau, drei Zimmer und eine kleine Küche. Und doch können wir uns vorstellen, wie heimelig es hier im Winter gewesen sein mag, wie herrlich unkompliziert im Sommer das Kinderleben. Draußen wartet Aleksej mit Blumen auf, die er im Garten gepflückt hat. Außerdem gibt er Luise eine Tüte voller Äpfel mit. Die ist gerührt.

Christel ist jetzt ebenfalls sichtlich bewegt. Die beiden gleichaltrigen Frauen mit den ganz unterschiedlichen Schicksalen, die eine Akademikerin, die andere eine einfache Fabrikarbeiterin, teilen an diesem Tag ihren tiefsten Schmerz miteinander: den Verlust der heilen Welt des Elternhauses, den Verlust der Heimat und der Identität. Beide sind Deutsche aus Ostpreußen – einem Land, das es nicht mehr gibt.

Wir machen uns auf die langwierige Rückreise nach Litauen. Am nächsten Tag, wir sind zurück in Vilnius, fragen wir Luise, wie es ihr jetzt, nach der Reise, die sie eigentlich gar nicht unternehmen wollte, geht. Eine Weile muss sie überlegen. Dann sagt sie leise: »Gestern war ich noch ganz versteinert, heute bin ich froh.«

Danksagung

Mein größter Dank geht an die vielen Zeitzeugen, die mit bewundernswerter Offenheit von ihrer persönlichen Geschichte und ihrem Leid berichteten. *Wir sind die Wolfskinder* ist in erster Linie nicht so sehr mein, sondern ihr Buch.

Zu besonderem Dank bin ich Prof. Dr. Wolfgang von Stetten verpflichtet, der mir vorbehaltlos sein Archiv öffnete, Kontakte vermittelte und geduldig meine unzähligen Anfragen beantwortete. Er hat es verstanden, meinen Blick auf die Wolfskinder zu richten, die bis heute in Litauen leben und in der vorhandenen Literatur mit wenigen Ausnahmen nicht auftauchen.

Die Historikerin Dr. Ruth Leiserowitz (geb. Kibelka) hat 1996 das erste Buch über die Wolfskinder veröffentlicht. Ihr verdanke ich die Kenntnis über das Thema, als mein Mann Yury und ich die *Kriegskinder* schrieben.

Für die Vermittlung der Buchidee an den Piper Verlag bedanke ich mich herzlich bei BookaBook, der Literarischen Agentur Elmar Klupsch in Stuttgart. Elmar Klupsch hat mich in den drei Jahren der Entstehung dieses Buches feinfühlig und mit besonnenem Rat begleitet.

Kristin Rotter vom Piper Verlag hat mir mit großer Geduld und Beharrlichkeit das Manuskript entlockt. Heike Wolter gab ihm dankenswerterweise den letzten Schliff.

Die Kulturstiftung des Freistaates Sachsen ermöglichte mir zum Schreiben dieses Buches einen Aufenthalt im Edith-Stein-Haus in Wrocław. Programmleiterin Paulina Maloy organisierte in Zusammenarbeit mit dem Goethe-Institut Krakau eine erste Werkstatt-Lesung. Ihr sowie Agnieszka Cwielag und Renata Bardzik-Miłosz gebührt der Dank für eine wunderbare Betreuung während meines Aufenthalts.

Die Zusammenarbeit mit der Fotografin Claudia Heinermann war beglückend für mich. Wir teilten nicht nur die gemeinsame Arbeit, sondern halfen einander auch in Momenten tiefster Erschütterung, die wir immer wieder bei den Zeitzeugen erlebten.

An dieser Stelle sei ganz besonders Thijs van Leeuwen, Claudias Mann, gedankt. Als er hörte, dass eines der Wolfskinder seit drei Jahren vergeblich auf einen Rollstuhl wartet, vermittelte er innerhalb einer Woche Hilfe. Seine Kollegen Gosse Kooi und Richard van den Brink ermöglichten, was deutsche und litauische Bürokratien so lange nicht zuwege brachten.

Luise Quitsch war in Litauen unsere wichtigste Ansprechpartnerin. Keine unserer Recherchereisen hätte ohne sie stattfinden können. Wir haben ihre Hilfe immer wieder in Anspruch nehmen dürfen, obwohl sie schon seit Längerem die Rolle der Repräsentantin der Wolfskinder abgeben möchte.

Laima Bernotienė, Liesbeth Dejok und Selma Jankienė-Matzat dolmetschten für uns unermüdlich und ertrugen dankenswerterweise auch Umstände, die für sie keineswegs alltäglich waren.

Viele andere Menschen begegneten uns in Litauen mit großer Gastfreundschaft. Das Domus Maria in Vilnius war für Claudia und mich ebenso wie die Aušros Vartų meno galerija immer Ausgangs- und Endpunkt unserer Reisen.

Prof. Dr. Leo J. Penta und meinen Kollegen am Deutschen Institut für Community Organizing (DICO) an der Katholischen Hochschule für Sozialwesen Berlin danke ich für die vertrauensvolle Zusammenarbeit, die mir die Freiheit gab, dieses Buch zu schreiben.

Meine Familien in Deutschland und Finnland haben mich in dieser Zeit ebenso unterstützt wie unsere Nachbarn. Bei Kathrin und Uwe Reinhold bekam ich meine tägliche Dosis Koffein und die nötige Ermunterung zum Weitermachen.

Schließlich gilt mein tiefer Dank meinem Mann Yury, der die Entstehung dieses Buches mit viel Liebe begleitet hat. Er hat jedes Wort, das ich je zu diesem Thema geschrieben habe, gelesen und klug bewogen. Dafür danke ich ihm von ganzem Herzen.

Vilnius, im Februar 2012

Spenden für die Wolfskinder können Sie an die Stauder-Stiftung richten: IBAN: DE14 6005 0101 0005 4314 16, BIC: SOLADEST600, Stichwort Wolfskinder.

Editorische Notiz

Der Begriff Wolfskinder war mehrmals in Gesprächen mit den Zeitzeugen Gegenstand der Diskussion. Während einzelne diesen Begriff als zu animalisch und reißerisch ansehen, identifiziert sich die Mehrheit bis heute damit. Er bleibt freilich ein Hilfskonstrukt, um Kinder in einer historischen Ausnahmesituation zu beschreiben, mit deren Folgen sie bis heute leben.

Die Zeitzeugen haben alle darum gerungen, mir die Welt ihrer Kindheit und Jugend ebenso anschaulich und präzise zu schildern wie ihr Leben seit den Fünfzigerjahren. *Oral history*, die mündlich erzählte Geschichte, ist immer auch von der Gegenwart geprägt. Während formulierte Erinnerungen nach über 60 Jahren im Einzelfall historische Ungenauigkeiten aufweisen, schmälert dies keineswegs die Substanz ihrer Berichte. Wo es möglich war, wurden Aussagen mithilfe anderer Zeitzeugnisse überprüft und gegebenenfalls behutsam angepasst. In jedem Fall stehe ich mit meiner Person in der Verantwortung der bestmöglichen Überlieferung.

Alle zitierten Korrespondenzen entstammen, soweit nicht anders gekennzeichnet, aus dem Archiv Wolfgang Freiherr von Stettens.

Meine aufwändigen Recherchen vor Ort in den Archiven der verschiedenen Suchdienste wurden erheblich erschwert durch das sogenannte Suchdienstedatenschutzgesetz vom 2.4.2009. Seither gibt es keine Auskunftsberechtigung mehr gegenüber Journalisten. Dies brachte mich in die paradoxe Situation, dass beispielsweise der Kindersuchdienst in München gerne meine in Litauen recherchierten Datensätze entgegennahm, ohne mir im Gegenzug Auskunft über die dazu passenden Suchkarteien geben zu dürfen.

Seit Ende des Zweiten Weltkriegs wurden durch das Rote Kreuz und die Suchdienste Millionen von Datensätzen angelegt, die jahrzehntelang entscheidend halfen, zersprengte Familien wieder zusammenzuführen. Diese Daten liegen heute brach und sind selbst für »berechtigt Interessierte« kaum mehr benutzbar. Seither darf der vermeintlich reiche Verwandte aus der Bundesrepublik allein darüber entscheiden, ob der vermeintlich ärmere Teil der in Osteuropa gestrandeten Familie seine Kontaktdaten erhält. Die ungleichen Schicksale nach der Vertreibung werden so durch die Bundesrepublik seit Neuestem per Gesetz zementiert.

Der besseren Lesbarkeit halber wurden in der Regel die deutschen Geburtsnamen der Zeitzeugen durchgängig benutzt, auch wenn sie diese nicht selbst in allen Lebensphasen verwendeten.

Mir ist bewusst, dass es über die Jahre viele private Hilfsinitiativen für die Wolfskinder gab. Nicht alle konnten in diesem Buch Erwähnung finden. Beispielhaft seien die Bemühungen der Heimatkreise Wehlau und Gerdauen der Landsmannschaft Ostpreußen gewürdigt.

Es bleibt meine Hoffnung, dass die Wolfskinder nicht länger als »Täterkinder« gesehen, sondern in ihrem Leid als Opfer des Zweiten Weltkriegs ebenso wie des Kalten Kriegs anerkannt werden. Ihr Schicksal ist keineswegs zu Ende.

Weitere Informationen sowie Materialien für den Geschichtsunterricht sind im Internet unter www.Wolfskinder.info erhältlich.

Bibliografie

Das Zitat von Hannah Arendt, das diesem Buch als Motto voransteht, entstammt der Rede »Von der Menschlichkeit in finsteren Zeiten«, gehalten am 28. September 1959 bei der Entgegennahme des Lessing-Preises der Freien und Hansestadt Hamburg.

Becher, Ursula A. J., Borodziej, Wlodzimierz und Maier, Robert (Hrsg.): *Deutschland und Polen im 20. Jahrhundert. Analysen – Quellen – didaktische Hinweise*, Bundeszentrale für politische Bildung 2007.

Bjelfvenstam, Dorothea: *Man nannte uns Hitlermädchen*, Amicus-Verlag 2012.

Brandes, Detlef, Sundhausen, Holm und Troebst, Stefan (Hrsg.): *Lexikon der Vertriebenen. Deportation, Zwangsaussiedlung und ethnische Säuberung im Europa des 20. Jahrhunderts*, Böhlau Verlag 2010.

Deichelmann, Hans: *Ich sah Königsberg sterben*, Verlag S. Bublies 2000.

De Zayas, Alfred-Maurice: *Anmerkungen zur Vertreibung der Deutschen aus dem Osten*, Kohlhammer 1987.

Dörr, Margarete: *Der Krieg hat uns geprägt. Wie Kinder den Zweiten Weltkrieg erlebten*, Campus 2007.

Dorn, Ursula: *Ich war ein Wolfskind aus Königsberg*, edition riedenburg 2008.

Guez, Olivier: *Heimkehr der Unerwünschten. Eine Geschichte der Juden in Deutschland nach 1945*, Piper 2011.

Hermanowski, Georg: *Ostpreußen. Wegweiser durch ein unvergessenes Land*, Bechtermünz Verlag 1996.

Hicks, Donna: *Dignity. The Essential Role It Plays in Resolving Conflict*, Yale University Press 2011.

Jacobs, Ingeborg: *Wolfskind: Die unglaubliche Lebensgeschichte des ostpreußischen Mädchens Liesabeth Otto*, Propyläen 2010.

Kettenacker, Lothar (Hrsg.): *Ein Volk von Opfern? Die neue Debatte um den Bombenkrieg 1940–45*, Rowohlt 2003.

Kibelka, Ruth: *Wolfskinder. Grenzgänger an der Memel*, Basisdruck 2003.

Kibelka, Ruth: *Ostpreußens Schicksalsjahre 1944–1948*, Aufbau 2004.

Kleindienst, Jürgen (Hrsg.): *Nachkriegs-Kinder. Kindheit in Deutschland 1945–50*, JKL Publikationen 1998.

Köpp, Gabi: *Warum war ich bloß ein Mädchen? Das Trauma einer Flucht 1945*, Herbig 2010.

Köster-Hetzendorf, Maren: *Ich hab dich so gesucht … Der Krieg und seine verlorenen Kinder*, Pattloch 1995.

Kossert, Andreas: *Damals in Ostpreußen. Der Untergang einer deutschen Provinz*, DVA 2008.

Kossert, Andreas: *Kalte Heimat. Die Geschichte der deutschen Vertriebenen nach 1945*, Siedler 2008.

Kossert, Andreas: *Ostpreußen. Geschichte und Mythos*, Siedler 2005.

Leiserowitz, Ruth: *Von Ostpreußen nach Kyritz. Wolfskinder auf dem Weg nach Brandenburg*, Brandenburgische Landeszentrale für politische Bildung 2008.

Manthey, Jürgen: *Königsberg: Geschichte einer Weltbürgerrepublik*, Hanser 2005.

Morgenstern, Erika: *Überleben war schwerer als Sterben. Ostpreußen 1944–48*, Herbig 2010.

Neu, Richard L.: *Edeltraut – Ramute. Wie ein »Wolfskind« in Litauen*, Hauschild 2007.

Nitsch, Christel: *Mein Weg durch die Dunkelheit: Vom Schicksal eines »Wolfskindes«*, MuNe 2008.

Nitsch, Gunter: *Eine lange Flucht aus Ostpreußen*, Ellert & Richter Verlag 2011.

Pölking, Hermann: *Ostpreußen. Biographie einer Provinz*, be.bra verlag 2011.

Pose, Joachim: *Ich war ein Wolfskind! Von Pommern über Ostpreußen nach Mecklenburg*, ß Verlag & Medien 2006.

Radebold, Hartmut, Bohleber, Werner und Zinnecker, Jürgen (Hrsg.): *Transgenerationale Weitergabe kriegsbelasteter Kindheiten: Interdisziplinäre Studien zur Nachhaltigkeit historischer Erfahrungen über vier Generationen*, Juventa 2009.

Schmidt, Winfried: *Vergessene Wolfskinder*, Projekte-Verlag 2006.

Sumowski, Hans-Burkhard: *»Jetzt war ich ganz allein auf der Welt.« Erinnerungen an eine Kindheit in Königsberg 1944–1947*, btb 2009.

Tannehill, Evelyne: *Abandoned and Forgotten. An Orphan Girl's Tale of Surviving During World War II*, Wheatmark 2006.

Volksbund Deutscher Kriegsgräberfürsorge e. V.: *Treibgut des Krieges – Zeugnisse von Flucht und Vertreibung der Deutschen*, Eigenverlag 2008.

Wańkowska-Sobiesiak, Johanna: *Buty Agaty/Agathes Schuhe*, Olsztyn 2008.

Wiechert, Ernst: *Wälder und Menschen. Eine Jugend in Ostpreussen*, LangenMüller 2007.

Wieck, Michael: *Zeugnis vom Untergang Königsbergs. Ein »Geltungsjude« berichtet*, Beck 2005.

Ortsregister

Personenregister